本书得到了教育部人文社会科学研究规划基金项目"生成式 AI 促进或抑制知识员工创造力发展的认知机制及干预策略研究"（24YJA630015）和上海市"科技创新行动计划"软科学研究项目"AIGC 信息影响科研人员长期绩效发展的认知机制及干预策略研究"（24692116700）的资助。

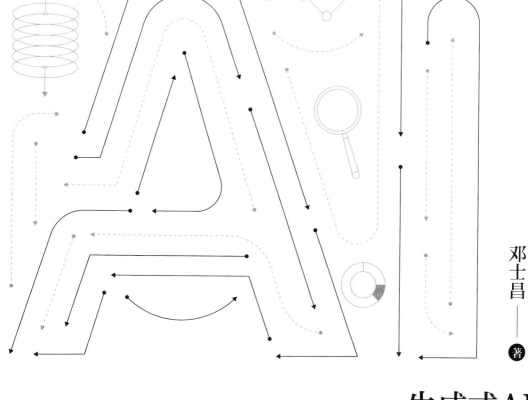

邓士昌——著

生成式AI
影响知识工作者长期绩效发展的
认知机制和干预策略研究

GENERATIVE AI'S IMPACT ON
THE LONG-TERM PERFORMANCE OF KNOWLEDGE WORKERS:
COGNITIVE MECHANISMS AND INTERVENTIONS

经济管理出版社
ECONOMY & MANAGEMENT PUBLISHING HOUSE

图书在版编目（CIP）数据

生成式 AI 影响知识工作者长期绩效发展的认知机制和干预策略研究 ／ 邓士昌著. -- 北京：经济管理出版社，2025. 4. -- ISBN 978-7-5243-0288-9

Ⅰ. C961

中国国家版本馆 CIP 数据核字第 2025U0J065 号

组稿编辑：张巧梅
责任编辑：张巧梅
责任印制：张莉琼
责任校对：陈　颖

出版发行：经济管理出版社
　　　　　（北京市海淀区北蜂窝 8 号中雅大厦 A 座 11 层　100038）
网　　址：www. E-mp. com. cn
电　　话：(010) 51915602
印　　刷：唐山昊达印刷有限公司
经　　销：新华书店
开　　本：720mm×1000mm/16
印　　张：14.75
字　　数：298 千字
版　　次：2025 年 6 月第 1 版　　2025 年 6 月第 1 次印刷
书　　号：ISBN 978-7-5243-0288-9
定　　价：88.00 元

前　言

随着生成式 AI 技术的迅猛发展，知识工作者的工作模式、信息处理方式及长期绩效都在经历深刻的变革。本书旨在系统探讨生成式 AI 如何通过认知赋能与认知局限的双重效应，影响知识工作者的核心素养与长期绩效。本书包括四篇十二章，深入分析生成式 AI 对知识工作的具体作用机制与可能的正负面影响。第一篇以生成式 AI 的出现和普及为切入点，梳理了其与传统 AI 工具的区别与进步路径，探讨生成式 AI 对既有社会规则和职业形态的颠覆性挑战；通过描述生成式 AI 在信息收集、资料分析和成果输出等方面的具体应用，揭示其对工作效率和个性化需求的深远影响。第二篇则重点剖析生成式 AI 引发知识工作者双重认知感应的心理过程，深入分析如何在生成式 AI 的赋能下减轻心智负担、提升认知灵活性，以及在某些情况下生成式 AI 如何导致认知局限与风险加剧。第三篇基于生成式 AI 信息质量和知识工作者的认知风格，探讨了这些关键边界条件对用户双重认知状态的调控作用，解析了两者之间复杂的互动机制及其对绩效发展的具体影响。第四篇提出了多个切实可行的干预策略，旨在通过提升生成信息透明度、促进多元内容的输出等手段，帮助知识工作者更好地利用生成式 AI 优势，减少其负面影响，以实现更加健康和高效的工作状态。

本书的主要观点集中在三个方面。首先，生成式 AI 的引入会使知识工作者在认知上表现出赋能或局限状态，从而对其核心素养产生双向作用。基于相关心理学理论，本书构建了一个双重认知感应理论，揭示生成式 AI 如何在信息加工、存储、提取和利用方面影响知识工作者的能力。这一理论为相关领域提供了全新视角，既展示了生成式 AI 带来的认知提升和心智拓展，也警示了可能出现的认知偏误与局限性，为后续研究奠定了坚实基础。其次，生成式 AI 的信息质量与知识工作者的认知风格在形成双重认知状态中起到了至关重要的作用。信息质量作为客体因素，与作为主体因素的认知风格形成交互框架，动态影响用户的认知状态。本书研究显示，理解和管理这种交互关系是利用生成式 AI 优化工作绩效的关键所在，这也为相关政策制定和技术改进提供了指导意义。最后，普通用户并不是 AI 专家，因为他们难以理解复杂的 AI 原理，因此改变知识工作者与生成式 AI 的交互方式，尤其是"指令"（Prompt）的使用，是干预负面效应的有效助推式策略。这些策略包括提升生成信息的透明度和输出的多元化，帮助用户在生成式 AI 的辅助下获得更高的认知可解释性与反馈性，减轻认知局限带来的不良影响。这些策略是基于助推思路的，目的是在成本低、易执行的前提下，为知识工作者与生成式 AI 的合作开辟一条理性和高效的路径。

本书的出版得到了教育部人文社会科学研究项目"生成式 AI 促进或抑制知识员工创造力发展的认知机制及干预策略研究"（项目编号 24YJA630015）和上海市"科技创新行动计划"软科学研究项目"AIGC 信息影响科研人员长期绩效发展的认知机制及干预策略研究"（项目编号 24692116700）的支持。在研究和撰写过程中，得到了诸多科研机构、同行专家、学者及朋友的悉心指导和帮助，他们的宝贵意见和无私支持为本书的完成提供了坚实保障。希望本书能为从事生成式 AI 研究的学者及面临技术变革的知识工作者提供理论支持与实践指导，也期待在未来的研究与应用中不断深化对生成式 AI 的理解与探索。

邓士昌

2024 年 12 月

目　录

第三篇　依存或独立：生成式 AI 引发知识工作者双重认知感应的边界条件

第四篇　透明与多元：生成式AI提升知识工作者长期绩效的干预策略与应用实践

第一篇

促进或抑制：生成式 AI 对知识工作者长期绩效发展的双向影响

本篇深入探讨生成式 AI 技术在知识工作者长期绩效发展中的双重作用。通过系统地分析生成式 AI 的定义、类型及其与传统 AI 工具的区别，揭示了这一技术的进步路径及其对既有社会规则的颠覆性挑战。本篇内容分为以下三章：第一章概述生成式 AI 的定义、类型及发展历程，并详细阐述其与传统 AI 工具在设计理念、交互方式、应用领域和进步路径等方面的区别。进一步地，探讨生成式 AI 对社会规则的颠覆性影响，包括专业内容的民主化、职业和劳动市场的变革以及隐私与伦理问题，为读者提供了一个全面的背景框架。第二章聚焦于生成式 AI 在知识工作者的工作流程中的具体应用，展示其在信息搜集、资料分析和个性化成果输出中的实际效用，以及其如何通过提高工作效率和定制化成果输出改变知识工作者的工作方式。第三章探讨生成式 AI 对知识工作者长期绩效发展的双向影响，具体分析了其在学习能力、创新能力和协作能力发展中的正面效应和负面效应，帮助读者全面理解这一技术对知识工作者的潜在利弊。本篇通过对生成式 AI 技术的多维度分析，为知识工作者应对长期绩效发展中的机会与挑战提供了深入的思考框架。

第一章 新世来临：生成式 AI 的出现和普及

本章探讨了生成式 AI 的基本概念、技术进步及其对社会规则的影响，分析了生成式 AI 在技术原理和应用方面的独特优势，以及它带来的社会变革和挑战。首先，第一节详细介绍了生成式 AI 的定义、类型及其发展历程。通过对生成式 AI 在文本、图像、音频和视频生成中的广泛应用和不同算法模型的分析，展示了生成式 AI 在创新内容生成和创意表达方面的巨大潜力。第二节通过对生成式 AI 与传统 AI 的区别进行比较，从设计理念、交互方式、应用领域和整体进步与未来趋势四个维度，揭示了生成式 AI 在推动技术创新和提供多样化交互体验方面的显著优势。第三节深入分析了生成式 AI 对既有社会规则的颠覆性影响，尤其是在内容创作的民主化、职业与劳动市场的变革、隐私与安全风险、伦理和法律挑战方面展开讨论。通过法律法规的完善、技术手段的改进及社会各界的共同努力，生成式 AI 有望在创新与规范并行的路径上推动社会进步。本章为理解生成式 AI 的全貌和未来发展方向提供了系统框架和前瞻性思考。

第一节 生成式 AI 的定义和类型

生成式 AI（Generative Artificial Intelligence）作为人工智能领域的重要分支，近年来取得了显著进展，并在多个领域展现了强大的应用潜力和社会影响。本节详细介绍生成式 AI 的定义、主要类型、工作原理及其广泛的应用场景和影响，旨在全面探讨生成式 AI 的当前发展及其未来趋势，为读者提供一个系统、深入的理解框架。通过本节的内容阐述，读者将了解到生成式 AI 在技术和应用层面的最新进展及其对社会和伦理的深远影响。

一、生成式 AI 的定义

生成式 AI 是一类通过学习大量数据来生成新内容的人工智能技术。与传统的判别式 AI（Discriminative AI）不同，生成式 AI 不仅能理解和分类数据，还能创建新的数据，如文本、图像、音频和视频。生成式 AI 模型可以从训练数据中捕捉复杂的模式和结构，并利用这些知识生成高质量的内容（Alberts 等，2023；邵怡蕾，2024）。

生成式 AI 的核心概念在于其生成能力。通过学习已有数据的分布，生成式 AI 可以产生新数据，这些数据在风格和内容上与训练数据相似。例如，ChatGPT 等语言模型可以根据用户的输入生成连贯的文本段落，而 DALL-E 和 Stable Diffusion 等图像生成模型可以根据文字描述生成图像。这些模型的广泛应用证明了生成式 AI 在内容生成方面的强大潜力和广泛适用性（Yang 等，2022；沈芳君，2024）。

生成式 AI 的发展历史可以分为如表 1-1 所示的几个阶段。

表 1-1　生成式 AI 的发展历程

时间节点	事件/技术进展	影响和贡献
20 世纪 50~60 年代	初期概率模型和神经网络提出	为人工智能及后来的生成式 AI 奠定了基础
2013 年	变分自编码器（VAEs）提出	提供了概率生成建模的新方法，广泛用于图像生成和数据降维
2014 年	生成对抗网络（GANs）提出	在图像生成领域引发了革命性进展，推动生成式 AI 的研究发展
2017 年	Transformer 模型引入	开启了大规模语言模型的发展，成为生成式 AI 的重要技术基石
2020 年	GPT-3 发布，由 OpenAI 开发	展示了在文本生成和自然语言处理方面的巨大能力
2021 年	DALL-E 发布，由 OpenAI 开发	将生成式 AI 从文本扩展到图像生成领域
2021 年	Stable Diffusion 推出	提供了高效的扩散模型，提升了图像生成的质量和多样性
2022 年	扩散模型技术进一步成熟	推动了文本、音频和图像生成的多样性和质量提升
2023 年及以后	多模态生成模型的成熟（如 GPT-4 等）	支持文本、图像等多模态输入的生成式 AI，为未来应用开辟更多可能

生成式 AI 的历史可以追溯到早期的概率模型和神经网络。随着计算能力和数据量的增加，生成式 AI 在过去 10 年中取得了飞速的发展。特别是生成对抗网络（GANs）和变分自编码器（VAEs）的提出，成为生成式 AI 的一个重要里程碑。GANs 被广泛应用于图像生成、图像修复和超分辨率等领域。VAEs 则主要用于图像生成和数据降维。近年来，扩散模型的引入进一步推动了生成式 AI 的发展，通过扩散过程逐步生成高质量的样本，其被应用于图像、音频和文本生成，使得生成的内容在质量和多样性上都有了显著提高。这些模型通过不同的方法来学习数据的分布并生成新数据。例如，GANs 通过两个神经网络（生成器和判别器）之间的博弈来生成逼真的数据；而 VAEs 通过编码和解码的过程生成数据；扩散模型则通过逐步去噪的方法生成高质量的样本（Yang 等，2022）。

当前，生成式 AI 已经在多个领域展现出其强大的能力。例如，OpenAI 的 ChatGPT 在文本生成和自然语言处理方面表现优异，能够进行内容创作、自动摘要和对话生成。DALL-E 和 Stable Diffusion 则在图像生成方面取得了显著进展，可以根据文字描述生成高质量的图像。未来，随着技术的不断进步和应用场景的拓展，生成式 AI 将在更多的领域发挥作用，如医疗、教育、娱乐和商业。通过不断优化模型和算法，生成式 AI 将能够生成更加多样化和高质量的内容，为各行各业带来更多创新和变革（蒋万胜和杨倩，2024）。

二、生成式 AI 的主要类型

生成式 AI 包含多种类型，每种类型在不同领域中都有广泛的应用。以下将主要介绍文本生成 AI、图像生成 AI、音频生成 AI 和视频生成 AI。

1. 文本生成 AI

文本生成 AI 主要用于自然语言处理和生成。最具代表性的模型包括 GPT 系列和 BERT 等。GPT（Generative Pre-trained Transformer）系列模型由 OpenAI 开发，包括 GPT-2、GPT-3 和 GPT-4。它们能够生成连贯且具有逻辑性的文本。这些模型通过利用大规模的互联网文本数据进行训练，可以完成如文章生成、对话系统、自动摘要等任务。而 BERT（Bidirectional Encoder Representations from Transformers）由 Google 开发，主要用于理解文本。与 GPT 不同，BERT 是一种掩码语言模型，通过预测被掩盖的单词来训练模型。BERT 广泛应用于问答系统、情感分析和语言翻译等任务。

近年来，生成式 AI 在文本生成领域取得了显著进展，特别是在生成自然且连贯的长文本方面。例如，GPT-3 能够生成超过 1750 亿参数的文本模型，使得生成的文本更加自然和复杂。GPT-4 更为先进，据推测其参数数量超过 1.7 万亿，并支持多模态输入（文本和图像），在复杂任务中表现优异，如通过律师考试和各种标准化测试。

2. 图像生成 AI

图像生成 AI 主要通过生成对抗网络（GANs）、DALL-E 和 Stable Diffusion 等技术来实现。GANs 由生成器和判别器两个对抗网络组成，生成器负责生成逼真的图像，而判别器则判断这些图像的真实性，从而在不断的对抗中提升图像生成的质量。DALL-E 是 OpenAI 开发的另一种图像生成模型，可以根据文本描述生成高度详细的图像。Stable Diffusion 则通过扩散模型生成高质量的图像，这些模型在艺术创作、设计辅助和医学图像处理等领域有广泛应用。

3. 音频生成 AI

音频生成 AI 用于生成音乐和声音。例如，WaveNet 由 DeepMind 开发，是一种生成音频波形的深度神经网络，能够生成高质量的语音和音乐。另一种模型是 Jukebox，同样由 OpenAI 开发，能够生成不同风格的音乐，并模仿特定艺术家的风格。这些音频生成技术在音乐创作、语音合成和声音特效等领域有着重要的应用。目前，WaveNet 已经被应用于 Google 的语音助手中，大大提升了语音合成的自然度和流畅性（Krugmann 和 Hartmann，2024）。

4. 视频生成 AI

视频生成 AI 主要用于生成和编辑视频内容。最具代表性的技术是 Deepfake，它通过深度学习技术将一个人的面部特征和动作映射到另一段视频中，从而生成看似真实的伪造视频。虽然 Deepfake 技术在娱乐和影视制作中有潜在的应用价值，但也引发了关于隐私和伦理的广泛讨论。

总的来说，生成式 AI 在文本、图像、音频和视频生成方面展示了其强大的能力和广泛的应用前景。这些技术不仅推动了各个领域的创新，也引发了关于技术伦理和社会影响的深刻思考。

三、生成式 AI 的工作原理

生成式 AI 依赖于多种算法和模型，这些算法和模型通过复杂的训练过程生成高质量的数据。在理解这些工作原理时，需重点理解基本算法和模型、训练过程和生成过程（Lee，2023）。

1. 基本算法和模型

生成式 AI 的核心算法包括生成对抗网络（GANs）、变分自编码器（VAEs）和自回归模型等。GANs 由生成器和判别器组成，通过这两个神经网络之间的博弈来生成数据。生成器尝试生成逼真的数据，而判别器则试图区分真实数据和生成数据。这种对抗过程使得生成器不断改进，从而生成越来越逼真的数据。近年来，GANs 已经在生成图像、超分辨率和图像修复等任务中取得了显著成果。变分自编码器（VAEs）通过编码器将输入数据编码为潜在表示，再通过解码器将其重构为原始数据。与传统的自编码器不同，VAEs 在编码过程中引入了随机性，使所生成的数据更加多样化。VAEs 在图像生成、数据压缩和特征提取等方面有广泛应用。自回归模型则通过预测序列中的下一个元素来生成数据。这种模型包括 GPT 系列，它们利用 Transformer 架构，通过预测每一个词语来生成连贯的文本。自回归模型在自然语言处理和文本生成中表现出色。

2. 训练过程

生成式 AI 模型的训练过程通常包括数据准备、模型训练和优化。在数据准备阶段，需要收集和清洗大量高质量的数据。对于 GANs 和 VAEs，这些数据通常包括图像、文本或其他形式的多媒体数据。在模型训练阶段，GANs 通过生成器和判别器的对抗训练不断改进生成器的性能。VAE 通过最大化似然估计和变分推断来优化其模型参数。训练过程中的优化通常使用梯度下降法来最小化损失函数。对于 GANs，生成器的目标是最大化判别器分类错误的概率，而判别器的目标是最小化分类错误的概率。这种博弈过程通过交替优化生成器和判别器来提高生成数据的逼真性和质量。对于 VAEs，优化过程包括最大化重构概率和最小化 KL 散度（Kullback-Leibler Divergence），以此确保生成数据的多样性和质量。

3. 生成过程

生成过程是生成式 AI 从输入到输出的关键步骤。在 GANs 中，生成器接受一个随机噪声向量，并通过一系列的非线性变换生成逼真的数据。判别器则对生成的数据和真实数据进行分类，以此反馈至生成器进行改进。经过多次迭代，生成器能够生成与真实数据非常接近的高质量数据。在 VAEs 中，生成过程首先从潜在空间中采样一个向量，然后通过解码器生成数据。这个潜在空间的采样过程中引入了随机性，使生成的数据更加多样化。自回归模型则通过递归地预测下一个数据点来生成完整的序列。例如，GPT-3 通过依次预测下一个词语来生成一整段文本。

总之，生成式 AI 的工作原理依赖于复杂的算法和模型，通过严格的训练和优化过程，实现从输入数据到高质量输出的生成。这些原理不仅推动了技术的发展，也为实际应用提供了强大的支持。

四、生成式 AI 的应用场景和影响

生成式 AI 在多个领域展示了其强大的应用潜力和实际价值。在文本生成方面，生成式 AI 被广泛应用于新闻撰写、内容创作和对话系统。OpenAI 的 GPT 系列模型如 GPT-3，能够生成流畅且具有逻辑性的文本段落，被用于自动生成新闻、撰写营销文案和开发智能聊天机器人。在图像生成领域，生成式 AI 技术如

GANs（生成对抗网络）、DALL-E 和 Stable Diffusion，显著提高了图像生成的质量和创意自由度。这些技术被广泛应用于艺术创作、设计辅助和医学图像处理中。例如，DALL-E 能够根据文字描述生成高质量的图像，极大地推动了创意设计和广告制作的发展。音频生成 AI 在音乐创作和声音合成方面也展现了其独特价值。DeepMind 开发的 WaveNet 模型能够生成高质量的语音和音乐，已经被应用于 Google Assistant 等语音助手中，并显著提升了用户体验。OpenAI 的 Jukebox 则能够生成不同风格的音乐，并模仿特定艺术家的风格，广泛应用于音乐创作和音效设计中。在视频生成 AI 方面，Deepfake 技术因其能够生成高度逼真的伪造视频而受到广泛关注。虽然这一技术在娱乐和影视制作中有潜在的应用价值，但也引发了关于隐私和伦理的广泛讨论。除了娱乐行业，视频生成 AI 还应用于虚拟现实和增强现实中，为用户提供更沉浸式的体验（陈刚，2024）。表 1-2 展示了生成式 AI 的应用场景。

表 1-2　生成式 AI 在各领域的应用

应用领域	具体应用	说明
文本生成	新闻撰写、内容创作、对话系统	通过 GPT 系列模型等生成流畅、逻辑性强的文本，用于新闻稿件撰写、文案创作和聊天机器人开发等场景
图像生成	艺术创作、设计辅助、医学图像处理	利用 GANs、DALL-E、Stable Diffusion 等技术生成高质量图像，应用于创意设计和医疗领域
音频生成	语音合成、音乐创作	通过 WaveNet、Jukebox 等模型生成自然语音和不同风格的音乐，用于语音助手、音乐创作等领域
视频生成	视频编辑、虚拟现实、Deepfake 技术	生成和编辑高度逼真的视频内容，用于影视制作、增强现实等，但也涉及隐私和伦理问题
医疗	医学影像生成、个性化医疗	利用生成式 AI 生成和分析医学影像，支持诊断和个性化治疗
教育	个性化学习内容生成	生成适应不同学生需求的学习内容，提升教学质量和学习效果
娱乐	游戏内容生成、互动体验	生成虚拟世界、故事情节和游戏角色，提升娱乐体验和沉浸感
商业	营销文案、产品设计	帮助企业生成吸引人的广告文案、产品创意，提升市场推广和产品设计效率

　　生成式 AI 在带来巨大技术进步和经济效益的同时，也引发了诸多社会影响。在正面影响方面，生成式 AI 能够显著提高生产力，推动创新。例如，在内容创作和设计领域，生成式 AI 能够帮助创作者快速生成高质量的作品，提高工作效率。此外，生成式 AI 还在医疗、教育等领域展现出巨大潜力，如通过生成医学

影像辅助诊断和治疗，通过生成个性化学习内容提高教育质量。然而，生成式 AI 也带来了不少负面影响和伦理问题。Deepfake 技术的滥用可能威胁个人隐私和社会稳定，并在政治和公共信息领域引发深远影响。此外，生成式 AI 的广泛应用还可能导致某些职业的消失，以及引发就业问题。对于生成式 AI 生成的数据和内容，版权和知识产权问题也需要引起重视（Ryan，2023）。

展望未来，生成式 AI 技术有望继续快速发展，推动更多技术突破和应用创新。未来的生成式 AI 模型将更注重多模态生成，能够同时处理和生成文本、图像、音频和视频等多种数据类型，从而提供更丰富和多样的应用场景。此外，生成式 AI 在医疗、教育和娱乐等领域的深度应用，将进一步提升这些领域的服务质量和用户体验。在技术突破方面，生成式 AI 将继续优化模型结构和算法，提高生成质量和效率。例如，扩散模型和自回归模型的结合，有望在生成质量和速度上取得进一步突破。同时，生成式 AI 的可解释性和透明性研究也将成为重点，以解决现有模型的黑箱问题，增强用户对 AI 系统的信任（Li 等，2022；丁国峰和寿晓明，2024）。

综上所述，生成式 AI 在各个领域展现出巨大的应用潜力和社会影响，未来的发展趋势也将带来更多的技术突破和创新应用。然而，在享受技术进步带来的便利的同时，也需要关注和解决生成式 AI 带来的伦理和社会问题，以确保其健康和可持续发展。

五、总结

生成式 AI 已经在多个领域展示了其强大的应用潜力和实际价值。在文本生成 AI 领域，GPT-3 等模型广泛应用于新闻撰写、内容创作和对话系统，显著提升了内容生产效率和质量。图像生成 AI 通过 GANs 和 DALL-E 等技术，在艺术创作和设计辅助等方面表现出色，并推动了创意产业的进步。音频生成 AI，特别是 WaveNet 和 Jukebox，革新了音乐创作和语音合成领域，提供了更具表现力的声音合成解决方案。视频生成 AI 则通过 Deepfake 等技术，为娱乐、虚拟现实和增强现实提供了新的可能性，尽管其给隐私和伦理领域也带来了不小的挑战。

尽管生成式 AI 带来了许多正面影响，例如，提高生产力、推动创新和提供个性化服务，但也引发了社会和伦理问题。例如，Deepfake 技术的滥用可能对隐私和社会稳定构成威胁，而生成式 AI 的广泛应用可能带来就业变化和相关版权争议。应对这些挑战需要技术开发者、政策制定者和社会各界的共同努力，以平衡技术进步与社会影响。

未来，生成式 AI 有望继续快速发展，推动多模态生成技术的进步，提供更加丰富的应用场景。在技术突破方面，优化模型结构和算法将进一步提升生成质量和效率。与此同时，提高生成式 AI 的可解释性和透明性将是增强用户信任的重要方向。总之，生成式 AI 在各领域的应用展示了其巨大潜力和广泛影响，但平衡技术进步与社会伦理挑战将是确保生成式 AI 健康发展的关键。

第二节　生成式 AI 与传统 AI 工具的区别和进步

在探讨生成式 AI 与传统 AI 工具的区别和进步时，可以从设计理念、交互方式、应用领域和整体进步与未来趋势四个方面进行详细分析。生成式 AI 通过其独特的生成能力和创意表达，展示了与传统 AI 在设计理念上的根本区别。在交互方式上，生成式 AI 的多样化和复杂性使其能够提供更加丰富和个性化的用户体验。在应用领域方面，生成式 AI 在文本、图像、音频和视频生成等多个方面展现了广泛的应用潜力，而传统 AI 则在分类、回归和预测等特定任务中表现出色。在整体进步与未来趋势方面，生成式 AI 和传统 AI 各自展现了不同的技术进步路径和发展方向，为未来人工智能的发展提供了多样化的可能性。

一、设计理念的区别

生成式 AI 的设计理念主要集中在数据生成和创意表达上。通过学习现有数据的分布，生成式 AI 能够生成新数据，注重模型的生成能力和创意表现。生成对抗网络（GANs）、变分自编码器（VAEs）和自回归模型等算法都是基于这一理念发展起来的。GANs 通过生成器和判别器的对抗过程生成逼真的数据。它的工作原理类似于两人之间的博弈：一个生成器尝试生成看似真实的数据，而另一个判别器则试图区分这些生成数据与真实数据之间的差异。这种对抗性的训练方法使得生成的数据逐渐逼近真实数据的分布。VAEs 则通过编码器和解码器在潜在空间中采样生成多样化的数据，利用最大化重构概率和最小化 KL 散度（Kullback-Leibler Divergence），确保生成数据的多样性和逼真性（Yang 等，2022）。

相对而言，传统 AI 工具的设计理念侧重于数据分类、回归和预测等任务。决策树、支持向量机和传统神经网络等算法主要通过识别和分类已有数据的模式，以帮助解决具体的业务问题。这些算法的核心在于高效地从数据中提取有用信息，并通过训练模型进行准确的分类和预测。传统 AI 注重准确性和效率，适用于结构化数据的处理与具体任务的完成。例如，支持向量机通过寻找最优超平面进行分类，而决策树通过逐步分割数据空间来进行预测。这些传统算法在处理结构化数据和执行特定任务方面表现出色，但缺乏生成新数据的能力和多样性

（Tyler 等，2023）。

综上所述，生成式 AI 和传统 AI 在设计理念上有显著区别。生成式 AI 通过学习数据分布生成新数据，强调创意和生成能力；而传统 AI 工具则侧重于分类、回归和预测，强调准确性和效率。这种设计理念的差异不仅影响了它们的技术实现方式，也决定了它们在实际应用中的表现和适用领域。

二、交互方式的区别

生成式 AI 的交互方式更加多样和复杂。它不仅能够生成文本、图像、音频和视频等多种类型的数据，还能与用户进行自然语言的交互。例如，ChatGPT 能够根据用户的输入生成连贯的对话，使用户能够与系统进行动态和互动性极强的交流。这种自然语言处理能力使生成式 AI 在聊天机器人、虚拟助手和内容生成等领域展现出极大的潜力。DALL-E 等图像生成模型可以根据文字描述生成高度逼真的图像。这种能力不限于静态图像，还包括生成复杂的场景和艺术创作，使用户可以通过简单的文本指令获得视觉化的创意成果。这种交互方式极大地扩展了用户与 AI 系统的互动范围，从简单的命令执行发展到复杂的创意表达和互动（王龚等，2024）。

相比之下，传统 AI 工具的交互方式相对简单，主要通过预定义的输入输出进行交互。分类算法会根据输入的数据进行分类，回归算法则会根据输入的数据进行预测。这些模型通常通过固定的规则和算法处理数据，用户与系统的交互主要是提供数据输入和接收结果输出。这种交互方式虽然在特定任务中表现出色，但缺乏生成式 AI 的互动性和创意性。

此外，生成式 AI 能够通过多轮对话和上下文理解，提供更加个性化和细致的服务。例如，ChatGPT 不仅可以回答具体问题，还能够在对话中理解用户的需求，并提供相关的建议和信息。这种深度交互使生成式 AI 在客户服务、教育和医疗等领域展现出巨大的应用潜力。而传统 AI 工具则更多地依赖于预设的规则和模型参数，难以进行灵活的互动和调整。例如，传统的客服机器人通常只能回答预定义的问题和执行固定的任务，无法像生成式 AI 那样动态响应并提供更具创意的解决方案。

综上所述，生成式 AI 在交互方式上展现出显著的优势，不仅能够处理多种类型的数据，还能通过自然语言进行深度互动和提供个性化服务。而传统 AI 工具的交互方式则相对简单，主要集中在固定任务的执行和数据处理上。随着技术的不断发展，生成式 AI 有望在更多领域提供更加丰富和多样的交互体验，进一步拓展其应用范围和影响力。

三、应用领域的区别

生成式 AI 的应用领域非常广泛，涵盖了多个方面的创新和创作。在文本生成方面，生成式 AI 如 GPT-3 和 ChatGPT 已经在新闻撰写、内容创作和对话系统中得到了广泛应用。通过生成连贯且具有逻辑性的文本，这些模型能够显著提升内容生产的效率。例如，新闻机构可以利用生成式 AI 快速生成报道和新闻摘要，而作家和内容创作者则可以利用这些工具进行创意写作和文案生成（Makridakis 等，2023；徐天博和严康，2024）。

在图像生成方面，生成式 AI 如 DALL-E 和 Stable Diffusion 能够根据文字描述生成高度逼真的图像。这些技术被广泛应用于艺术创作、设计辅助和广告制作。艺术家可以通过简单的文字指令生成复杂的视觉作品，而设计师则可以利用这些工具快速生成设计概念和视觉素材，从而加速创作流程。

在音频生成方面，生成式 AI 如 WaveNet 和 Jukebox 可以生成高质量的音乐和声音。这些模型不仅可以用于音乐创作，还可以用于声音合成和音效设计。例如，音乐家可以利用这些工具生成新曲目，而电影制作人则可以利用它们生成逼真的音效，进而提升影视作品的表现力。

在视频生成方面，生成式 AI 如 Deepfake 技术已经在虚拟现实和影视制作中展现了巨大的潜力。这些技术能够生成高度逼真的视频内容，被广泛应用于电影特效、虚拟角色生成和互动娱乐等领域。在虚拟现实应用中，生成式 AI 能够创造沉浸式的虚拟环境，为用户提供新的体验和感知。

相较之下，传统 AI 工具的应用领域则主要集中在分类、回归、预测和优化等任务中。例如，在金融领域，传统 AI 被广泛用于信用评分和风险评估，通过分析大量金融数据，提供精准的信用风险预测和贷款审批。在医疗领域，传统 AI 用于疾病诊断和治疗方案推荐，通过分析患者的医疗数据，辅助医生进行诊断和制定治疗方案。尽管传统 AI 在这些领域表现出色，但其应用范围和创意性不如生成式 AI。传统 AI 更多地用于特定任务的优化和自动化，而生成式 AI 则通过生成新数据和创意内容，拓展了人工智能的应用边界。生成式 AI 不仅能够提升生产力，还带来了全新的创作方式和用户体验，使得各个领域的工作流程和创作过程发生了根本性的变革（Ryan，2023）。

总的来说，生成式 AI 和传统 AI 在应用领域上的区别反映了它们各自的技术优势和设计理念。生成式 AI 通过其强大的生成能力和多样化的应用场景，展现了巨大的创新潜力和社会影响，而传统 AI 则在精准性和效率上保持领先，且主要用于数据分析和决策支持。随着技术的不断发展，生成式 AI 有望为更多领域提供更加丰富和多样的应用，进一步拓展其影响力。

四、整体进步与未来趋势

生成式 AI 在技术和应用方面取得了显著进步，特别是在多模态生成和自然交互方面。多模态生成指的是生成式 AI 能够同时处理和生成多种类型的数据，如文本、图像、音频和视频，从而打造更加复杂和丰富的应用场景。在自然交互方面，生成式 AI 能够与用户进行高度互动的对话和创意表达，使得 AI 系统不仅能理解用户需求，还能根据用户输入生成个性化的内容。随着技术的发展，生成式 AI 的模型结构和算法将进一步优化，以提升生成质量和效率。例如，研究人员正在不断改进生成对抗网络（GANs）、变分自编码器（VAEs）和扩散模型等核心算法，以解决当前模型在训练稳定性和生成质量上的问题。此外，增强生成式 AI 的可解释性和透明性也是未来的一个重要研究方向，这样使用户能够更好地理解和信任 AI 生成的内容（Makridakis 等，2023）。

未来，生成式 AI 将在更多领域展现其潜力和影响力。除了已经广泛应用的文本生成、图像生成、音频生成和视频生成外，生成式 AI 还将在教育、医疗、金融等领域发挥重要作用。例如，在教育领域，生成式 AI 可以生成个性化的学习内容和教育资源，帮助学生更有效地学习。在医疗领域，生成式 AI 可以生成个性化的治疗方案和医学影像，辅助医生进行诊断和治疗（Ryan，2023）。

相比之下，传统 AI 工具也在不断进步，通过优化算法和提高计算效率，传统 AI 在数据分析、决策支持等方面的表现越来越好。例如，传统 AI 在金融领域的应用，以及通过大数据分析和机器学习算法，可以更准确地进行风险评估和信用评分。在制造业领域，传统 AI 通过优化生产流程和提高自动化水平，显著提升了生产效率和产品质量。然而，与生成式 AI 相比，传统 AI 的进步主要集中在特定任务的优化上，而不是在多样化应用和创意生成上。传统 AI 更多的是通过改进现有算法和提升计算能力，来提高其在分类、回归和预测等任务中的准确性和效率。尽管如此，传统 AI 在解决具体问题和处理大规模数据方面依然具有不可替代的优势（Tyler 等，2023）。

总的来说，生成式 AI 和传统 AI 各自展现了不同的进步路径和未来发展方向。生成式 AI 通过其强大的生成能力和多样化的应用场景，展现了巨大的创新潜力和社会影响；而传统 AI 则在精准性和效率上保持领先，主要用于数据分析和决策支持。随着技术的不断发展，生成式 AI 和传统 AI 将在各自领域继续进步，共同推动人工智能的整体发展和应用扩展。

五、总结

生成式 AI 和传统 AI 各自在技术进步和应用领域中展现了独特的优势和发展

路径，如表 1-3 所示。

表 1-3　生成式 AI 与传统 AI 的区别

区别维度	生成式 AI	传统 AI
设计理念	关注数据生成和创意表达，通过学习数据分布生成新数据，强调生成能力和多样性	侧重于数据分类、回归和预测任务，强调准确性和效率
交互方式	能进行复杂的多模态交互，如自然语言处理、图像生成、音频合成等，具备高度互动性	主要通过预定义的输入输出进行交互，交互性较为简单
应用领域	涵盖文本生成、图像生成、音频生成和视频生成等多个领域，具有广泛的创意性应用	主要应用于分类、回归、预测和优化等任务，集中在数据分析和决策支持等方面
整体进步路径	重点在多模态生成、自然交互、生成能力优化方面，未来趋向于提升可解释性和透明性	通过优化现有算法和提高计算效率，在特定任务的精准性和效率上不断改进

总之，生成式 AI 和传统 AI 在多个方面存在显著差异。生成式 AI 更注重数据的生成和创意表达，通过复杂的算法实现文本、图像、音频和视频等多种数据形式的生成，与用户进行高度互动的自然交互。这使得它在创意性和多样性方面具有显著优势，适用于需要新内容创作的领域。相比之下，传统 AI 工具更专注于分类、回归、预测和数据分析任务，以高效和精准为目标，通常用于特定业务的优化和决策支持。虽然传统 AI 在数据处理和具体问题的解决方面具有领先优势，但生成式 AI 通过拓展 AI 的创意边界和应用场景，展示了人工智能领域新的可能性。未来，两者的持续发展将在各自的优势领域推动人工智能的整体进步和应用扩展。

第三节　生成式 AI 对既有社会规则的颠覆和挑战

在探讨生成式 AI 对既有社会规则的颠覆和挑战时，可以从以下四个主要方面进行分析：专业内容的民主化、职业与劳动市场的变革、隐私与安全问题以及伦理与法律问题。生成式 AI 的广泛应用使得专业内容创作变得更加普及，同时也改变了传统的职业结构和劳动市场。尽管带来了显著的创新和效率提升，但生成式 AI 也引发了隐私泄露和安全威胁。此外，生成式 AI 在伦理和法律方面提出了新的挑战，需要通过完善的法律法规和道德标准来规范其发展。

一、专业内容的民主化

生成式 AI 的出现和普及显著推动了专业内容的民主化。这个过程指的是，生成式 AI 技术使得以往只有专业人士才能完成的高质量内容创作，现在变得更加普及和易于获取，从而大大降低了创作的门槛。专业内容民主化意味着，借助生成式 AI 技术，普通人无须具备深厚的专业知识或技能，也能轻松生成高质量的文本、图像、音频和视频内容。生成式 AI 的这种能力得益于其强大的学习和生成模型，如 GPT-3、DALL-E、WaveNet 等，通过学习大量的数据集，能够生成风格和质量接近专业水平的作品（Chaudhry 和 Kazim，2022）。

具体地，在文本生成方面，生成式 AI 如 ChatGPT 和文心一言使得用户能够生成自然流畅的文章、诗歌、技术文档等。无论是学生撰写论文，还是小企业编写市场营销文案，都可以借助这些工具快速生成高质量的内容。在图像生成领域，DALL-E 和 Stable Diffusion 使得用户能够根据简单的文字描述生成复杂的图像，无须专业的绘画或设计技能。在音乐和音频生成方面，WaveNet 和 Jukebox 可以帮助用户创作高质量的音乐和声音效果，满足从个人娱乐到专业制作的各种需求。

这种专业内容的民主化带来了诸多积极影响。首先，它极大地促进了创意和创新的发展。更多的人能够参与到内容创作中，带来了更多样化的作品和创意表达。其次，它为中小企业和个体创作者提供了强有力的工具，降低了内容创作的成本，提高了生产效率。此外，这种技术也在教育和培训中发挥了重要作用，通过自动生成学习资料和教育内容，提升了教育的质量和效率（Eapen 等，2023）。

然而，这种民主化也带来了不少挑战，如内容质量的参差不齐。虽然生成式 AI 能够生成高质量的内容，但有时也可能会存在准确性和逻辑性问题，特别是在缺乏专业知识指导的情况下。此外，版权和知识产权问题也成为焦点。由于生成式 AI 的内容是基于大量已有数据训练的，如何确保生成内容不侵犯原有作品的版权，是一个亟待解决的问题（童慧和杨彦军，2024）。

总之，生成式 AI 通过降低专业内容创作的门槛，显著推动了专业内容的民主化。这一过程中，虽然面临一些质量和版权方面的挑战，但其带来的创意和生产力提升，对社会和经济发展的积极影响是不可忽视的。

二、职业与劳动市场的变革

生成式 AI 正在快速改变传统的职业结构和劳动市场，带来了显著的自动化和创新，也创造了诸多新的职业和就业机会（马晔风等，2024）。

首先，生成式 AI 在多个行业中的自动化应用，显著改变了传统职业结构。

例如，在客服领域，传统上需要大量人力的客服工作，现在可以通过生成式 AI 聊天机器人来完成。这些机器人能够处理复杂的客户查询，提供及时且准确的回应。在内容创作领域，生成式 AI 如 GPT-3 能够自动撰写文章、广告文案和新闻报道，大幅减少对人工撰写的需求。此外，在数据分析领域，生成式 AI 可以自动生成报告和分析结果，提高工作效率和准确性。这种自动化趋势导致市场对某些职业的需求下降，特别是那些重复性高、创意性低的工作。传统的客服代表、文案撰写员和数据分析师可能面临失业风险，因为生成式 AI 能够以更高效和低成本的方式完成这些任务（Kamalov 等，2023）。

然而，虽然生成式 AI 替代了部分传统工作，但其也会创造许多新职业。例如，AI 训练师是一个新兴的职业，其负责为生成式 AI 模型提供训练数据并监督模型的学习过程。数据标注员也是 AI 发展的重要职业，他们需要对大量数据进行标注，以提高 AI 的识别和生成能力。此外，随着生成式 AI 应用的普及，AI 应用开发者和 AI 策略顾问等职业也应运而生，这些职业需要深入理解 AI 技术及其应用场景，帮助企业和组织实现 AI 优势的最大化利用。这些新职业不仅需要技术技能，还需要跨学科的知识。例如，AI 训练师需要了解数据科学和机器学习的基本原理，同时也需要具备领域专业知识，以确保 AI 模型能够准确理解和生成相关内容。这种跨学科技能的需求推动了教育和培训机构对相关课程的开发，以帮助劳动力市场适应这种转变（Kamalov 等，2023）。

面对生成式 AI 带来的劳动市场变革，政府和企业需要调整社会保障和就业政策，以应对潜在的就业问题和社会不平等。政府可以通过提供再培训和技能提升项目来帮助受影响的工人转型到新职业。例如，针对受自动化影响较大的行业，政府可以提供免费或低成本的技能培训课程，帮助工人学习 AI 相关的技能。企业也需要承担社会责任，通过内部培训和职业发展计划，帮助员工适应新技术的应用。企业还可以通过灵活的工作安排，如远程办公和兼职工作，缓解劳动力市场的压力。在这一过程中，公共和私营部门的合作至关重要，以确保就业市场的平稳过渡和社会的稳定发展。

总之，生成式 AI 给职业与劳动市场带来了深刻的变革。虽然某些传统职业可能会因为自动化而减少，但新的职业机会也在不断涌现。通过合理的政策调整和技能培训，社会能够更好地适应这种变革，实现劳动市场的动态平衡和持续发展。

三、隐私与安全问题

生成式 AI 的广泛应用不仅带来了许多便利和创新，同时也引发了严重的隐私和安全问题。随着生成式 AI 技术的快速发展，如何保障用户隐私和数据安全成为社会关注的重要议题（朱荣荣，2024；孙成昊和谭燕楠，2024）。

生成式 AI 在生成数据的过程中往往依赖于大规模的个人信息和敏感数据，这可能导致隐私泄露的风险。例如，AI 模型在生成逼真的文本或图像时，可能无意中复制或利用训练数据中的个人信息。特别是当生成涉及个人信息的内容时，可能会产生隐私侵犯。生成式 AI 通常需要使用大量的训练数据，这些数据可能来源于公共数据集或用户生成的内容。在数据收集和使用的过程中，如何确保合法性和用户知情同意，是亟待解决的问题。未经授权的数据收集和使用可能会侵犯用户隐私并违反相关法律法规。

生成式 AI 也带来了新的网络安全挑战，特别是深度伪造（Deepfake）技术的兴起。深度伪造技术能够生成高度逼真的虚假视频和音频，使普通用户难以辨别真伪。这种技术被用于制作假新闻、身份欺诈和其他恶意行为，可能对公共安全和社会稳定造成威胁。

应对生成式 AI 带来的隐私与安全问题需要政府、企业和研究机构的共同努力。首先，完善法律法规，加强个人数据保护和对生成式 AI 应用的监管，是必要的。政府应制定明确的法律框架，规范数据的收集、处理和使用标准，确保用户隐私得到有效保护。其次，技术创新也是解决隐私和安全问题的重要手段。研究人员可以开发更加安全的数据处理方法，如差分隐私和联邦学习等，以减少数据泄露风险。企业需要强化数据管理，确保数据安全存储和合规使用，并建立健全的数据安全应急响应机制。此外，增强公众的隐私保护意识和提高网络安全防范能力同样重要。公众应学习辨别虚假信息和深度伪造内容，避免成为谣言传播的受害者。教育机构和媒体也需要通过宣传和教育，帮助公众了解生成式 AI 的潜在风险和应对策略（Heidari 等，2024）。

总之，生成式 AI 在带来技术进步和社会便利的同时，也引发了隐私和安全方面的重大挑战。通过法律法规的完善、技术手段的改进和公众意识的提升，可以更好地应对这些问题，确保生成式 AI 的健康发展和应用。

四、伦理与法律问题

生成式 AI 的迅速发展引发了一系列伦理和法律问题，这些问题涉及技术的应用、社会规范以及法律框架的调整。生成式 AI 在内容生成和自动决策过程中可能带来伦理困境。例如，AI 可能在生成内容时无意中复制和放大已有数据中的偏见和歧视。当涉及性别、年龄等敏感话题时，这种现象可能导致不公平现象的扩散和社会矛盾加剧。此外，生成式 AI 的自动化决策也引发了道德责任的问题。例如，在医疗或金融等关键领域，AI 的决策可能直接影响个人的健康和经济状况，一旦出现决策偏差或错误，责任归属便成为一个棘手的问题（Li 等，

2022）。表 1-4 给出了一些生成式 AI 引发的部分伦理与法律问题的案例。

表 1-4   生成式 AI 引发伦理与法律问题的案例

案例名称	涉及的伦理/法律问题	案例描述
AI 生成图片侵权案	著作权侵权	2023 年，中国首例 AI 生成图片著作权侵权案判决生效。原告李昀锴使用 Stable Diffusion 模型生成图片，未经许可被他人用于商业用途，法院判定被告侵权
Deepfake 技术滥用	隐私权侵犯、名誉权受损	Deepfake 技术被用于生成虚假视频，导致名人形象被滥用，甚至用于传播虚假信息，严重侵犯个人隐私和名誉
AI 生成虚假新闻	虚假信息传播	生成式 AI 被用于自动生成虚假新闻，误导公众，影响社会稳定，挑战新闻真实性和媒体伦理
AI 生成音乐版权争议	著作权归属	AI 生成音乐作品引发版权归属争议，涉及 AI 生成内容是否享有版权，以及如何保护原创作者权益
AI 生成虚假身份信息	身份盗窃、欺诈	生成式 AI 被用于生成虚假身份信息，进行欺诈活动，给个人和机构带来经济损失和安全隐患

现有法律框架在面对生成式 AI 的挑战时往往显得滞后。生成式 AI 在版权、知识产权和数据保护等方面引发了复杂的法律问题。生成的内容是否享有版权？如果生成内容涉及已有作品的片段，该内容的合法性如何界定？这些问题急需明确的法律规定来解决。在数据保护方面，生成式 AI 对大量数据的依赖带来了数据合法性和隐私保护方面的挑战。如何合法收集、存储和使用数据，同时保护用户隐私，已成为社会亟待解决的关键议题（吴宗宪和张进帅，2024）。

为应对这些挑战，社会各界需要共同努力制定和完善相关的法律法规和伦理标准。首先，政府应制定明确的法律框架，规范生成式 AI 的应用，明确 AI 生成内容的版权归属，保护原创作品并确保数据隐私的合规性。企业和研究机构需要自觉遵守法律法规，在开发和应用 AI 技术时遵循伦理规范，减少偏见和歧视。研究人员可以开发更加透明和可解释的 AI 模型，以提高 AI 决策的透明度和可追溯性。公众和用户也应提升对生成式 AI 的认知，参与伦理和法律问题的讨论，通过社会共识来引导 AI 的健康发展。

总之，生成式 AI 在伦理方面与法律方面带来的挑战要以更加严谨和前瞻性的态度来应对。通过科学合理的法律和伦理框架、技术改进和社会协作，生成式 AI 可以在确保安全和公平的前提下推动社会进步与创新。

五、总结

综上所述，生成式 AI 的迅速发展在推动专业内容创作民主化和提升生产力的同时，也给社会规则、职业结构和隐私安全等多个领域带来了颠覆性影响。通过降低创作门槛，生成式 AI 让更多人能够参与内容创作，极大地提升了创新水平。然而，它也导致了内容质量参差不齐和版权问题频发，同时在劳动市场上引发了职业结构的变革，传统的职业角色可能因自动化而被取代或重新定义。生成式 AI 的应用需要在充分挖掘其创新潜力的同时，通过合理的政策和培训机制帮助社会适应这种快速变革。

此外，生成式 AI 带来的隐私、安全、伦理和法律挑战，也需要引起全社会的重视。从深度伪造带来的安全威胁到数据使用的合法性，生成式 AI 的普及使得社会亟须加强对数据隐私和技术使用的监管。通过制定严格的法律框架和伦理标准、推动技术创新以减少潜在风险，以及提升公众对相关问题的认知和防范能力，可以在确保生成式 AI 安全、可控发展的同时，最大程度地发挥其社会效益。

第二章　趁手利器：生成式 AI 影响知识工作者工作形态的主要途径

　　知识工作者通常是指在特定领域中具备高水平知识、技能和经验的个人，他们在工作中承担复杂且高要求的任务。知识工作者不仅包括传统意义上的知识工作者，如医生、律师、工程师和学者，还涵盖了更多领域，如信息技术、金融、教育和创意产业。知识工作者的核心特征是其在特定领域的深厚知识和技能。这些个体通过正式教育和持续的职业培训，不断地提升和更新其专业能力，以应对工作中的复杂挑战。他们的工作通常需要高水平的自主性、批判性思维和解决问题的能力。此外，知识工作者往往承担指导和培训新人的责任，以确保知识和技能的传承与发展（Schmid 和 Dowling，2022）。

　　知识工作者的工作内容因其所处行业和具体职位而异，但通常包括以下几个方面：首先，专业知识应用。他们需要运用深厚的专业知识来解决复杂的问题。例如，医生诊断和治疗患者，工程师设计和优化技术系统，金融分析师评估市场风险和投资机会。其次，创新和研发。许多知识工作者参与创新和研究开发工作，通过实验和分析，推动所在领域的进步。例如，学者和研究人员在大学和研究机构中进行前沿研究，推动科学和技术的创新。再次，管理和领导。知识工作者常常在组织中担任领导角色，负责项目管理、团队协调和战略规划。他们需要有效地沟通和管理资源，以实现组织目标和提升团队绩效。最后，教育和培训。知识工作者还承担着教育和培训的职责，向学生和初级专业人员传授知识和技能。例如，教授在大学教授课程，医疗专业人员在医院培训实习医生（Beer 和 Mulder，2020）。

　　本章聚焦于生成式 AI 如何改变知识工作者的工作形态，带来高效与个性化的创新成果。第一节探讨了生成式 AI 在工作信息搜集方面的应用，包括即时信息获取、多语言信息处理、个性化信息推荐与相关动态信息更新，展示其如何提升信息获取的效率与准确性。第二节深入分析生成式 AI 在工作资料分析中的应用，从数据清洗与预处理到模式识别和趋势分析、复杂数据可视化、自动化报告生成，展现其如何助力知识工作者快速处理和解读复杂数据。第三节则着重介绍生成式 AI 在个性化工作成果输出中的表现，通过个性化内容创作、智能助手与辅助决策、用户行为分析和预测及动态反馈和调整，实现了对工作成果的超个性化优化。本章旨在通过具体实例和深入分析，全面展示生成式 AI 如何在知识工作者的工作中发挥关键作用，推动各行业的创新和发展。

第一节　生成式 AI 带来超便利性的工作信息搜集

本节探讨了生成式 AI 在知识工作者工作形态中的四个关键应用领域：即时信息获取、多语言信息处理、个性化信息推荐和相关信息动态更新。生成式 AI 通过高效的算法和数据处理能力，有效地提升了信息获取的效率和准确性。在多语言信息处理方面，生成式 AI 实现了高质量的自动翻译和实时翻译，促进了跨语言的信息交流。个性化信息推荐系统利用 AI 技术，根据用户需求推荐相关信息，从而提高了信息的相关性和实用性。相关信息动态更新则使用户能够实时掌握最新信息，并快速响应变化，被广泛应用于各个领域，但也面临着数据准确性和时效性的挑战。

一、即时信息获取

生成式 AI 技术的快速发展显著提升了知识工作者在工作中获取信息的速度和准确性。这些技术通过快速检索和汇总大量信息，为用户提供了高效便捷的解决方案，改变了传统的信息获取模式。生成式 AI 能够快速处理大量文本数据，提取关键信息并生成摘要。这些技术通过复杂的算法理解文本的语义，并根据用户的需求生成相关的信息。特别是自然语言处理（NLP）和机器学习（ML）技术的发展，使信息检索和汇总更加高效。例如，基于生成式 AI 的搜索引擎可以在极短的时间内从大量数据中检索出相关信息，并自动生成简明的摘要，使用户能够快速获取所需的核心信息。这种搜索引擎不仅可以处理结构化数据，还能处理非结构化数据，如文档、文章和社交媒体内容（Li 等，2023）。

使用 AI 搜索引擎和自动化新闻摘要工具是生成式 AI 在信息检索和汇总中的典型应用。这些工具利用深度学习算法自动从互联网和数据库中提取最新的信息并生成摘要。例如，Google 的 AI 搜索引擎能够根据用户输入的关键词，在数秒钟内提供相关的网页和内容摘要，大大提高了信息获取的效率。另一个例子是自动化新闻摘要工具，如 OpenAI 的 GPT 模型，能够从大量新闻文章中提取关键信息并生成简明的新闻摘要。这种工具被广泛应用于新闻媒体、市场分析和科研领域，为用户提供快速、准确的信息（Wang 等，2023）。

生成式 AI 在信息获取方面的主要优势在于其高速的处理能力和较高的准确性。传统的信息检索方法通常需要人工进行大量的阅读和筛选，而生成式 AI 能够自动完成信息筛选，大幅节省时间和精力。AI 技术通过并行处理和智能算法，在几秒钟内处理数百万条信息，并精准提取用户所需内容。此外，生成式 AI 通过不断学习和优化，提高信息检索和汇总的准确性，减少了错误和遗漏。这种高精度的处理尤其适用于医学、法律和科研等领域（张娟，2024a）。

尽管生成式 AI 在信息获取方面具有显著优势，但也面临着一些挑战。首先是信息过载的问题。生成式 AI 能够快速获取大量信息，但如何筛选和过滤这些信息以确保用户获得高质量的内容，仍是一个重要挑战。过多的信息可能增加用户识别关键信息的难度，反而增加了信息处理负担。其次是质量控制问题。生成式 AI 在信息检索和汇总过程中，可能因数据来源的多样性导致信息质量参差不齐。如何确保信息的真实性和可靠性是生成式 AI 面临的关键问题。特别是在处理未经验证的网络信息时，AI 模型需要具备更强的鉴别能力，以过滤虚假和误导性信息（Wang 等，2023）。

总之，生成式 AI 在信息获取方面展示了巨大的潜力，通过快速检索和汇总大量信息，显著提升了知识工作者的工作效率。然而，信息过载和质量控制问题仍需通过不断优化技术来解决，以确保用户能够获得高质量和可靠的信息。

二、多语言信息处理

生成式 AI 在翻译和多语言处理方面已取得显著进展。通过深度学习和自然语言处理技术，生成式 AI 能够处理多种语言，实现高效且准确的翻译和信息处理。特别是大型语言模型（如 GPT-3 和 GPT-4），通过训练海量的多语言数据，具备了强大的翻译和多语言处理能力。这些模型不仅能识别和翻译不同语言的文本，还能保持翻译的上下文和语义一致性。例如，GPT-4 在处理多语言翻译任务时，可以根据用户输入的语言自动生成相应的翻译结果，覆盖多达几十种语言（Sahari 等，2023）。

生成式 AI 在自动翻译文献和实时翻译会议内容方面的应用上显著提升了跨语言交流的效率和便利性。学术界常使用 AI 翻译工具进行文献翻译，使研究人员能够快速获取他国语言的科研成果。例如，使用 ChatGPT 等生成式 AI 工具，能够在几秒钟内将复杂的学术论文从一种语言翻译成另一种语言，帮助研究人员跨越语言障碍。在实时翻译方面，生成式 AI 被广泛应用于国际会议和跨国企业的商务会议中。通过 AI 实时翻译技术，参会者能够即时理解发言内容，并与不同语言背景的参会者有效沟通。例如，微软的翻译系统能够实时翻译视频会议内容，使全球各地的团队能够无障碍协作（Sahari 等，2023）。

生成式 AI 在翻译和多语言处理方面的优势在于其高效性和广泛适用性。首先，这些工具能够快速处理和翻译大量文本，显著提高跨语言信息访问的效率。研究表明，生成式 AI 在多语言翻译任务中的表现优于传统方法，尤其是在处理复杂专业术语和上下文信息时。其次，生成式 AI 的多语言处理能力使跨文化交流变得更为便捷。通过自动和实时翻译技术，不同语言背景的人能够轻松交流，促进国际合作和文化交流。例如，在跨国公司中，员工可以通过 AI 翻译工具与来自不同国家的同事无障碍沟通，提升团队协作效率（Son 和 Kim，2023）。

尽管生成式 AI 在翻译和多语言处理方面取得显著进步，但仍面临着一些挑战。首先是翻译准确性的问题。尽管生成式 AI 在大多数情况下能够提供高质量的翻译，但在处理复杂句子结构和专业术语时，准确性可能会受到影响。此外，对于一些语言对，特别是低资源语言，AI 模型的表现仍然不如高资源语言，这导致翻译质量不一致。其次是文化差异的处理。语言不仅是交流工具，也是文化的载体。生成式 AI 在翻译过程中，如何准确理解和传达文化背景和语境，是一个重要挑战。例如，在翻译涉及文化习俗和特定背景知识的文本时，AI 模型可能无法完全捕捉和传达这些细微差异，从而影响翻译的准确性和接受度。为应对这些挑战，研究人员正在改进 AI 模型的训练方法和数据处理技术。例如，通过增加低资源语言的数据量和优化模型训练过程，可以提高 AI 在这些语言对上的翻译质量。此外，加强对文化背景和语境的理解，也是提高生成式 AI 翻译准确性的重要方向。

综上所述，生成式 AI 在翻译和多语言处理方面展现了强大能力和广泛应用前景。尽管面临一些挑战，但通过不断的技术改进和优化，生成式 AI 将在跨语言信息访问和交流中发挥着越来越重要的作用。

三、个性化信息推荐

生成式 AI 通过先进的自然语言处理和机器学习技术，能够根据用户需求推荐相关信息，显著提高信息获取的效率和质量。个性化信息推荐系统广泛应用于科研、市场分析和其他领域，帮助用户找到最相关和有用的内容。同时，生成式 AI 在个性化信息推荐方面展现了强大的能力。通过分析用户的行为数据、偏好和历史记录，AI 模型能够预测用户的兴趣并推荐相关内容。生成式 AI 利用深度学习算法，不仅能处理大量数据，而且能识别用户潜在需求，提供高度定制化的推荐（单俊豪和刘永贵，2024）。

例如，在科研领域，生成式 AI 可以根据研究人员的阅读历史和研究方向，推荐相关的学术论文和研究资料。这不仅提高了研究效率，还帮助研究人员快速掌握最新的研究进展。同时，个性化推荐系统在文献管理和信息获取方面也表现突出。例如，学术搜索引擎如 Google Scholar 和 ResearchGate 利用生成式 AI 技术，根据用户的搜索历史和研究兴趣，推荐相关的学术论文和会议记录。这些推荐系统能够显著提高研究人员的信息获取效率，帮助他们快速定位最相关的文献（Wang 等，2023）。

同样，在市场分析中，生成式 AI 可以分析消费者的行为数据，推荐个性化的产品和服务，提升客户的满意度和销售额。个性化推荐系统帮助企业了解消费者的需求和偏好。例如，电商平台利用生成式 AI，根据消费者的浏览和购买历史，推荐相关产品。这些推荐不仅提高了消费者的购物体验，还增加了平台的销售额。此外，生成式 AI 还被用于广告推荐，通过分析用户的行为数据，提供个性化的广告内容，提升广告的点击率和转化率（Roy 和 Dutta，2022）。

生成式 AI 在个性化信息推荐中的主要优势在于其高相关性和实用性。首先，通过分析用户的历史数据和行为模式，生成式 AI 能够准确预测用户需求，提供高度相关的信息。这种个性化推荐不仅节省了用户的搜索时间，还提高了信息的实用性和价值。其次，生成式 AI 的推荐系统能够持续学习和优化，不断提高推荐的准确性和质量。通过对用户反馈的持续收集和分析，AI 模型能够不断调整和改进推荐策略，确保推荐内容始终符合用户的最新需求。这对于需要高精度和高效率的信息获取领域，如科研和市场分析尤为重要。

尽管生成式 AI 在个性化信息推荐方面展现了巨大的潜力，但也面临着一些挑战。首先是隐私问题。个性化推荐系统需要收集和分析大量用户数据，这可能涉及用户的个人隐私。如果数据处理不当，可能会导致隐私泄露和数据滥用的问题。为了保护用户隐私，推荐系统需要采用严格的数据保护措施，如数据加密和匿名化处理。其次是推荐算法的偏见问题。生成式 AI 的推荐算法依赖于历史数据，如果数据中存在偏见，推荐结果可能会放大这些偏见。例如，如果一个推荐系统主要基于某些特定群体的偏好，那么其他群体可能会被忽视，从而导致推荐结果的不公平。为了解决这一问题，研究人员需要不断优化算法，确保推荐系统的公平性和多样性（Roy 和 Dutta，2022）。

综上所述，生成式 AI 在个性化信息推荐方面具有显著的优势，能够根据用户需求提供高相关性和高实用性的推荐内容。然而，为了充分发挥其潜力，还需要解决隐私保护和算法偏见等挑战。通过不断改进和优化，生成式 AI 将能够在更多领域实现个性化信息推荐，为用户带来更好的体验。

四、相关信息动态更新

生成式 AI 在实时信息更新和监控中的作用日益凸显。通过高效的数据处理和实时分析，生成式 AI 为多个领域提供了强大的信息更新和监控能力。生成式 AI 通过机器学习和自然语言处理技术，能够实时处理和分析大量数据，从而提供最新的动态信息。这种技术应用于多个领域，如金融市场监控、新闻更新、社交媒体分析等。AI 模型通过不断学习和更新，能够迅速识别数据中的关键变化，并及时提供反馈（Cain，2024）。

例如，在金融市场监控中，生成式 AI 可以实时分析市场数据、新闻和社交媒体信息，识别出影响市场波动的因素。这些系统不仅能够监控股票价格和交易量，还能分析市场情绪和新闻事件，帮助投资者及时做出决策。通过实时分析市场数据，AI 系统能够提供市场趋势、价格波动和交易活动的最新信息。这些系统利用生成式 AI 的强大数据处理能力，分析海量数据并识别出影响市场的关键因素。实时新闻更新也是其显著应用之一。生成式 AI 可以实时监控全球新闻事件，并分析其对市场的潜在影响，帮助投资者迅速作出反应。生成式 AI 还能够从多个新闻源中提取信息，生成简洁的新闻摘要并实时更新。此外，生成式 AI 可以实时监控社交媒体平台，识别和跟踪热点话题，生成及时的新闻报道。这种技术被广泛应用于新闻媒体和信息服务平台，确保用户能够快速获取最新信息（Cain，2024）。相应的应用案例如表 2-1 所示。

表 2-1　基于生成式 AI 的信息更新系统在金融市场和新闻媒体中的应用

领域	应用名称	应用描述
金融市场	Bloomberg Terminal	Bloomberg Terminal 是一个金融信息服务平台，提供实时的金融市场数据、新闻和分析。该平台使用生成式 AI 技术，根据市场数据和新闻事件生成实时的市场报告，帮助投资者做出决策
金融市场	JP Morgan LOXM	JP Morgan LOXM 是一个基于 AI 的执行算法，能够实时分析市场条件，并自动优化交易策略。该算法使用生成式 AI 技术，根据历史数据和实时数据生成最佳的交易计划，提高交易效率和收益
新闻媒体	Reuters News Tracer	Reuters News Tracer 是一个基于 AI 的新闻发现和验证系统，能够实时监控社交媒体上的新闻事件，并分析其真实性和重要性。该系统使用生成式 AI 技术，根据社交媒体数据和其他新闻源数据生成新闻摘要，并实时更新
新闻媒体	Washington Post Heliograf	Washington Post Heliograf 是一个基于 AI 的新闻生成系统，能够根据结构化数据和模板生成新闻报道。该系统使用生成式 AI 技术，根据新闻事件的数据和关键信息生成简洁的新闻文本，并实时更新

生成式 AI 在实时信息更新和监控中的主要优势在于其高效性和实时性。首先，生成式 AI 能够处理大量数据，并在几秒钟内提供最新信息，显著提高了信

息获取的速度。对于金融市场和新闻媒体等需要快速响应的领域，这种实时性尤为重要。其次，生成式 AI 能够提供高度准确和相关的信息。通过先进的数据分析和机器学习算法，AI 系统能够识别数据中的关键变化，并提供精准的反馈。这对于投资者、记者和其他需要实时信息的专业人士来说，极大地提高了其决策的准确性和及时性（柏杨和李晓，2024）。

尽管生成式 AI 在实时信息更新和监控中展现了强大的能力，但也面临着一些挑战。首先是数据准确性的问题。生成式 AI 在处理和分析数据时，必须确保数据的真实性和可靠性。如果输入数据不准确，AI 系统可能会生成错误信息，导致决策失误。其次是时效性的问题。虽然生成式 AI 能够实时处理和更新信息，但在处理大规模数据时，仍然可能遇到延迟。此外，如何在大量信息中筛选出最相关和重要的数据，也是一个重要的挑战。为了解决这些问题，AI 系统需要不断优化算法，提高数据处理的效率和准确性（Zhao 等，2022）。

总之，生成式 AI 在实时信息更新和监控中具有显著的优势，能够帮助用户快速掌握最新信息并做出及时决策。然而，如何确保数据的准确性和处理的时效性，仍然是需要解决的重要问题。通过不断改进技术和优化算法，生成式 AI 将进一步提升其在实时信息更新和监控中的应用效果。

五、总结

总的来说，生成式 AI 在工作信息搜集方面展示了强大的能力。通过即时信息获取，生成式 AI 极大地提升了知识工作者获取信息的速度和准确性。借助自然语言处理和机器学习技术，生成式 AI 能够快速处理海量数据，提取出关键信息，为用户提供高效的解决方案，如自动化新闻摘要和搜索引擎。这种能力不仅改变了传统的信息获取方式，还减少了人工筛选信息的时间成本。此外，生成式 AI 的多语言处理能力，使其能够跨语言处理和翻译信息，打破语言障碍，为用户提供更加便捷的全球化交流平台。个性化信息推荐系统则根据用户需求和偏好，提供相关性强的推荐内容，使信息获取变得更加精准和高效。

生成式 AI 在动态信息更新方面也展现出显著优势，通过实时监控和更新数据，确保用户掌握最新信息并快速做出反应。无论是在金融市场、新闻媒体，还是在社交网络的热点追踪中，生成式 AI 的能力都显著提升了用户的决策效率。然而，在信息搜集过程中，生成式 AI 也面临信息过载和质量控制的挑战，如何有效筛选、过滤和确保信息的准确性仍需进一步优化。通过技术改进和更好的数据管理，生成式 AI 有望提供更高质量、更可靠的实时信息支持，助力知识工作者更高效地应对复杂的信息需求。

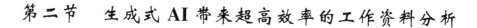

第二节　生成式 AI 带来超高效率的工作资料分析

本节探讨了生成式 AI 在提高工作资料分析效率中的应用，包括数据清洗和预处理、模式识别和趋势分析、复杂数据可视化以及自动化报告生成。生成式 AI 通过自动化和智能化手段，极大地提升了数据处理和分析的效率与准确性。本节详细介绍了这些技术在各自领域的应用实例，分析了其优势和面临的挑战，旨在为读者提供全面的理解。

一、数据清洗和预处理

生成式 AI 在数据清洗和预处理方面展现了显著的应用潜力，通过自动化工具和智能算法，极大地提高了数据分析的效率和准确性。数据清洗是数据分析和机器学习项目中的关键步骤，其目标是确保数据的完整性和一致性，为后续的分析和建模提供高质量的数据基础。生成式 AI 在这一领域的应用主要体现在利用深度学习和机器学习算法来自动检测和修复数据中的缺失值、异常值和错误数据方面。通过构建自动化的清洗流程，这些技术能够减少人为干预，提高数据的可靠性和准确性（Lee，2023）。例如，一些数据清洗工具结合机器学习算法，如基于随机森林的缺失值填补算法 MissForest，能够处理混合类型的数据，包括数值型和分类数据。MissForest 通过训练随机森林模型，预测数据中的缺失值，从而提高数据的完整性和一致性。机器学习方法如 KNN（K 近邻）填补和回归填补，也被广泛应用于数据清洗和预处理中，通过学习数据中的模式和关系，实现对缺失值的预测和填补（Lee 等，2021）。

生成式 AI 在数据清洗和预处理中的主要优势在于其高效率和高准确性。自动化工具能够显著减少人工干预，提高数据处理的速度和效率。传统手动数据清洗方法通常耗时且易出错，而生成式 AI 可以自动完成这些任务，确保数据的一致性和完整性。此外，生成式 AI 通过智能算法，能够更准确地检测和修复数据中的缺失值和异常值，提升数据质量，为后续分析提供更可靠的基础（Lee 等，2021）。

尽管生成式 AI 在数据清洗和预处理中具有显著优势，但也面临着一些挑战。首先是数据多样性的问题。在现实世界中，数据通常具有高度的多样性和复杂性，包括不同的数据类型、格式和来源。如何处理这些多样化的数据，确保清洗过程的适用性和有效性，是一个重要挑战。其次，在处理大规模数据时，生成式

AI 可能会遇到计算资源和时间上的限制。需要进一步优化算法和并行计算能力，以更好地应对超大规模数据集的处理需求（Hosseinzadeh 等，2023）。

总之，生成式 AI 在数据清洗和预处理方面展示了巨大的潜力，通过自动化和智能化手段，显著提高了数据分析的效率和准确性。然而，面对数据多样性和复杂性等挑战，仍需不断优化算法和技术，以确保其在不同应用场景中的有效性和可靠性。

二、模式识别和趋势分析

生成式 AI 在模式识别和趋势分析方面展现了强大的能力，通过先进的机器学习算法，从大量数据中提取有价值的模式和趋势，为各行业提供重要的决策支持。生成式 AI 通过深度学习和自然语言处理技术，能够自动识别和分析数据中的复杂模式。这些技术依赖于大量数据训练，使得 AI 模型能够发现潜在的关系和趋势，并在实际应用中发挥重要作用。例如，生成对抗网络（GANs）和变分自编码器（VAEs）等模型，能够在图像和文本数据中识别复杂的结构和模式。在实际应用中，生成式 AI 通过分析历史数据，预测未来趋势。例如，在金融市场中，AI 模型可以分析股票价格和交易量数据，识别市场趋势并预测未来价格波动。在社交媒体分析中，生成式 AI 能够处理用户评论和帖子，识别热点话题和趋势变化。这种能力对于市场营销、公共舆情监控等领域尤为重要，有助于企业及时调整策略，抓住市场机会（Krugmann 等，2024）。

数据挖掘和机器学习算法在市场趋势分析中的应用已经非常普遍。企业通过生成式 AI 分析市场数据，识别出有价值的商业机会。例如，一些电商平台利用生成式 AI 分析客户购买行为，预测未来的消费趋势，从而优化库存管理和营销策略。金融行业也利用生成式 AI 模型分析大量金融数据，识别潜在的投资机会和市场风险，为投资者提供更精准的决策支持（Krugmann 等，2024）。为了更好地说明生成式 AI 在模式识别和趋势分析中的应用，表 2-2 列出了一些相关的案例。这些案例涵盖了不同的行业和领域，展示了生成式 AI 的多样性和实用性。

表 2-2　生成式 AI 模式识别和趋势预测的相关案例

行业	案例描述	溯源链接
电商	阿里巴巴利用生成式 AI 模型分析用户行为数据，预测未来购买意愿和偏好，从而制定个性化的营销策略和推荐系统	阿里巴巴公布全球最大的机器学习平台 MaxCompute AI https://www.alibabacloud.com/help/en/pai/user-guide/manage-maxcompute-resources

续表

行业	案例描述	溯源链接
金融	摩根士丹利使用生成式 AI 模型分析公司财报数据，识别出企业的价值驱动因素和风险因素，为投资者提供高质量的研究报告	Morgan Stanley's New Research Idea：A Robot Writes the Report https：//www.reuters.com/technology/morgan-stanley-launch-ai-chatbot-woo-wealthy-2023-09-07/
医疗	谷歌使用生成式 AI 模型分析医学图像数据，检测出肺癌和皮肤癌等疾病的早期迹象，为医生提供辅助诊断和治疗建议	Applying Deep Learning to Metastatic Breast Cancer Detection https：//research.google/blog/applying-deep-learning-to-metastatic-breast-cancer-detection/
媒体	华盛顿邮报使用生成式 AI 模型分析社交媒体数据，生成关于美国总统大选的实时报道，并在网站上发布	The Washington Post leverages proprietary AI technology, Heliograf, to report on key races on Election Night https：//www.washingtonpost.com/pr/wp/2016/10/19/the-washington-post-uses-artificial-intelligence-to-cover-nearly-500-races-on-election-day/

生成式 AI 在模式识别和趋势分析中的主要优势在于其强大的数据处理能力。首先，AI 模型能够处理海量数据，从中识别隐藏的关系和趋势，这对于金融、医疗和市场研究等领域尤其重要。其次，生成式 AI 能够提供高度准确的预测和分析结果。通过不断优化算法和增加训练数据，AI 模型的预测精度得到了显著提升，帮助企业提高决策的可靠性和竞争力（Malhotra 等，2023）。

尽管生成式 AI 在模式识别和趋势分析中展现了巨大潜力，但仍然面临着一些挑战。首先是模型的解释性问题。生成式 AI 模型尤其是深度学习模型，常被视为"黑箱"，其内部运作机制难以理解和解释。这对于需要透明性的应用场景，如医疗诊断和法律决策，是一个重要挑战。其次是预测的准确性问题。尽管生成式 AI 能够提供高精度预测，但在处理噪声数据和异常情况时，其表现可能会受到影响。此外，模型的训练和优化通常需要大量计算资源，可能限制其在资源受限环境中的应用（Khalifa 等，2022）。

总之，生成式 AI 在模式识别和趋势分析中展现了巨大的潜力，通过高级算法和深度学习技术，能够从复杂数据中提取有价值的模式和趋势。尽管面临着一些解释性和准确性挑战，但随着技术的不断发展和优化，生成式 AI 将在更多领域发挥重要作用，以及提供更强大的决策支持。

三、复杂数据可视化

生成式 AI 在数据可视化中的应用正在迅速发展，利用先进的算法和强大的计算能力，生成式 AI 能够将复杂数据转换为直观的视觉表现形式。这些技术不仅提高了数据的解读和分析能力，还为决策者提供了更加清晰和可操作的视图。生成式 AI 在数据可视化方面的应用主要集中在动态数据图表和交互式数据仪表板等领域。通过生成式 AI，用户可以快速生成高度互动和动态的图表，这些图表能够实时反映数据变化，并提供深层次的分析结果。例如，动态数据图表可以展示时间序列数据的变化趋势，帮助用户识别潜在模式和异常值。交互式数据仪表板则能够整合多个数据源，提供全方位的业务分析视图，用户可以根据需要定制和交互式查看具体数据（Khurana 等，2023）。

在金融和商业分析领域，生成式 AI 被用于创建动态数据图表，以展示市场趋势和企业绩效。例如，一个投资公司可以利用生成式 AI 生成的图表监控股票价格的实时变化，识别市场波动和投资机会。此外，交互式数据仪表板能够整合销售数据、客户反馈和市场分析，为企业管理层提供全面的业务视图，帮助他们做出更明智的决策。在医疗保健领域，生成式 AI 被用于创建患者数据的可视化仪表板，帮助医生实时监控患者的健康状况。这些仪表板能够展示患者的历史健康数据、当前治疗效果和未来健康预测，为综合诊疗提供支持。

生成式 AI 在数据可视化中的主要优势在于其高直观性和可操作性。首先，动态数据图表和交互式仪表板以图形化方式展示复杂数据，使用户能够更轻松地理解和分析数据。这种直观展示方式不仅提高了数据解读的效率，还减少了数据分析的复杂性。其次，生成式 AI 提供高度可操作的可视化工具。用户可以通过交互式仪表板，实时查看和操作数据，根据需求定制视图和分析方法。这种灵活性使得数据分析更加动态和个性化，满足不同用户的具体需求。

尽管生成式 AI 在数据可视化方面具有显著优势，但仍面临着一些挑战。首先是可视化工具的易用性问题。对于一些复杂的生成式 AI 工具，用户可能需要具备一定的技术背景和数据分析技能，这限制了工具的广泛应用。为了提高易用性，需要开发更加用户友好的界面和使用指南。其次是灵活性问题。尽管生成式 AI 提供高度定制化的可视化解决方案，但在处理不同类型的数据和满足不同用户需求时，可能会遇到一些限制。为解决这一问题，开发者需要不断优化算法，增强工具的适应性和灵活性（Lee，2023）。

总的来说，生成式 AI 在复杂数据可视化中的应用展现了巨大的潜力，通过动态数据图表和交互式仪表板，显著提高了数据解读的直观性和可操作性。然而，为了应对易用性和灵活性等挑战，还需持续改进技术，以确保其在不同应用场景中的有效性和广泛应用。

四、自动化报告生成

生成式 AI 在自动生成分析报告方面展现了显著的应用潜力。通过自然语言生成（NLG）技术和大规模语言模型（如 GPT-3 和 GPT-4 所示），生成式 AI 能够快速生成高质量的分析报告，显著提升数据分析和业务智能的效率和一致性。生成式 AI 在自动生成分析报告方面的应用主要体现在自动化数据分析报告和业务智能报告生成两个方面。通过先进的自然语言处理技术，这些 AI 系统可以从结构化数据和非结构化数据中提取关键信息，并生成连贯、详细的分析报告。例如，金融机构使用生成式 AI 自动生成市场分析报告，AI 系统能够实时分析市场数据和趋势，并生成详细的报告供投资者参考。这些报告不仅包含数据分析结果，还能解释趋势和提供建议，帮助用户做出更明智的决策。

在实际应用中，生成式 AI 广泛用于自动化数据分析报告的生成。例如，营销部门利用 AI 生成的客户行为分析报告，可以更好地理解客户需求和市场趋势，从而制定更有效的营销策略。此外，企业管理层可以利用 AI 生成的业务智能报告，实时监控企业运营状况，识别潜在问题并及时采取措施。在教育领域，生成式 AI 被用于生成学生的学习报告，通过分析学生的学习数据，提供个性化的反馈和建议，帮助教师更有效地指导学生（Glaser，2023）。

生成式 AI 在自动化报告生成方面的主要优势在于其高效性和一致性。首先，AI 系统能够显著节省时间，通过自动处理和分析数据，快速生成报告，减少了人工撰写报告的时间。这一点在需要频繁生成报告的行业中尤为重要，如金融和市场分析等。其次，生成式 AI 能够确保报告的一致性和准确性。由于 AI 系统能够标准化处理数据并生成报告，避免了人工撰写可能产生的错误和偏差，提高了报告的质量和可信度（张鹏和方彪，2024）。

尽管生成式 AI 在自动化报告生成方面展示了巨大潜力，但也面临着一些挑战。首先是报告内容的准确性问题。AI 系统在处理和分析数据时，可能因数据质量或算法限制而产生误差，导致生成的报告内容不准确。为了提高准确性，AI 系统需要不断优化算法，并利用高质量数据进行训练。其次是报告内容的相关性问题。生成式 AI 需要根据用户的具体需求生成相关报告内容，但在实际应用中，AI 系统可能无法完全理解用户需求，导致生成的报告内容不够相关或实用。为解决这一问题，AI 系统需要增强对用户需求的理解，并通过用户反馈不断优化生成策略（Glaser，2023）。

总的来说，生成式 AI 在自动化报告生成方面具有显著优势，能够提高报告生成的效率和一致性。然而，面对准确性和相关性方面的挑战，仍需不断改进技术和算法，以确保生成的报告内容准确且符合用户需求。

五、总结

生成式 AI 在提高工作资料分析效率方面展现了强大的能力。它通过自动化数据清洗和预处理，显著提高了数据的完整性和准确性，减少了人工操作的复杂性和错误风险，使得数据分析更加高效和可靠。同时，生成式 AI 在模式识别和趋势分析方面的表现同样出色，通过深度学习和复杂算法，从大量数据中挖掘潜在的关系和趋势，为企业和行业提供有力的决策支持。无论是预测市场动向、识别社交媒体热点，还是帮助企业制定策略，生成式 AI 都在挖掘数据价值方面提供了前所未有的优势。

此外，生成式 AI 在数据可视化和自动化报告生成领域也带来了变革性影响。借助动态数据图表和交互式数据仪表板，复杂数据得以以直观和可操作的形式展现，让用户更轻松地进行数据解读和分析。自动化报告生成技术则通过自然语言处理，从结构化和非结构化数据中提炼出关键信息，为用户快速生成一致性高、易于理解的报告。这种能力不仅提高了分析的速度和质量，还确保了报告的准确性和可用性。尽管面临易用性、灵活性和内容相关性等挑战，但通过不断优化和技术改进，生成式 AI 将持续推动数据分析领域的发展，为更多应用场景带来高效和创新的解决方案。

第三节　生成式 AI 带来超个性化的工作成果输出

本节探讨了生成式 AI 如何带来超个性化的工作成果输出，主要涵盖了以下四个方面：个性化内容创作、智能助手和辅助决策、用户行为分析和预测以及动态反馈和调整。生成式 AI 通过强大的数据处理和分析能力，显著提升了内容生成、决策支持、用户行为预测和工作流程优化的效率与质量。本节详细讨论了这些技术在各自领域的应用实例，分析其优势与面临的挑战，为读者提供全面的理解。

一、个性化内容创作

生成式 AI 在个性化内容创作方面展现了强大的能力。通过先进的自然语言生成（NLG）技术，生成式 AI 能够根据用户需求生成高度定制化的内容。这在营销、报告生成和教育等领域有广泛应用，显著提高了内容创作的效率和质量。生成式 AI 利用大规模语言模型（如 GPT-3 和 GPT-4 所示）和深度学习算法，能够理解用户输入的语境和需求，从而生成符合特定要求的内容。例如，AI 可以根据用户提供的关键词和描述，自动生成个性化的营销文案、社交媒体帖子和产品描述。在商业应用中，生成式 AI 还能够生成定制化报告，通过分析大量数据并提取关键信息，为用户提供详尽的业务和市场分析（Peruchini 等，2024）。

在个性化营销中，生成式 AI 能够根据消费者的行为数据和偏好，生成高度相关的营销文案。电子商务平台可以利用生成式 AI 为每个客户生成定制化的产品推荐和促销信息，从而提高客户的参与度和转化率。此外，生成式 AI 可帮助企业管理层生成综合业务报告，整合来自不同部门的数据，提供全面的业务分析，帮助管理者快速掌握企业运营状况并制定战略决策（谢凡，2024）。

生成式 AI 在个性化内容创作中的主要优势在于其高相关性和吸引力。首先，AI 能够根据用户的具体需求生成高度定制化的内容，提高内容的相关性，从而提升用户体验和满意度。其次，通过自动化生成内容，AI 极大地提高了创作效率，减少了人工投入。无论是营销文案、社交媒体内容，还是业务报告，生成式 AI 都能快速生成高质量文本。

然而，生成式 AI 在个性化内容创作中也面临一些挑战。首先是内容生成质量的问题。尽管 AI 通常生成流畅的文本，但在处理复杂主题时，可能会缺乏深度和准确性。其次是原创性问题。生成式 AI 依赖于大量的训练数据，这可能导致生成的内容与已有作品相似，存在潜在的抄袭风险。确保生成内容的原创性和独特性，仍需通过技术优化来解决（Krugmann 等，2024）。

总的来说，生成式 AI 在个性化内容创作方面展示了巨大的潜力，通过自动化和智能化手段，提高了内容的相关性和吸引力。但是，面对内容质量和原创性等挑战，仍需持续优化技术和算法，以确保生成的内容既符合用户需求，又具有高质量和原创性。

二、智能助手和辅助决策

生成式 AI 在辅助知识工作者进行决策方面展现了强大的能力。通过高级的自然语言处理（NLP）和机器学习技术，生成式 AI 能够分析大量数据，为用户提供准确且及时的决策支持。这些智能助手已广泛应用于法律、医疗等高需求领域，有效地提高了决策效率和质量。生成式 AI 通过处理和分析大量的结构化与非结构化数据，为专业人士提供深刻的洞察和建议。这些系统能够理解复杂语境，提取关键信息，并生成详尽的分析报告和建议（Biondi 等，2023）。

表 2-3 总结了基于生成式 AI 的智能助手示例。在法律领域，生成式 AI 可以分析大量的法律文档和案例，提供有针对性的法律建议，帮助律师制定最佳策略。此外，生成式 AI 智能助手被广泛应用于法律研究和案件分析。Ravel Law 和 ROSS Intelligence 等 AI 系统能够快速分析数百万份法律文件，识别出相关案例和法律条款，帮助律师在短时间内准备诉讼策略。这些系统通过自然语言处理技术，能够理解和处理复杂的法律语言，提供精准的法律建议。同时，在医疗领

域，生成式 AI 可以分析病历、医学影像和最新的研究成果，为医生提供诊断和治疗建议。通过整合多种数据源，AI 系统能够识别潜在的健康问题，并推荐最佳的治疗方案。这些技术不仅提高了诊断的准确性，还帮助医生更快地做出决策，从而提高了患者的治疗效果。IBM Watson for Oncology 就是一个典型的例子，这个系统能够分析患者的病历和医学文献，为医生提供个性化的治疗建议。通过整合最新的医学研究和临床数据，Watson 能够识别最佳治疗方案，并提供详细的解释和参考资料，帮助医生做出更明智的决策（储节旺等，2024）。

表 2-3　基于生成式 AI 的智能助手示例

领域	系统名称	功能描述	优势	基于的模型
法律	Ravel Law	通过对法律文件和案例进行数据挖掘，为律师提供相关的法律信息	提高了法律研究的效率和质量，帮助律师找到最有力的证据和论点	GPT-3，Ravel Law 公司
法律	ROSS Intelligence	通过自然语言处理技术，理解和回答律师的法律问题，并提供相关的法律条款和案例	提高了法律咨询的准确性和速度，帮助律师在短时间内制定策略	BERT，ROSS Intelligence 公司
医疗	IBM Watson for Oncology	通过分析患者的病历和医学文献，为医生提供个性化的治疗建议	提高了诊断的准确性和个性化程度，帮助医生做出更明智的决策	IBM Watson，IBM 公司

可见，生成式 AI 在辅助决策中的主要优势在于其高效性和专业性。首先，AI 系统能够快速处理大量数据，提供准确且及时的建议，显著提高了决策效率。对于需要快速响应的领域，如医疗和法律，生成式 AI 的这种能力尤为重要。其次，生成式 AI 能够提供高度专业化的建议。通过不断的学习和更新，AI 系统能够整合最新的研究成果和行业知识，提供最前沿的建议。这不仅帮助专业人士保持行业领先，还提高了决策的质量和效果。

尽管生成式 AI 在辅助决策中展示了巨大潜力，但仍面临着一些挑战。首先是决策建议的可信度问题。AI 系统在处理数据和生成建议时，可能会受到数据质量和算法局限的影响，导致建议的准确性和可靠性存在问题。为了提高可信度，AI 系统需要不断优化算法，并利用高质量的数据进行训练。其次是伦理问题。在涉及高风险领域（如医疗决策）时，AI 建议的伦理和法律责任是一个重要的考虑因素。如果 AI 建议导致错误决策，谁应对此负责？此外，AI 系统在生成建议时，如何确保公平性和无偏见，也是一个需要解决的伦理问题（Li 等，2022）。

总的来说，生成式 AI 在辅助知识工作者进行决策方面具有显著优势，能够提供专业且及时的建议，提高决策的效率和质量。然而，为了充分发挥其潜力，仍需解决可信度和伦理问题，通过不断优化技术和制定相应的法规，确保 AI 系统的可靠性和公平性。

三、用户行为分析和预测

生成式 AI 在用户行为分析和预测方面展示了强大的应用能力，通过深度学习和自然语言处理技术，能够从海量数据中提取出有价值的信息，为企业和研究机构提供精确的用户画像和行为预测。这些技术不仅提高了用户需求的精准定位，还显著提升了服务质量。生成式 AI 利用复杂的算法和模型来分析用户行为数据，这些数据包括用户的浏览记录、购买历史、社交媒体活动等。通过分析这些数据，生成式 AI 能够识别出用户的兴趣和偏好，从而为用户提供个性化的推荐和服务（Sghir 等，2023）。

在实际应用中，生成式 AI 被广泛用于用户画像和消费行为预测。例如，亚马逊和 Netflix 等公司利用 AI 技术生成详细的用户画像，描述用户的兴趣、偏好和行为模式，从而提供个性化的推荐服务。这种推荐不仅提高了用户体验，还显著增加了平台的销售额和用户黏性。同时，电子商务平台利用生成式 AI 分析用户的购买行为，预测未来的消费趋势。通过分析用户的浏览历史和购物车数据，AI 模型能够预测用户可能感兴趣的商品，并在适当时间推送相关促销信息。银行和金融机构也利用生成式 AI 预测客户的消费行为，通过分析客户的交易记录和金融活动，AI 模型可以预测客户的未来消费趋势和信用风险，帮助银行制定有效的营销策略和风险管理方案。在社交媒体平台上，生成式 AI 通过分析用户的互动行为和帖子内容，生成详细的用户画像，从而帮助平台更好地理解用户需求和行为模式。

生成式 AI 在用户行为分析和预测中的主要优势在于其高精准度和高效率。首先，AI 模型能够处理和分析大量的用户数据，识别出隐藏的模式和趋势，从而为企业提供精确的用户画像和行为预测。这种精准定位不仅提高了用户需求的满足度，还提升了服务质量和用户满意度。其次，生成式 AI 通过自动化和智能化的分析过程，大大提高了数据处理的效率。传统的用户行为分析通常需要大量的人力和时间，而生成式 AI 能够在短时间内完成复杂的数据分析任务，提供及时的预测和建议（Sghir 等，2023）。

尽管生成式 AI 在用户行为分析和预测中具有显著优势，但仍面临着一些挑战。首先是数据隐私问题。生成式 AI 需要访问和分析大量的用户数据，这可能涉及用户的个人隐私。如果数据处理不当，可能会导致隐私泄露和数据滥用的问题。为了保护用户隐私，企业需要采用严格的数据保护措施，如数据加密和匿名化处理。其次是预测的准确性问题。尽管生成式 AI 在许多情况下能够提供高精度的预测，但在处理噪声数据和异常情况时，模型的表现可能会受到影响。此外，模型的训练和优化需要大量的高质量数据，如果数据质量不高，其预测结果可能会存在误差。

总的来说，生成式 AI 在用户行为分析和预测中展现了巨大的潜力，通过精准定位用户需求和提升服务质量，显著改善了用户体验。然而，为了充分发挥其潜力，还需要解决数据隐私和预测准确性等挑战，通过不断地优化技术和算法，确保 AI 系统的可靠性和公平性。

四、动态反馈和调整

生成式 AI 在工作成果反馈和动态调整方面发挥了重要作用，通过实时数据处理和分析，帮助企业和专业人士快速响应变化并优化工作流程。这一技术在多个领域的应用方面显著提升了工作效率和决策质量。生成式 AI 通过实时数据处理和分析，能够提供即时的反馈和建议，帮助用户进行动态调整。例如，生成式 AI 可以实时监控生产线的运行状况，识别潜在的问题并提出改进方案，从而优化生产流程。在教育领域，智能聊天机器人能够实时与学生互动，提供个性化的学习建议和反馈，帮助学生及时调整学习策略（Glaser，2023）。

在实际应用中，生成式 AI 被广泛用于实时反馈系统和自动优化方案。例如，在金融市场中，生成式 AI 能够实时分析市场数据，识别市场趋势和异常波动，并提供交易建议。这些实时反馈系统帮助投资者做出更明智的决策，提高投资回报。另一个例子是在生产制造领域，通过实时监控和数据分析，生成式 AI 可以优化生产线的运行效率。例如，AI 系统可以识别生产过程中的瓶颈和低效环节，并提出优化方案，从而提高整体生产效率和产品质量（Feuerriegel 等，2024）。

生成式 AI 在工作成果反馈和动态调整方面的主要优势在于其高效性和准确性。首先，AI 系统能够实时处理和分析大量数据，提供即时的反馈和建议，帮助用户快速响应变化。这种实时性在需要快速决策和调整的领域尤为重要。其次，生成式 AI 通过自动化和智能化的分析过程，能够识别潜在的问题并提出优化方案，从而优化工作流程。这种能力不仅提高了工作效率，还显著减少了人为错误，提高了工作成果的准确性和可靠性。

尽管生成式 AI 在实时反馈和动态调整方面展示了巨大潜力，但仍面临着一些挑战。首先是反馈机制的有效性问题。AI 系统在提供反馈和建议时，需要确保其基于准确和高质量的数据。如果输入数据存在偏差或错误，反馈结果可能不准确，且影响决策质量。其次是实时性问题。尽管生成式 AI 能够快速处理数据并提供反馈，但在处理大规模数据时，可能会遇到延迟。此外，在复杂和动态的环境中，如何确保 AI 系统能够及时响应变化，也是一个重要的挑战。

总的来说，生成式 AI 在工作成果反馈和动态调整方面具有显著优势，通过实时数据处理和智能分析，能够快速响应变化并优化工作流程。然而，为了充分发挥其潜力，还需要解决反馈机制的有效性和实时性等挑战，通过不断优化算法和技术，确保 AI 系统的可靠性和效率。

五、总结

生成式 AI 在推动超个性化工作成果输出方面展现了显著潜力。通过个性化内容创作，生成式 AI 能够根据用户需求快速生成高度定制化的内容，包括营销文案、社交媒体帖子和业务报告等。这不仅提升了内容的相关性和吸引力，还大幅提高了创作效率，减少了人工投入。智能助手和辅助决策系统则进一步扩展了生成式 AI 的应用边界，在法律、医疗等领域提供及时且专业的决策支持，帮助专业人士应对复杂情境，做出更加明智的决策。通过对大量数据的深度分析，生成式 AI 能够迅速提供有针对性的建议，提高工作效率和成果质量。

此外，生成式 AI 在用户行为分析和预测以及动态反馈和调整方面同样展现了重要作用。通过深度学习和数据分析，AI 能够生成精准的用户画像和行为预测，为企业提供高度个性化的推荐服务，同时提高用户体验和服务质量。动态反馈和调整技术则让生成式 AI 能够实时分析和响应数据变化，优化工作流程，提高决策的准确性和及时性。尽管生成式 AI 在实现超个性化成果方面展现出强大优势，但面临数据隐私、预测准确性和反馈机制有效性等挑战，未来通过进一步优化算法和提升数据质量，将更好地推动其广泛应用和效益提升。

第三章　利弊相生：生成式 AI 对知识工作者长期绩效发展的正面影响和负面影响

　　知识工作者的长期绩效发展是指在不断变化的工作环境中，知识工作者能够持续提升自身能力，以应对日益复杂的任务和挑战，从而实现个人和组织的长期目标。与一般的工作表现不同，长期绩效发展强调的是知识工作者在职业生涯中的持续成长与稳定进步，而非短期绩效或阶段性成果。具体来说，知识工作者的长期绩效发展依赖于学习能力、创新能力和协作能力（Louwen 等，2023）三个关键能力。

　　首先，学习能力是长期绩效发展的基础，代表知识工作者在动态的工作场景中持续获取、更新和应用知识的能力。具备学习能力的知识工作者不仅能掌握新的专业技能和知识，还具备较强的自我反思和经验积累的能力。随着技术进步和行业要求的不断变化，持续的学习能力使得知识工作者在面对新兴领域和复杂问题时，能够有效适应和快速响应。

　　其次，创新能力是推动长期绩效发展的核心动力。创新能力不仅体现在技术或产品创新方面，还包含流程改进和管理创新的能力。具备创新能力的知识工作者能够从多角度思考问题、提出具有突破性的新方案，帮助组织开拓新的市场机会和价值增长点。这种能力不仅依赖于个人的创造力，还需要组织的支持和资源供给，以构建良好的创新生态。

　　最后，协作能力是实现长期绩效发展的关键纽带。协作能力不仅包括在团队内进行有效的沟通与合作，还涉及跨部门协作和跨文化交流。高效的协作能力能够促进知识共享，增强集体智慧，从而实现更高效的工作成果。知识工作者在与不同背景和技能的同事合作中，不仅能够发挥各自优势，还能推动团队共同实现组织目标，进一步提升组织的整体绩效。

　　总之，知识工作者的长期绩效发展不仅有助于其职业生涯的稳步发展，也对组织的创新能力、适应能力和竞争力产生积极影响。在快速变化的工作环境中，学习能力、创新能力和协作能力的提升为知识工作者在复杂动态的职场中实现持续的绩效增长提供了坚实的基础（Kleimola 等，2022）。

　　本章将深入探讨生成式 AI 对知识工作者协作能力发展的双向影响。第一节分析生成式 AI 如何通过多语言信息处理、实时反馈和动态调整功能，促进跨团队和跨文化协作，提升团队沟通效率和创新能力。第二节聚焦于生成式 AI 在增强团队决策支持中的作用，展示其通过智能助手提供的数据分析、用户行为预测及实时反馈，优化协作流程、提高决策响应速度和跨部门协作的效果，同时也指出生成式 AI 可能因依赖性和数据偏见等带来的潜在风险。第三节探讨生成式 AI 在协作中的隐私与伦理问题，强调在用户数据处理过程中保护隐私、保持透明性和公平性的重要性。通过综合正负面影响的分析，本章为如何平衡生成式 AI 在团队中的应用提供了深刻的思考和实践建议。

第一节　生成式 AI 对学习能力发展的双向影响

　　本节详细探讨了生成式 AI 对学习能力发展的双向影响，包括其正面影响和负面影响。首先，讨论了生成式 AI 如何通过提供即时信息获取和个性化学习资源，显著提升知识工作者的学习效率和效果。其次，分析了生成式 AI 通过实时反馈系统和动态调整功能，促进自我反思和持续学习。然而，这些技术的应用也带来了潜在的负面影响，如过度依赖性导致自主学习能力的下降，以及信息过载和质量控制问题。本节旨在全面呈现生成式 AI 对学习能力发展的利弊，为读者提供深入的理解和思考。

一、正面影响：提供即时信息获取和个性化学习资源

　　生成式 AI 通过其强大的数据处理和分析能力，为知识工作者提供了前所未有的即时信息获取和个性化学习资源。这些技术的应用不仅大大提高了学习效率，还显著改善了知识获取的质量和相关性。得益于自然语言处理和机器学习算法的进步，生成式 AI 能够快速检索和汇总大量信息，帮助知识工作者更快地获取所需知识。例如，AI 搜索引擎可以在极短的时间内从海量数据中提取相关信息，生成简明的摘要，使用户能够迅速了解关键信息（Sawicki 等，2023）。

　　在教育领域，生成式 AI 技术被广泛应用于在线学习平台，通过动态更新的内容生成和实时信息提供，为学习者带来最新的学术资源和研究进展。例如，ChatGPT 等生成式 AI 能够根据用户的输入生成连贯的文本，帮助学生和研究人

员快速掌握新知识。此外，AI 驱动的教育聊天机器人能够回答学生的问题，提供学习指导，帮助他们在学习过程中解决问题，提高学习效果。通过个性化推荐系统，生成式 AI 能够为用户提供量身定制的学习资料。这些系统利用用户的行为数据、学习历史和偏好，生成高度相关的推荐内容，从而提高学习的针对性和效率。例如，在线教育平台利用 AI 技术，根据用户的学习进度和兴趣，推荐适合的课程、视频和文章，帮助用户有针对性地进行学习。个性化学习资源不仅包括文本和视频内容，还涵盖了交互式学习工具和模拟训练。例如，医学教育中的 AI 系统可以提供个性化的病例分析和模拟手术训练，帮助医学生在虚拟环境中练习和提高技能。这种个性化学习方式极大地提升了用户的学习参与度和知识掌握能力（Glaser，2023）。许多企业或组织正在利用生成式 AI 为知识工作者提供个性化学习资料，如表 3-1 所示。

表 3-1　企业或组织利用生成式 AI 为知识工作者提供个性化学习资料的例子

企业或组织	个性化学习资料	参考文献来源
IBM	IBM Watson Assistant，一个基于 AI 的对话平台，能够根据员工的输入和背景，提供定制化的培训内容和反馈，帮助员工掌握新技能和解决问题	https：//www.ibm.com/products/watsonx-assistant
百度	百度飞桨（PaddlePaddle），一个开源的深度学习平台，能够根据用户的学习目标和难度，生成个性化的学习路径和课程，帮助用户快速入门和深入学习人工智能的相关知识	https：//www.paddlepaddle.org.cn/
英特尔	Intel AI Academy，一个面向大学生和专业人士的在线学习平台，能够根据用户的兴趣和技能水平，推荐适合的 AI 课程、项目和实验，帮助用户提升 AI 能力和职业发展	https：//www.intel.com/content/www/us/en/developer/topic-technology/artificial-intelligence/training/overview.html

生成式 AI 的应用显著提高了学习效率和效果。首先，AI 技术通过自动化的信息处理和个性化推荐，减少了学习者寻找和筛选信息的时间，使他们能够更专注于实际学习内容。其次，AI 生成的内容具有高度的相关性和实用性，帮助学习者更好地理解和应用知识。例如，在企业培训中，生成式 AI 能够分析员工的学习需求和工作任务，提供定制化的培训方案和学习资料，帮助员工快速提升专业技能和工作效率。这种基于 AI 的个性化培训，不仅提高了学习效果，还显著提升了员工的工作表现和企业的整体竞争力（Kuhail 等，2023）。

生成式 AI 通过高质量的内容生成和实时更新，显著改善了知识获取的质量。在学术研究中，AI 驱动的搜索引擎和数据库能够提供最新的研究成果和文献综述，帮助研究人员在最短时间内掌握领域前沿动态。此外，AI 技术可以帮助进行复杂数据的自动分析和解释，帮助用户深入理解复杂的概念和数据，从而提高学习的深度和广度（Glaser，2023）。

总之，生成式 AI 通过提供即时信息获取和个性化学习资源，为知识工作者的学习能力发展带来了显著的正面影响。这些技术不仅提高了学习效率和效果，还改善了知识获取的质量和相关性，帮助知识工作者在动态和复杂的工作环境中保持竞争力和创新能力。

二、正面影响：促进自我反思和持续学习

生成式 AI 在促进自我反思和持续学习方面展现了巨大的潜力。通过实时反馈系统和动态调整功能，生成式 AI 帮助用户及时发现知识盲点，促进自我反思和持续学习。此外，自动化报告生成和复杂数据可视化功能则帮助用户更好地理解和分析学习内容，从而提升学习效果和效率。生成式 AI 的实时反馈系统能够快速分析用户的学习行为和表现，提供即时的反馈和调整建议。例如，在教育环境中，AI 驱动的学习平台可以实时监控学生的学习进度和理解情况，并根据学生的表现提供个性化的建议和改进方案。这种实时反馈不仅帮助学生及时发现和纠正学习中的错误，还促进了自我反思和持续改进。此外，生成式 AI 的动态调整功能允许学习平台根据实时数据自动调整学习的内容和难度。例如，AI 系统可以根据学生的学习进度和表现，动态调整课程的难度和内容，确保学生始终在适当的挑战水平上学习。这种动态调整不仅提高了学习的针对性和有效性，还增强了学生的学习体验和参与度。这种机制的灵活性和针对性有助于学习者保持持续的进步和动力（Hsu 等，2023）。

生成式 AI 在自动化报告生成方面也有显著应用。通过分析大量数据，生成式 AI 可以自动生成详细的学习报告和分析结果，帮助用户全面了解自己的学习情况。这些自动化报告不仅包含详细的数据分析和解释，还提供针对性的改进建议，帮助用户更好地理解和应用学习内容。例如，教育平台可以利用生成式 AI 生成个性化的学习报告，详细分析学生的学习进度、表现和知识掌握情况。这些报告不仅帮助教师更好地了解学生的学习需求和问题，还为学生提供了有价值的反馈和改进建议。通过这种方式，生成式 AI 显著提升了学习报告的质量和实用性，帮助用户更好地进行自我反思和持续学习（Wang，2023；李天兵等，2024）。

生成式 AI 的复杂数据可视化功能，通过图形化的方式呈现出复杂的数据和信息，帮助用户更直观地理解和分析学习内容。数据可视化不仅提高了数据的可读性和理解性，还帮助用户发现数据中的模式和趋势，从而更好地进行学习和决策。例如，在医学教育中，生成式 AI 可以将复杂的患者数据和医学研究结果可视化，帮助医学生和医生更好地理解和分析医学信息。这些可视化工具不仅提高了学习的深度和广度，还增强了学习的趣味性和互动性。通过对复杂信息的直观呈现，知识工作者能够更快地识别和吸收重要内容，从而提升工作和学习的准确性与效率（Escalante 等，2023）。

总之，生成式 AI 通过实时反馈系统、动态调整功能、自动化报告生成和复杂数据可视化，显著促进了自我反思和持续学习。通过这些技术，用户不仅能够及时发现和改正学习中的问题，还能更好地理解和应用学习内容，从而提升学习的效果和效率。生成式 AI 在这些方面的应用为知识工作者的学习能力发展提供了强大的支持和动力。

三、负面影响：过度依赖导致自主学习能力下降

生成式 AI 在提供即时信息获取和个性化学习资源方面表现出色，然而这种便利也带来了潜在的负面影响。过度依赖生成式 AI 获取信息，可能削弱知识工作者的自主学习和批判性思维能力。个性化推荐系统虽然能提升学习效率，但也可能导致信息茧房，使用户接触的信息范围变窄，限制多样化学习（刘三女牙等，2024）。

首先，生成式 AI 通过快速检索和生成信息，极大地方便了用户获取知识。然而，随着技术的进步，用户越来越依赖这些工具，而非主动地探索和学习。这种过度依赖性可能导致知识工作者的自主学习能力下降。研究表明，长期依赖技术工具来获取信息可能抑制用户的主动学习和批判性思维能力。例如，学生在使用 AI 驱动的学习平台时，往往倾向于依赖系统提供的答案和建议，而非自己主动思考和研究。长此以往，这种现象可能削弱学生解决问题和独立思考的能力。自主学习能力的下降不仅影响了个人的职业发展，还可能导致整体学习效果的降低（Glaser，2023）。

其次，个性化推荐系统通过分析用户的行为数据和偏好，提供高度相关的学习内容。然而，这种个性化推荐也可能导致信息茧房效应，即用户接触到的信息范围变得狭窄，只能看到与自己兴趣和偏好相关的内容。这种现象限制了用户接触不同观点和多元化信息的机会，影响其全面发展。信息茧房效应不仅限制了用户的知识面，还可能导致其思维方式变得单一和固化。研究发现，长期接触单一类型的信息，可能影响用户的批判性思维和创新能力。在专业领域中，这种现象可能导致知识工作者无法全面了解行业动态和前沿发展，从而影响其职业发展和创新能力（Kuhail 等，2023）。

最后，生成式 AI 的便利性和高效性使得用户在短时间内能够获取大量信息并完成学习任务。然而，过度依赖 AI 工具可能对用户的学习动机和能力产生负

面影响。例如，学生在使用 AI 生成的学习报告和分析结果时，可能逐渐失去主动分析和解决问题的动力，导致其学习动机下降。此外，依赖 AI 获取和处理信息，可能影响用户对信息的批判性评估能力。用户在面对 AI 生成的内容时，往往容易接受其结果，而不加以验证和质疑。这种现象在长期使用后，可能导致用户的批判性思维能力下降，影响其在复杂和动态环境中的决策和应对能力（Kuhail 等，2023）。

总之，虽然生成式 AI 在提升学习效率和效果方面具有显著优势，但过度依赖这些技术工具可能导致知识工作者的自主学习能力下降和信息接触范围受限。为了解决这些问题，用户需要在使用 AI 工具时保持批判性思维和主动学习的态度，以确保全面和多样化的发展。

四、负面影响：信息过载和质量控制问题

生成式 AI 在提供即时信息和个性化学习资源方面展现了强大的能力，但这种便利性也带来了信息过载和质量控制问题。即时信息获取虽然可以快速满足用户需求，但大量信息的涌入可能导致用户难以分辨关键知识，从而影响学习效果。此外，生成式 AI 在信息检索和汇总过程中存在质量控制问题，这可能会影响学习内容的准确性和可靠性。

首先，生成式 AI 通过快速检索和汇总信息，使用户能够在短时间内获取大量相关资料。然而，这种信息过载可能导致用户的认知负荷增加。研究表明，当面对过多的信息时，用户容易感到困惑和疲劳，从而难以分辨哪些信息是关键的、哪些信息是次要的。这种信息过载不仅影响了用户的学习效率，还可能导致用户忽略重要的知识点，降低整体学习效果。例如，在教育环境中，学生在使用生成式 AI 时，可能会被大量的学习资料所淹没，难以有效地进行筛选和消化。这种情况不仅影响了学生的学习体验，还可能导致他们在面对重要考试或项目时，缺乏关键知识的掌握（Leikas 等，2022）。

其次，生成式 AI 在信息检索和汇总过程中，可能存在质量控制问题。这些问题主要表现在信息的准确性和可靠性两个方面。尽管生成式 AI 能够从大量数据中提取信息，但这些信息的质量往往难以保证。一些研究指出，当生成式 AI 处理不完整或偏差数据时，可能会生成误导性的信息。此外，生成式 AI 在信息汇总过程中，可能会将低质量的信息与高质量的信息混合在一起，使得用户难以辨别这些信息的可靠性。这种情况在学术研究和专业领域中尤为严重，因为低质量的信息可能导致错误的研究结论或决策（Leikas 等，2022）。

再次，长期依赖生成式 AI 获取信息可能进一步加剧上述问题。如果用户习惯依赖 AI 提供的即时信息和建议，他们可能会逐渐失去主动筛选和验证信息的

能力。这种依赖性不仅影响了用户的自主学习能力，还可能导致他们在面对复杂和动态的环境时，缺乏必要的批判性思维和决策能力。在专业环境中，依赖生成式 AI 进行信息检索和汇总，可能使得知识工作者在处理新问题时，缺乏独立分析和解决问题的能力。这种情况可能导致专业领域的创新能力下降，因为用户过于依赖 AI 提供的现成解决方案，而不是自己主动探索和发现新方法（Leikas 等，2022）。

最后，信息过载和质量控制问题的综合影响，不限于学习效率和效果，还可能对用户的心理健康产生负面影响。面对大量信息和不确定的质量，用户可能会感到压力和焦虑，进而影响其学习动机和表现。研究表明，长期的信息过载和低质量信息的影响，可能导致用户的认知负荷增加，降低学习的愉悦感和成就感（Escalante 等，2023）。

总之，尽管生成式 AI 在提供即时信息和个性化学习资源方面具有显著优势，但其带来的信息过载和质量控制问题不容忽视。为了解决这些问题，用户需要在使用生成式 AI 的过程中，保持批判性思维和主动学习的态度，以确保信息的准确性和可靠性，并有效应对信息过载带来的挑战。

五、总结

生成式 AI 在学习能力发展中的正面影响显著。首先，通过快速检索和汇总信息，生成式 AI 帮助知识工作者更快地获取所需知识，以及提升学习效率和效果。个性化推荐系统则根据用户的兴趣和需求，提供量身定制的学习资料，进一步增强了学习的针对性和实用性。其次，生成式 AI 的实时反馈系统和动态调整功能能够有效支持知识工作者发现知识盲点，促进自我反思和持续学习。自动化报告生成和复杂数据可视化工具，使用户能够更好地理解和分析学习内容，提高了学习的深度和广度。通过这些技术手段，知识工作者能够在复杂的学习环境中保持高效和灵活性。

然而，生成式 AI 在学习能力发展中也存在一些负面影响。过度依赖生成式 AI 工具获取信息，可能会削弱知识工作者的自主学习和批判性思维能力。个性化推荐系统虽然提高了学习效率，但也可能导致信息茧房，使用户接触的信息范围变窄，限制了多样化学习。信息过载问题也是一个不容忽视的挑战。即时信息获取带来的大量信息可能导致用户难以分辨关键知识，影响学习效果。此外，生成式 AI 在信息检索和汇总过程中可能存在质量控制问题，影响学习内容的准确性和可靠性。这些问题在长期使用中，可能对知识工作者的学习和决策产生深远影响。

总的来说，生成式 AI 在学习能力发展中展现了巨大的潜力和显著的正面影响，但同时也带来了过度依赖、信息过载和质量控制等方面的挑战。知识工作者需要在使用这些技术时保持批判性思维和自主学习能力，以确保在享受技术带来便利的同时，不被其负面影响所困扰。通过平衡技术应用与自主学习，知识工作者可以充分利用生成式 AI 的优势，实现更高效、更全面的学习和发展。

第二节　生成式 AI 对创新能力发展的双向影响

本节探讨了生成式 AI 在创新和内容生成方面的正面影响与负面影响。首先，探讨了生成式 AI 在数据分析和洞察方面的优势，并分析其如何帮助知识工作者识别新模式和把握创新机会。其次，分析生成式 AI 在提升创意内容生成能力方面的作用，特别是在个性化内容创作功能和动态反馈优化方面的效果。然而，生成式 AI 也存在一定的负面影响，如过度依赖生成式 AI 可能限制用户的独立思考和创新能力，以及生成内容的质量和原创性问题。最后，探讨生成式 AI 在数据偏见和算法局限性方面的挑战，这些偏见和局限性可能会影响创新决策的公正性和多样性。

一、正面影响：提供多样化的数据分析和洞察

生成式 AI 通过模式识别和趋势分析，在多个领域展现出强大的能力。其深度学习和自然语言处理技术能够从海量数据中提取出有价值的模式和趋势，从而帮助知识工作者发现创新机会。例如，在金融领域，生成式 AI 通过分析历史数据，不仅能预测出市场趋势，还能识别出异常变化的可能原因，从而帮助投资者做出更明智的决策。在医疗领域，生成式 AI 通过分析患者数据，能够识别出潜在的健康风险，从而帮助医生制定更有效的治疗方案（Leikas 等，2022）。

生成式 AI 不仅能够处理和分析复杂的数据，还能生成自动化的数据分析报告，为用户提供深刻的洞察，支持创新决策。例如，在市场分析中，生成式 AI 可以通过分析消费者行为数据，自动生成市场趋势报告，帮助企业制定更有效的营销策略。在科研领域，生成式 AI 可以自动分析实验数据，生成研究报告，帮助研究人员快速掌握实验结果，从而提高科研效率。在教育领域，生成式 AI 通过分析学生的学习行为数据，能够识别每个学生的学习模式和需求，定制化地提供学习建议和资源，极大地提升教学效果。在制造业领域，生成式 AI 通过分析生产数据，能够识别出生产过程中的瓶颈和优化机会，从而提高生产效率和产品质量。例如，制造企业可以使用生成式 AI 来分析生产线数据，识别设备潜在故

障，提供预防性维护建议，减少停机时间和维护成本（Roy 等，2022）。

生成式 AI 通过自动化知识管理系统，能够有效地组织和共享知识资源。这些系统能够自动分类和标注文档，根据用户需求提供相关的知识资源，从而提高知识管理的效率和质量。例如，在法律领域，生成式 AI 能够自动分析法律文献，生成法律摘要和案例分析，帮助律师快速获取相关的法律知识和案例支持。在企业管理中，生成式 AI 可以通过分析员工的工作数据，生成知识图谱，帮助企业更好地管理和利用内部知识资源，从而提高整体运营效率（Hsu 等，2023）。

生成式 AI 通过自动化和智能化手段，能够显著提高员工的生产力和客户体验。例如，在客户服务领域，生成式 AI 能够自动处理客户查询，提供及时的响应和解决方案，从而提高客户满意度和服务效率。在内容创作领域，生成式 AI 能够自动生成高质量的文本、图像和视频内容，帮助创作者提高创作效率和作品质量。这些技术的应用不仅减轻了员工的工作负担，还提高了工作成果的质量和效率。目前，生成式 AI 的多功能性和智能化属性让其在多个行业中成为支持创新和效率提升的关键工具（Cusumano，2023）。

总之，生成式 AI 通过多样化的数据分析和深刻洞察，为知识工作者提供了强有力的支持。这些技术不仅帮助发现新模式和创新机会，还通过自动化数据分析报告提供深刻洞察，并显著提高知识管理和共享的效率。同时，生成式 AI 的应用提高了员工的生产力和客户体验，为各行业的创新和发展提供了有力支持。未来随着生成式 AI 技术的不断演进，它将在更多领域展现出巨大的潜力和广泛的应用前景。

二、正面影响：提升创意内容生成能力

生成式 AI 通过其强大的数据处理和学习能力，能够为用户提供个性化的内容创作功能。这些功能不仅能够生成新颖的创意文案和设计，还能激发用户的创新思维。例如，在广告文案创作中，生成式 AI 能够根据不同的产品和目标受众，生成多种风格和主题的广告文案，帮助营销团队快速找到最有效的推广方案。在设计领域，生成式 AI 能够根据用户的需求和偏好，生成独特的设计方案，从而激发设计师的创意灵感（Ironsi，2023）。

生成式 AI 的动态反馈和调整功能使用户能够快速试验和优化创意方案，从而提高创新效率。例如，在视频制作中，生成式 AI 能够实时生成和编辑视频内容，并根据用户的反馈进行调整，确保最终作品达到预期效果。在音乐创作中，生成式 AI 可以根据用户的输入生成多种不同风格的音乐，并实时调整旋律和节奏，以此满足用户的创作需求。这种即时反馈与灵活调整不仅提高了创作效率，还增强了用户的创作体验（Doshi 等，2023）。

生成式 AI 在多个领域展现了其强大的创意潜力。例如，在艺术创作中，生成式 AI 能够根据简单的文本描述，生成高度复杂和富有创意的图像，这些图像不仅可以用于数字艺术展示，还可以应用于广告和影视制作。在文学创作中，生成式 AI 能够根据用户提供的主题和风格，生成完整的故事和诗歌，帮助作家和编剧快速创作出高质量的文学作品。在时尚设计中，生成式 AI 能够根据流行趋势和用户偏好，生成时尚服饰设计方案，帮助设计师创造出符合市场需求的产品（荣耀军，2024）。

生成式 AI 在优化产品设计和市场营销方面也展现了显著优势。通过分析市场趋势和消费者行为数据，生成式 AI 能够帮助企业设计出更符合消费者需求的产品。例如，在汽车设计中，生成式 AI 可以根据消费者的偏好和反馈，生成多种不同风格的汽车设计方案，帮助企业选择最具市场潜力的设计。在市场营销中，生成式 AI 能够生成多种不同的营销策略和广告方案，并通过实时反馈和数据分析，优化营销效果，提高销售额和客户满意度。这种创新策略极大地提升了企业在快速变化市场中的响应能力（Gozalo-Brizuela 等，2023）。

总体而言，生成式 AI 通过个性化内容创作和动态反馈调整功能，显著提升了用户的创意内容生成能力。这些技术不仅激发了用户的创新思维，还提高了创意方案的试验和优化效率。生成式 AI 在多个领域内展现了其强大的创意潜力，不仅优化了产品设计和市场营销，还为艺术、文学和时尚设计等领域带来了新的创作方式和灵感。在未来，生成式 AI 将继续推动多领域的创新与发展，并展现出其巨大的潜力和广泛的应用前景。

三、负面影响：创新思维受限于 AI 生成内容

依赖生成式 AI 提供的分析和建议可能导致用户逐渐失去独立思考和创新的能力。生成式 AI 通过高效的数据处理和分析功能，能够快速提供解决方案和建议，极大地便利了用户的工作。然而，这种便利也可能让用户在面对复杂问题时，倾向于依赖 AI 提供的现成解决方案，而不是通过独立思考和创造性思维来解决问题。随着时间的推移，用户的创新能力可能会受到限制，难以提出真正独特和有价值的创意。同时，尽管生成式 AI 可以快速生成大量内容，但这些内容的质量和原创性往往无法完全满足高度创新性需求。研究表明，生成式 AI 生成的内容通常会出现重复性和一致性过高的问题，且缺乏独特性和创新性。这是因为生成式 AI 的训练数据来源于已有的文献和资料，其生成的内容不可避免地带有这些数据的痕迹，从而限制了内容的创新性。特别是在需要高度原创性和创意的领域，如文学创作、艺术设计等，生成式 AI 生成的内容常常难以满足高标准的独创性和艺术价值（Doshi 等，2023）。

由于生成式 AI 生成的内容缺乏独特性和创新性，使用这些内容作为创意成果可能导致在市场上缺乏竞争力。在竞争激烈的市场环境中，独特的创意和创新是取得成功的关键。然而，生成式 AI 生成的内容相似度较高，难以在市场中脱颖而出。例如，在广告文案和产品设计中，如果大量企业都使用生成式 AI 提供的类似创意，可能导致市场上出现大量雷同的产品和广告，从而削弱其竞争力和吸引力。此外，生成式 AI 的普及可能会进一步引发用户对其的过度依赖，忽视自身创意潜力和独立创新能力的培养。在某些情况下，用户可能会认为生成式 AI 生成的内容已经足够优质，从而忽略对内容进行进一步修改和优化的必要性。这种情况可能导致用户的创意和创新能力逐渐退化，难以应对不断变化的市场需求和竞争环境。尤其在需要高度创造性和灵活应变的工作中，过度依赖生成式 AI 可能带来严重的负面效应（Doshi 等，2023）。

　　总体而言，尽管生成式 AI 在提升创意内容生成能力方面展现了巨大的潜力，但其依赖性也带来了诸多负面影响。这些影响包括限制用户的独立思考和创新能力、生成内容的质量和原创性问题、创意成果缺乏竞争力以及用户对生成式 AI 的过度依赖。尽管生成式 AI 能够提供便利和高效的解决方案，但在创新和创意领域，其潜在的负面影响不容忽视。未来，需要采取更平衡的方式使用生成式 AI，避免其对创新思维和创意能力的限制。

四、负面影响：数据偏见和算法局限性

　　生成式 AI 依赖于大量的训练数据，而这些数据往往包含了现实世界中的偏见。这些偏见可能在 AI 模型中被延续甚至放大。这些偏见不仅影响生成内容的公正性，还可能对用户的决策产生误导。在创新决策过程中，如果依赖于带有偏见的数据分析和建议，可能会导致决策缺乏多样性和包容性，从而限制创新的广度和深度。同时，生成式 AI 的算法设计存在一定的局限性，这些局限性可能导致某些创新机会被忽视或误判。生成式 AI 模型通常依赖于特定的模式识别和趋势分析技术，这些技术在处理复杂和多变的数据时，可能难以充分捕捉新的、潜在的创新点。例如，生成式 AI 在处理文本生成任务时，往往倾向于生成与训练数据相似的内容，而缺乏真正的原创性和创新性。这种算法局限性使得生成内容难以突破既有框架，从而限制潜在的创新机会（Zhou 等，2024）。

　　尽管生成式 AI 能够生成大量内容，但这些内容的质量和多样性往往存在问题。研究表明，生成式 AI 生成的内容在一定程度上是重复的和缺乏多样性的。这是因为生成式 AI 模型在训练过程中倾向于模仿已有数据中的模式，而难以超越这些模式，生成真正新颖的和多样化的内容。这种局限性不仅影响生成内容的质量，还可能限制用户的创新思维，使其在创意表达上受到制约。因此，依赖生

成式 AI 提供的创意和建议，可能导致用户逐渐失去独立思考和创新的能力。特别是在需要高水平创造力和独创性的领域，如艺术创作和产品设计，过度依赖 AI 生成的内容可能会削弱用户的自身创造潜力，并逐渐形成对 AI 的依赖性。这种依赖性不仅影响用户的创造力发展，还可能导致整个行业的创新能力下降（Bilgram 等，2023）。

　　未来，如何平衡生成式 AI 的便利性与其潜在的负面影响，将成为一个重要的研究和实践课题。通过优化数据来源和算法设计，减少偏见并提升生成内容的多样性和创新性，或许是未来应对这一挑战的关键方向。

五、总结

　　生成式 AI 在创新和内容生成方面展现了显著的正面影响。首先，通过模式识别和趋势分析，生成式 AI 能够帮助知识工作者识别新模式和创新机会，并通过自动化的数据分析报告为用户提供深刻的洞察，支持创新决策。这项技术在教育、制造业和市场分析等多个领域展现出了强大的应用潜力，极大地提升了知识管理和共享的效率。其次，生成式 AI 在提升创意内容生成能力方面表现出显著优势。个性化内容创作功能以及动态反馈与调整功能，帮助用户生成新颖的创意文案和设计，激发创新思维并提高创意方案的优化效率。在艺术、文学和时尚设计等领域，生成式 AI 的应用不仅优化了产品设计和市场营销，还带来了全新的创作方式和灵感。

　　然而，生成式 AI 也存在一定的负面影响，主要表现在依赖性、数据偏见和算法局限性方面。过度依赖生成式 AI 可能限制用户的独立思考和创新能力，而生成内容的质量和原创性问题可能导致创新成果缺乏独特性和市场竞争力。此外，生成式 AI 在模式识别和趋势分析过程中存在数据偏见和算法局限性，可能削弱创新决策的公正性和多样性。为了更好地发挥生成式 AI 的优势并避免其潜在的负面效应，需要深入理解这些影响并采取相应的应对措施，以确保技术的创新效益在未来得到充分实现。

第三节　生成式 AI 对协作能力发展的双向影响

　　本节详细探讨生成式 AI 对团队协作的影响，包括其正面影响和负面影响。首先，讨论生成式 AI 如何促进跨团队和跨文化的协作，其多语言信息处理和实时反馈功能显著提升了团队的沟通效率。其次，分析生成式 AI 在增强团队决策支持方面的作用，通过智能助手提供的数据分析和用户行为预测功能，优化团队的协作流程。最后，生成式 AI 的负面影响也不容忽视，过度依赖 AI 可能削弱团队的沟通能力和协作效率，并带来隐私与伦理方面的挑战。

一、正面影响：促进跨团队和跨文化协作

生成式 AI 在多语言信息处理方面展现了强大的能力，能够帮助团队成员跨越语言障碍，从而提升跨文化协作效率。通过自然语言处理技术，生成式 AI 能够实时翻译和理解多种语言，使不同文化背景的团队成员能够更好地沟通和协作。例如，在全球化的企业中，团队成员可能来自不同的国家和地区，使用不同的语言。生成式 AI 可以帮助他们即时翻译邮件、会议记录和其他交流信息，消除语言障碍，从而促进更高效的协作（Li 等，2024）。

此外，生成式 AI 的实时反馈系统和动态调整功能，使团队成员能够及时沟通和协作，从而提高团队工作效率。例如，在跨国项目中，团队成员可能分布在不同的时区和地域，传统的沟通方式容易导致信息传递延迟和误解。生成式 AI 通过其实时反馈系统，让团队成员在同一个平台上即时交流和共享信息，确保每个人都能及时地获取项目最新的进展和反馈，从而提高团队的响应速度和协作效率。生成式 AI 的动态调整功能可以根据团队成员的反馈和需求实时调整和优化协作方案。这种灵活性提高了团队的适应能力，有助于团队更好地应对复杂和多变的项目需求。例如，在软件开发团队中，生成式 AI 可以根据开发进度和测试结果，自动调整任务分配和进度计划，从而确保团队成员高效完成任务并迅速识别并解决问题（Li 等，2024）。

生成式 AI 在跨文化团队的创新和创意方面也起到了重要作用。通过提供多样化的数据分析和洞察，生成式 AI 能够帮助团队成员发掘不同文化背景下的创新机会和市场需求。例如，在市场营销团队中，生成式 AI 可以分析全球范围内的消费者行为数据，识别不同地区和文化中的市场趋势和偏好，从而帮助团队制定更加精准和有效的营销策略。此外，生成式 AI 还能激发团队成员的创意灵感，帮助他们在多元文化背景下创造出独特的产品和服务（Lee 等，2024）。

总之，生成式 AI 通过其强大的多语言信息处理、实时反馈和动态调整功能，显著提升了跨团队和跨文化协作的效率和效果。多语言信息处理功能帮助团队成员跨越语言障碍，实时反馈系统和动态调整功能支持团队成员的高效沟通和灵活协作，同时在跨文化团队的创新和创意方面也发挥了重要作用。通过这些功能，生成式 AI 不仅提升了团队的协作效率，还增强了团队的创新能力和市场竞争力。

二、正面影响：增强团队决策支持

生成式 AI 作为智能助手，通过强大的数据分析和决策支持功能，帮助团队在复杂环境中做出更明智的决策。这些 AI 助手能够实时处理和分析大量数据，为团队提供精准的分析报告和可行的建议。例如，在市场营销团队中，生成式 AI 可以分析客户行为数据，识别市场趋势和消费者偏好，帮助团队制定更有效的营销策略。在产品的开发过程中，生成式 AI 能够通过数据分析预测市场需求，从而优化产品设计和开发策略，提高产品的市场竞争力和成功率（Darban，2024）。

生成式 AI 的用户行为分析和预测功能，可以帮助团队优化协作流程。这些 AI 工具能够跟踪和分析团队成员的工作行为和沟通模式，识别协作中的瓶颈和改进点。例如，生成式 AI 可以分析团队成员的任务完成情况和沟通记录，提供有关任务分配和工作流程优化的建议，从而提升团队整体效率和协作效果。此外，通过预测团队成员的需求和工作负荷，生成式 AI 可以提前预警和调配资源，确保团队在高效运作的同时，能够应对突发情况和挑战（董新凯，2024）。

生成式 AI 的实时反馈系统通过快速响应和动态调整功能，显著提升了团队的决策响应速度。这些系统在团队做出决策后，能够立即提供反馈和分析结果，帮助团队及时调整和优化决策。例如，在项目管理中，生成式 AI 可以实时跟踪项目进展，分析各个阶段的完成情况和潜在问题，并提供改进建议和调整方案，确保项目按计划推进。此外，在紧急决策场景中，生成式 AI 能够通过快速分析数据提供实时的决策支持和应对方案，帮助团队迅速应对变化和挑战（Darban，2024）。生成式 AI 不仅在单一团队内提供决策支持，还能够促进跨部门和跨团队的协同决策。通过整合不同部门和团队的数据，生成式 AI 可以提供全局视角和综合分析，帮助各部门和团队在共同目标下协调行动。例如，在企业战略制定中，生成式 AI 可以综合分析市场、财务和运营数据，为管理层提供全面的决策支持，确保各部门战略行动一致，从而提升企业的整体运营效率和市场竞争力（董艳等，2024）。

总体而言，生成式 AI 通过智能助手的数据分析和决策支持功能，显著增强了团队在复杂环境中的决策能力。其用户行为分析和预测功能优化了团队协作流程，实时反馈系统则提升了决策的响应速度和准确性。此外，生成式 AI 还通过促进跨部门和跨团队的协同决策，提升了企业整体的运营效率和竞争力。这些正面影响使得生成式 AI 在现代团队决策支持中成为不可或缺的重要工具。

三、负面影响：依赖 AI 导致沟通和协作能力下降

生成式 AI 在团队决策支持中的广泛应用虽然提高了效率，但也带来了一些

负面影响。过度依赖 AI 分析和建议可能会削弱团队成员的自主思考能力和协作意识。当团队成员习惯于依赖 AI 提供的数据分析和决策建议时，他们可能会减少自主思考和解决问题的机会。这种依赖性可能导致团队成员在面对复杂问题时，缺乏必要的沟通与合作能力，从而影响团队的整体表现（Marshall 等，2024）。微软的一项研究报告指出，过度依赖 AI 的原因和弊端与其便捷性和即时性相关（Passi 等，2022），如表 3-2 所示。

表 3-2　过度依赖生成式 AI 的原因和弊端

过度依赖 AI 的原因	详细解释	过度依赖 AI 的弊端	详细解释
缺乏 AI 素养	用户对 AI 的理解不足，不知道 AI 系统的能力和局限性	用户接受错误的 AI 输出	用户因为无法判断 AI 输出的正确性，容易接受错误的推荐
自动化偏见	用户倾向于更信任自动化系统的推荐，忽视非自动化来源的信息	失去对 AI 系统的信任	AI 系统一旦出错，用户会显著降低对其的信任度，难以重新建立信任
确认偏见	用户倾向于接受与自己先前假设、信念和价值观一致的信息	人与 AI 团队表现不佳	用户依赖于与自己观点一致的 AI 推荐，可能导致决策失误，从而影响整体团队的表现
顺序效应	用户的判断会受到信息呈现顺序的影响，特别是早期互动中的 AI 表现	难以识别 AI 错误	用户在初次使用 AI 时形成的正面或负面印象会影响他们后续对 AI 错误的识别和处理
高估解释	详细的解释有时会增加用户对 AI 的盲目信任，即使解释与实际工作原理不符	对 AI 的盲目信任增加	用户过于相信 AI 提供的解释，导致在面对错误推荐时也会盲目接受，从而做出错误决策
任务熟悉度	用户对任务的熟悉程度会影响他们对 AI 推荐的依赖程度	过度信任 AI 而忽视自身判断	高任务熟悉度的用户可能对 AI 系统表现出过度信任，而低任务熟悉度的用户则可能完全依赖 AI 推荐
域专业知识	用户在特定领域的专业知识水平会影响他们对 AI 的依赖程度	在专业领域中忽视 AI 的潜在错误	高专业知识用户可能认为自己更能判断 AI 的推荐，但实际上仍然会对 AI 有很高的依赖，导致忽视 AI 可能的错误

　　可见，生成式 AI 和其他自动化工具的使用，虽然提高了任务执行的效率，但也减少了团队成员之间的面对面交流的机会。实时通信工具和自动化的任务分配系统，使得团队成员可以在不直接交流的情况下完成工作。这种方式虽然方便，但长期来看可能会削弱团队的凝聚力和合作精神。信任是团队合作的重要基

础，而生成式 AI 带来的自动化流程有时难以代替真实的面对面交流所产生的信任和归属感。团队成员之间缺乏面对面的互动，可能会导致信任感下降，进而影响团队的整体合作效果（Arslan 等，2022）。

同时，依赖 AI 工具进行沟通和协作可能导致团队成员之间的联系变得疏远。面对面交流不仅是信息传递的手段，更是建立信任和团队凝聚力的重要方式。虽然自动化工具能提供高效的沟通手段，但难以替代面对面交流所带来的情感联系和团队归属感。长期依赖 AI 可能使团队的沟通方式变得机械化和冷漠，削弱了团队成员的合作精神和共同目标感，影响团队的长远发展（Arslan 等，2022）。

总之，生成式 AI 虽然在提升团队决策支持和协作效率方面具有显著优势，但过度依赖 AI 可能会导致沟通和协作能力的下降。自动化工具提高了任务执行效率，但减少了团队成员之间的直接交流，可能影响团队的凝聚力和合作精神。为了避免这些负面影响，应在使用 AI 工具的同时注重保持和加强团队成员之间的面对面沟通和直接互动。

四、负面影响：隐私和伦理问题

生成式 AI 在用户行为分析和预测过程中通常需要处理大量个人数据，这引发了严重的隐私保护和伦理问题。用户的数据在被采集和使用的过程中，如果没有严格的隐私保护措施，可能会导致数据的泄露和滥用。例如，AI 系统在分析用户行为时，可能会收集包括位置、购买记录和社交活动等敏感信息。如果这些信息未得到妥善保护，一旦被不法分子获取，可能对用户的隐私构成重大威胁（Pflanzer 等，2023）。

在团队协作中，确保生成式 AI 使用的透明度和公平性是一个亟须解决的挑战。AI 系统的决策过程通常是复杂且不透明的，这种"黑箱"性质可能导致用户难以理解和质疑 AI 的决策。为了确保公平性和透明度，企业需要建立严格的 AI 治理框架和伦理规范，明确 AI 系统的操作流程和决策依据。例如，一些公司已经开始采用透明度和责任机制，以确保 AI 决策的公开性和可追溯性（Williamson 等，2024）。

生成式 AI 在数据处理过程中可能会继承和放大已有的数据偏见，导致决策结果存在歧视性。这些偏见可能源于训练数据本身的不平衡或不代表性，从而影响 AI 系统的公正性。例如，如果 AI 系统使用的数据集中存在性别或其他偏见等，最终生成的决策可能会对某些群体造成不公平影响。为了解决这一问题，研究人员建议在数据收集和处理阶段采取严格的偏见检测和校正措施（Williamson 等，2024）。

随着生成式 AI 的广泛应用，其相关的法律和监管问题也逐渐凸显。不同国家和地区的法律框架和监管要求可能存在差异，企业在全球范围内部署 AI 系统时需要遵守多重法规，这增加了合规的难度和成本。此外，现有的法律和监管框架可能无法完全覆盖 AI 技术的快速发展，因此政策制定者需要不断更新和完善相关法律法规，以适应新技术的变化（Pflanzer 等，2023）。

可见，生成式 AI 在用户行为分析和预测过程中带来了显著的隐私和伦理挑战。如何确保数据的隐私保护、AI 使用的透明度和公平性，以及应对数据偏见和法律监管问题，是企业和研究人员需要重点关注的议题。通过建立严格的 AI 治理框架和伦理规范，可以在一定程度上缓解这些问题，推动 AI 技术的可持续和负责任发展。

五、总结

生成式 AI 在提升团队协作和决策支持方面展现了巨大的潜力。首先，其多语言信息处理和实时反馈功能有效地促进了跨团队和跨文化的协作，使团队成员能够在不同的文化和语言环境下更高效地沟通和协作。生成式 AI 的动态调整功能进一步提高了团队的灵活性和适应能力，帮助团队在复杂和多变的环境中更好地应对挑战。此外，生成式 AI 作为智能助手，通过强大的数据分析和预测功能，为团队提供了精准的决策支持，帮助团队优化协作流程并提升整体效率。通过增强用户的行为分析和实时反馈功能，生成式 AI 还显著提高了团队的决策响应速度和跨部门协作的协调性，从而提高了企业的整体运营效率和市场竞争力。

然而，生成式 AI 的应用也带来了一些不可忽视的负面影响。过度依赖 AI 可能导致团队成员的沟通和协作能力下降，削弱了面对面的交流机会，影响了团队的凝聚力和合作精神。此外，生成式 AI 在用户行为分析和数据处理过程中涉及大量的个人数据，可能引发隐私保护和伦理问题。数据偏见和算法局限性也可能影响 AI 系统的公正性与决策质量。为了充分利用生成式 AI 的优势并减轻其负面影响，企业需要在技术应用的同时注重保持团队成员之间的直接互动和信任建设，并建立严格的 AI 治理框架，确保隐私保护、透明性和公平性。

第二篇

赋能或局限：生成式 AI 引发知识工作者双重认知感应的心理过程

　　本篇围绕生成式 AI 对知识工作者的双重认知感应机制展开，深入探讨其认知赋能与认知局限的作用。通过前三章内容，本篇全面剖析生成式 AI 在提升和限制知识工作者长期绩效发展中的不同影响。第四章聚焦生成式 AI 的认知赋能效应，探讨其在信息处理、心智加工和认知灵活性方面的提升。生成式 AI 通过强大的数据处理能力和智能建议，帮助知识工作者更高效地处理复杂信息、减轻心智负担和提高适应能力，从而增强他们的学习能力、创新能力和协作能力。第五章则探讨生成式 AI 带来的认知局限效应，包括内容采择的确认偏误、域外信息的分析瘫痪和外部建议的过度依赖。这些局限不仅限制了知识工作者的信息获取和知识深度，还削弱了他们的独立思考和决策能力，影响了跨领域合作和团队协作。第六章通过综合分析，探讨认知赋能状态和认知局限状态对知识工作者长期绩效发展的双重影响。重点分析两者的相互转化机制，并提出优化策略，旨在实现生成式 AI 赋能效果的最大化，同时减少其带来的负面影响。通过对生成式 AI 在赋能与局限方面的深入探讨，本篇为知识工作者如何更好地利用生成式 AI 提供了理论支持和实践指导，为其长期绩效的全面发展奠定了坚实基础。

第四章 大脑外挂：生成式 AI 对 知识工作者的认知赋能效应

本章提出，生成式 AI 可以作为大脑的"外挂"，为知识工作者的认知能力进行赋能，从而提升知识工作者的长期绩效。认知赋能指的是通过技术手段，在信息处理、思维加工、决策制定等方面支持和优化个体的能力，使其在专业领域中表现得更加高效和卓越。具体来说，生成式 AI 利用其强大的数据处理和分析能力，能够帮助知识工作者快速获取、整理和分析大量信息，从而提升其决策效率和准确性。此外，生成式 AI 还能通过智能化的辅助工具，减轻知识工作者在复杂任务处理中的认知负担，使其能够更专注于核心任务，提高工作效率。最终，生成式 AI 通过提供多样化和灵活化的信息源，帮助知识工作者增强认知灵活性，使其在面对复杂和动态的工作环境时，能够快速适应并提出创新解决方案。因此，生成式 AI 的应用不仅体现在技术本身的进步方面，更在于深度融合知识工作者的工作流程，成为其增强认知能力的重要工具。

本章认为，生成式 AI 驱动下知识工作者的认知赋能主要表现为以下三个方面：信息处理能力增强、心智加工负担减轻和认知灵活程度提升。首先，在信息处理能力增强方面，生成式 AI 通过其强大的数据分析和模式识别功能，能够快速处理和分析大量数据，为知识工作者提供实时、精准的信息支持，从而提升其决策效率和准确性。其次，心智加工负担减轻指的是生成式 AI 通过自动化和智能化工具，替代大量重复性和复杂性任务，减少知识工作者在处理信息和决策中的认知负荷，使其能够更专注于战略性和创新性工作。最后，认知灵活程度提升是指生成式 AI 通过提供丰富多样的信息和灵活的辅助思维工具，帮助知识工作者在面对复杂和多变的工作环境时，能够迅速适应并做出有效反应。通过这三方面的赋能，生成式 AI 不仅提升了知识工作者的工作效率，还促进了其在专业领域中的持续创新和进步。

本章主要探讨生成式 AI 如何通过多种方式赋能知识工作者，显著提升了他们的认知能力，从而使其在复杂的工作环境中能够更高效地完成任务并实现创新。第一节聚焦于生成式 AI 在信息处理能力上的增强作用，详细阐述 AI 如何通过高效的数据处理、个性化推荐和实时更新等方式，帮助用户快速获取并分析信息，提升决策的准确性与效率。第二节探讨生成式 AI 如何减轻知识工作者的心智加工负担，展示其通过自动化处理、智能化辅助和优化信息呈现等方式，帮助用户降低认知负荷，集中精力于核心任务和战略性决策。第三节则分析生成式 AI 在提升认知灵活性方面的表现，说明其如何通过提供多维度的信息支持、即时反馈和个性化学习，助力用户在复杂任务和多变环境中快速适应、灵活应对，并促进创新和跨领域协作。本章将全面阐明生成式 AI 在赋能知识工作者的长期效能和认知表现方面的深远影响。

第一节　生成式 AI 驱动下的信息处理能力增强

本节探讨生成式 AI 对知识工作者认知能力的赋能效应，具体分析其在信息处理能力增强方面的作用机制和实际应用。首先，定义信息处理能力及其在专业工作中的重要性，并解释生成式 AI 如何增强这一能力。其次，描述生成式 AI 通过快速处理和分析大量数据来增强信息处理能力的心理机制。再次，列举生成式 AI 在医疗数据分析、金融市场预测等领域的实际应用案例，并分析这些应用对知识工作者工作的具体影响。最后，展望生成式 AI 在信息处理能力增强方面的未来发展方向，并预测其在不同领域的应用潜力。

一、信息处理能力增强的定义和表现

信息处理能力是指个体或组织在接收、理解、存储、检索和利用信息的过程中所表现出的效率和效果。在专业工作中，信息处理能力的高低直接影响到决策的质量和执行的效率。高效的信息处理能力能够帮助专业人士快速理解复杂的信息环境，做出及时而准确的决策，进而提升其在工作中的表现和竞争力。

生成式 AI 通过其强大的数据处理和分析能力，显著增强了知识工作者的信息处理能力。首先，生成式 AI 能够自动处理大量的数据，提取其中的关键信息并生成易于理解的摘要。例如，像 ChatGPT 这样的语言模型经过大量文本数据的训练，可以在短时间内从海量信息中提取相关内容并生成简明摘要。这不仅节省了信息处理的时间，还提高了信息获取的准确性和效率（Alawida 等，2023）。

其次，生成式 AI 通过自然语言处理技术，能够理解并处理多语言的信息，使得知识工作者能够跨越语言障碍，获取全球范围内的知识和信息。例如，生成式 AI 可以自动翻译文献并实时翻译会议内容，使研究人员能够迅速掌握最新的科研成果，并与国际同行进行高效的交流。这种多语言信息处理能力不仅极大地扩展了知识工作者的信息来源，还提升了其在全球化背景下的竞争力（Weber 等，2023）。

再次，生成式 AI 通过个性化的信息推荐系统，能够根据用户的行为数据和偏好，提供高度相关和实用的信息。例如，在科研领域，生成式 AI 可以根据研究人员的阅读历史和研究方向，推荐相关的学术论文和资料。这不仅提高了研究效率，还帮助研究人员快速掌握最新的研究进展（Labadze 等，2023）。

最后，生成式 AI 在实时信息更新和监控方面的应用，使知识工作者能够实时掌握最新的信息动态，并迅速做出反应。例如，金融市场的实时监控系统通过生成式 AI 分析市场数据、新闻和社交媒体信息，识别市场趋势并预测未来的价格波动，从而帮助投资者做出及时决策（Chen Z，2023a）。

总的来说，生成式 AI 在信息处理能力上的增强体现在其快速处理和分析大量数据、多语言信息处理、个性化信息推荐以及实时信息更新和监控等方面。这些技术的应用不仅提升了知识工作者的信息处理效率和准确性，还扩展了其信息来源和应用场景，使其能够在复杂和动态的工作环境中，做出更加科学和合理的决策。通过不断的优化和改进，生成式 AI 将在提升信息处理能力方面继续发挥重要作用，为知识工作者带来更多的便利和创新。

二、生成式 AI 驱动信息处理能力增强的心理机制

生成式 AI 如何通过快速处理和分析大量数据来增强信息处理能力，涉及多层次的心理机制。这些机制不仅依赖于 AI 本身的技术能力，还包括知识工作者在信息处理过程中与生成式 AI 的交互模式。

首先，生成式 AI 通过其高效的数据处理能力显著提升了信息处理的速度和准确性。传统的信息处理通常需要耗费大量的时间和精力来读取、理解和分析数据，而生成式 AI 则能够在极短的时间内完成这些任务。例如，生成式 AI 能够快速检索和分析大量的文本数据，从中提取出关键信息并生成摘要，这使得专业人士能够迅速获得所需信息并做出及时决策。这种能力不仅提高了信息处理的效率，还减少了信息处理过程中可能出现的错误和遗漏（Weber 等，2023）。

其次，生成式 AI 通过自然语言处理技术生成符合人类语言习惯的文本信息，使其能够与用户进行自然的语言交互。通过与用户的对话，生成式 AI 能够了解用户的需求和偏好，并提供相应的个性化建议和信息。这种交互方式不仅使信息处理更加高效，还增加了其人性化和个性化的特性（Weber 等，2023）。

为了进一步说明生成式 AI 驱动信息处理能力增强的心理机制，表 4-1 展示

了与其相关的具体心理机制。在这些心理过程中，生成式 AI 使得知识工作者的信息处理能力得到了提升和赋能（Alawida 等，2023）。

表 4-1　生成式 AI 驱动下知识工作者信息处理能力增强的心理机制

信息处理能力增强表现	说明	举例
认知负荷降低	生成式 AI 通过快速处理和分析大量数据，减少了人类在信息处理过程中所需的认知资源，从而提高了认知效率和质量	生成式 AI 能够自动对海量的文本数据进行摘要，使得用户能够在短时间内掌握关键信息，而不需要阅读大量的原始文本
注意力集中	生成式 AI 通过个性化的信息推荐，帮助人类筛选出最相关和有价值的信息，从而避免了信息过载和分散注意力的问题	生成式 AI 能够根据用户的偏好和历史行为，推荐最适合用户的新闻、文章或视频，使得用户能够专注于自己感兴趣的内容，而不需要浪费时间在无关的信息上
元认知监控	生成式 AI 通过实时信息更新和监控，使人类能够及时地调整自己的信息处理策略和目标，从而提高了信息处理的灵活性和适应性	生成式 AI 能够实时跟踪和反馈用户的信息处理的进度和效果，例如，提示用户是否已经完成了某个任务，或是否需要修改或补充某些信息，使得用户能够根据实际情况，及时地调整自己的信息处理计划和方法
情绪调节	生成式 AI 通过与人类进行自然语言的交互，使人类能够感受到生成式 AI 的智能和友好，从而增强了人类的信任和满意度，降低了信息处理过程中的压力和焦虑	生成式 AI 能够使用符合人类语言习惯的文本信息与用户进行对话，例如，询问用户的需求和反馈，或者提供用户所需的帮助和建议，使得用户感觉生成式 AI 是一个可靠和有用的伙伴，而不是一个冷漠和无情的机器

综上所述，生成式 AI 通过快速处理和分析大量数据显著增强了信息处理能力。在这一过程中，大脑与生成式 AI 的交互主要体现在认知负荷的分担、注意力集中、元认知监控以及情绪调节等方面。通过这些交互机制，生成式 AI 不仅提升了信息处理的效率和准确性，还促进了知识工作者在复杂和动态环境中的适应能力和创新能力。随着技术的不断发展，其在信息处理能力增强方面的应用将愈加广泛和深远。

三、生成式 AI 驱动信息处理能力增强的相关案例

生成式 AI 在信息处理方面的应用已经在多个领域中展现出显著的影响，尤其是在医疗数据分析、金融市场预测、教育以及法律文档处理等方面。这些应用不仅提高了专业人士的工作效率和决策准确性，还带来了创新的工作方式和方法。

在医疗领域，生成式 AI 被广泛应用于医疗数据的处理和分析。通过整合病历数据、医学影像和基因组数据，生成式 AI 能够帮助医生更准确地进行诊断和治疗决策。例如，AI 系统可以快速分析患者的电子健康记录，识别潜在的健康风险并提供个性化的治疗建议。研究表明，生成式 AI 在医学影像分析中能显著提高疾病检测准确率，尤其是在早期癌症筛查中。此外，生成式 AI 还能整合多种数据源的信息，为医生提供综合性的治疗方案，从而提高整体治疗效果。这些应用对医疗专业人员的工作产生了深远影响。首先，生成式 AI 显著减少了医生在数据处理和分析上耗费的时间，使其可以将更多的精力投入到病人护理和复杂决策上。其次，AI 系统提供的精准诊断建议提高了诊疗水平，降低了误诊风险。此外，通过自动化报告生成和数据分析，生成式 AI 帮助医疗机构优化了运营效率并降低了管理成本（Alberts 等，2023）。

在金融领域，生成式 AI 在市场预测和投资决策中得到广泛应用。通过分析大量市场数据、新闻报道和社交媒体信息，生成式 AI 能够识别市场趋势和投资机会。例如，AI 系统可以实时监控股票市场动态，分析交易数据和新闻事件，预测股票价格的波动，从而帮助投资者做出迅速的决策。此外，生成式 AI 可以进行风险评估和投资组合优化，帮助金融机构有效管理投资风险并提升收益。这些应用对金融专业人士产生了重要影响。首先，生成式 AI 显著提高了市场分析效率，使金融分析师可以快速获取市场信息。其次，AI 系统提供的精准预测和风险评估功能帮助投资者降低投资风险、增加收益。此外，自动化的数据处理和报告生成使金融机构运营效率更高，使管理成本进一步降低（Argote 等，2021）。

在教育领域，生成式 AI 被广泛应用于个性化学习和教学辅助。通过分析学生的学习数据和行为，生成式 AI 可以提供个性化的学习建议和资源，帮助学生提高学习效果。例如，AI 系统可以根据学生的学习进度和兴趣，推荐相应的学习资料和练习题，从而帮助学生巩固知识并提升成绩。此外，生成式 AI 通过智能辅导和实时反馈，帮助教师优化教学方法，增强教学效果。这些应用对教育工作者产生了显著影响。首先，生成式 AI 提高了教学效率，使教师能更好地关注学生的个性化需求。其次，AI 系统提供的个性化学习建议提升了学生的学习兴趣。通过自动化资源推荐和学习进度跟踪，生成式 AI 进一步帮助教育机构提升了管理效率并降低了成本（Hsu 等，2023）。

在法律领域，生成式 AI 在法律文档处理和分析方面有着广泛应用。通过处理大量法律文档和案例数据，生成式 AI 可以帮助律师和法律顾问快速检索和分析法律信息。例如，AI 系统可以自动分析合同和法律文件，识别关键条款和风险并提供修改建议，从而提高合同审查的效率和准确性。此外，生成式 AI 可以执行案例检索和分析，帮助律师快速找到相关案例并制定法律策略。这些应用对法律专业人士产生了深远影响。首先，生成式 AI 提高了文档处理效率，使律师可以快速获取信息并制定策略。其次，AI 系统提供的精准分析和建议有助于降低法律风险。此外，自动化的数据处理和报告生成使法律机构得以提升运营效率、节省管理成本（Arslan 等，2022）。

综上所述，生成式 AI 在信息处理方面的应用已在多个领域展现出显著影响。这些应用不仅提高了专业人士的工作效率和决策准确性，还带来了新的工作方式，为各行业的发展创造了新的机遇和挑战。随着生成式 AI 技术的不断进步，其在信息处理能力增强方面的应用前景将更加广阔和深远。

四、未来发展趋势

生成式 AI 在信息处理能力增强方面展现了巨大的潜力，未来其发展方向将继续围绕提高处理效率、增强理解能力和提升交互体验展开。首先，生成式 AI 将在数据处理速度和规模上实现进一步突破。随着计算能力的提升和算法的优化，生成式 AI 将能够处理更大规模的数据集，其速度更快、效率更高。这将使专业人士能够在更短时间内获取和处理海量信息，进一步提升决策的及时性和准确性（Alawida 等，2023）。

其次，生成式 AI 的自然语言处理能力将继续提升。未来的生成式 AI 将能够更加精确地理解和生成自然语言，不仅在语法和语义上更加准确，还能更好地理解上下文和隐含意义。这将使生成式 AI 在信息处理过程中，能够提供更具洞察力和更高质量的分析和建议。例如，在医疗领域，生成式 AI 将能够通过分析病人的对话记录和症状描述，提供更精准的诊断和治疗建议（Weber 等，2023）。

再次，生成式 AI 的多模态信息处理能力将进一步增强。多模态信息处理是指 AI 系统能够同时处理和整合来自不同来源和形式的信息，如文本、图像、音频和视频等。未来，生成式 AI 将能够更加高效地整合这些多模态信息，为用户提供更全面和多角度的分析和建议。例如，在法律领域，生成式 AI 将能够同时处理案件文本、音频证词和视频证据，提供更全面的法律分析和策略。

最后，生成式 AI 在个性化信息推荐和实时信息更新方面的能力将进一步提升。未来的生成式 AI 将能够更加精准地根据用户的需求和偏好，提供个性化的信息推荐和实时更新。这将使专业人士能够更加高效地获取和利用信息，进而提高工作效率和决策质量。例如，在金融市场预测中，生成式 AI 将能够实时分析市场动态和用户投资行为，提供更加个性化的投资建议。

综上所述，生成式 AI 在信息处理能力增强方面具有广阔的发展前景。通过不断提升处理速度和规模、增强自然语言理解能力、优化多模态信息处理和个性化推荐，生成式 AI 将进一步提升专业人士的信息处理效率和决策质量。在医疗、金融、教育和法律等多个领域，生成式 AI 的应用潜力将不断扩大，并为各行业的发展带来新的机遇和挑战。

五、总结

生成式 AI 在信息处理能力增强方面表现出广泛的应用潜力。通过其强大的数据处理和自然语言处理能力，生成式 AI 能够大幅提升知识工作者的信息处理效率和准确性，帮助他们在医疗、金融、教育和法律等专业领域实现高效的决策和创新。这种技术的应用不仅推动了信息处理的速度提升，还通过多语言支持、个性化推荐和实时动态监控等功能，为知识工作者带来了更加丰富和全面的信息来源，使他们能够在复杂和动态的环境中快速响应和适应变化。同时，生成式 AI 通过承担烦琐的重复性任务，有效降低了知识工作者的认知负荷，使其能将精力集中在战略性决策和创新任务上，从而在各自的领域中发挥出更高的工作质量和更强的竞争力。

未来，生成式 AI 将在信息处理能力增强方面继续取得重要进展。随着计算能力和算法的不断优化，生成式 AI 将能以更快的速度和更大的规模处理多模态数据，并在自然语言理解能力和个性化推荐方面实现新的突破，这将进一步提高决策的及时性和准确性。此外，生成式 AI 的多模态信息整合和实时反馈能力也将在医疗、金融、教育和法律等领域的专业应用中不断深化。通过不断适应并满足知识工作者的实际需求，生成式 AI 将继续在提升信息处理效率、增强认知灵活性和推动工作创新方面发挥至关重要的作用，为各行业的专业人士带来更加智能、高效的工作模式和无限的潜在发展空间。

第二节　生成式 AI 驱动下的心智加工负担减轻

在现代工作环境中，心智加工负担（Cognitive Load）常常成为制约专业人员工作效率和决策质量的重要因素。随着生成式 AI 技术的不断发展及其广泛应用，减轻心智加工负担成为现实。本节详细探讨生成式 AI 如何通过多种机制和应用，显著降低专业人员的认知负担，并对其未来的发展趋势进行展望。首先，定义了心智加工负担及其在工作中的表现，并解释生成式 AI 如何通过自动化和智能化的方式，减轻这些负担。其次，探讨生成式 AI 减轻心智加工负担的心理机制，揭示大脑在信息处理过程中如何与生成式 AI 交互以降低认知负荷。再次，列举了生成式 AI 在减轻心智加工负担方面的实际应用案例，如客服自动化和智能助理等，并分析这些应用对知识工作者的具体影响。最后，展望生成式 AI 在减轻心智加工负担方面的未来发展方向和应用前景。

一、心智加工负担减轻的定义和表现

心智加工负担是指个体在处理信息、解决问题和学习新知识过程中所需要的心理努力。这个概念由认知负荷理论（Cognitive Load Theory，CLT）提出，旨在通过优化信息传递和工作环境设计，减少不必要的认知负担，从而提高任务完成的效率和效果。认知负荷分为三种类型：内在认知负荷、外在认知负荷和生本认知负荷。内在认知负荷（Intrinsic Cognitive Load）由任务的复杂性和信息量决定，例如解决复杂数学方程需要同时处理多个步骤和符号。外在认知负荷（Extraneous Cognitive Load）则由不良的任务设计或外部环境因素引发，如冗长的操作说明或噪声干扰。生本认知负荷（Germane Cognitive Load）指的是与建构知识和应用相关的认知努力，帮助促进更深层次的学习和问题解决（Chen 等，2023）。

生成式 AI 通过其强大的数据处理和分析能力，有效地减轻了心智加工负担。首先，生成式 AI 能够快速处理和分析大量数据，自动完成重复性和复杂性任务。例如，生成式 AI 系统能够生成报告、分析市场趋势、处理客户服务请求等，从而减少人工参与这些任务所需的认知负担。此外，生成式 AI 通过优化信息呈现方式，降低了外在认知负荷。在教育领域，生成式 AI 能够根据学生的学习进度和理解能力，提供个性化的学习材料，避免不必要的信息干扰，提高学习效果。在工作场所中，生成式 AI 可以通过智能助理和自动化工具提供实时建议和支持，帮助员工高效完成任务。最后，生成式 AI 通过增强生本认知负荷，支持用户更好地构建和应用知识框架。例如，在科研领域，生成式 AI 可通过分析文献和数据提供研究见解和趋势预测，帮助研究人员更有效地掌握和应用新知识；在医疗领域，生成式 AI 整合病历、影像和基因数据，为医生提供综合诊断和治疗建议，提升医疗决策的准确性（Gandhi 等，2023）。

总而言之，生成式 AI 通过自动化数据处理、优化信息呈现和增强生本认知负荷，显著减轻了知识工作者的心智加工负担。这不仅提高了任务完成的效率，还使专业人士能够更专注于高层次的思考和创新，从而提升工作质量和创造力。随着生成式 AI 技术的不断演进，其在减轻心智加工负担方面的潜力也将进一步得到发挥，进而推动各行业的深刻变革和进步。

二、生成式 AI 驱动心智加工负担减轻的心理机制

生成式 AI 通过其自动化和智能化的能力，显著减轻了心智加工负担。具体来说，生成式 AI 减少心智加工负担的机制主要体现在以下几个方面（Chen 等，2024）：

1. 认知资源分配的优化

生成式 AI 通过自动处理和分析大量数据，减少了用户在信息检索和整理上

的时间和精力。通过承担烦琐的任务，AI 允许用户将有限的认知资源专注于更重要的决策和创新工作。与传统处理方式相比，生成式 AI 的快速数据筛选与分析能力有助于减轻用户的内在认知负荷，提升处理效率并降低潜在的错误风险。

2. 注意力集中和信息筛选

生成式 AI 能够通过个性化的推荐和优化的信息呈现方式，帮助用户把注意力集中在关键任务上。AI 通过过滤无关或冗余信息，有效减少外在认知负荷，使用户能够专注于核心任务，从而提高信息处理质量与速度。无论是个性化学习材料的推荐还是精确的任务辅助，生成式 AI 在引导用户注意力聚焦方面表现出显著的作用。

3. 即时反馈与实时调节

生成式 AI 具备提供即时反馈的能力，使用户能够在任务执行过程中不断调整和优化策略。这一即时反馈机制有助于用户实时适应复杂任务要求，减少反复尝试和纠错所带来的认知压力。生成式 AI 通过这种交互方式增强用户的任务掌控感，从而减少心理负担并提高执行力。

4. 结构化信息呈现与记忆支持

在面对复杂信息时，生成式 AI 通过提供结构化和可视化的展示形式，帮助用户更好地组织和记忆信息。AI 可以通过图表、流程图或概括性文字等形式，将复杂的数据转化为更容易理解的内容，从而降低用户在信息处理和记忆中的负担。这种结构化呈现方式提高了信息的吸收与理解效率，使用户更容易进行下一步的分析与决策。

5. 增强元认知能力

生成式 AI 通过与用户的持续交互，能够帮助用户监控和反思自身的学习或工作过程，从而提升其元认知能力。AI 系统在帮助用户明确当前状态、评估任务进展、优化行为策略等方面发挥着积极作用，使用户更好地掌控自身认知过程，降低任务的复杂性和难度（Hernandez Sibo 等，2024）。

这些心理过程共同作用，使生成式 AI 成为减轻心智加工负担的重要工具。在大脑与生成式 AI 的交互中，用户的认知负荷得以分担和优化，从而提升信息处理效率、降低决策压力并实现更高效的工作模式。未来，随着生成式 AI 技术的进步，其在优化认知体验和提升任务完成质量方面的应用将愈加深远和广泛（Macedo 等，2023）。

三、生成式 AI 驱动心智加工负担减轻的相关案例

生成式 AI 在减轻心智加工负担方面的应用越来越广泛，这些应用不仅提高了专业人员的工作效率，还在各个领域中发挥了重要作用。

在客户服务领域，生成式 AI 通过自动化处理客户的大量请求，大大减轻了客服人员的认知负担。AI 聊天机器人能够 24 小时在线，为客户提供即时的回答和帮助。这些机器人通过自然语言处理技术，能够理解客户的问题并提供准确的答案，从而减少了客户服务代表处理重复性任务的需要。这使得客服人员可以将更多时间和精力投入到处理复杂和高价值的客户需求上，提高了整体服务质量和客户满意度。

生成式 AI 在智能助理中的应用同样显著减少了心智加工负担。智能助理如 Siri、Alexa 和 Google Assistant，能够帮助用户管理日常任务，如安排日程、发送邮件、设置提醒等。这些助理通过语音识别和理解技术，能够快速处理用户的请求并提供反馈，简化了日常任务的管理过程。对于专业人员来说，这意味着他们可以更高效地管理时间和任务，减少了因记忆和组织任务而产生的认知负担。

在医疗领域，生成式 AI 被用于辅助医生进行诊断和治疗决策。AI 系统能够分析大量的医学数据，包括病历、医学影像和基因组数据，帮助医生快速识别疾病并制定治疗方案。例如，AI 可以通过分析 X 光片或 MRI 影像，识别出早期癌症或其他病变，提高了诊断的准确性和及时性。这种自动化的分析不仅减轻了医生在数据处理上的负担，还提高了诊断的效率和效果，使得医生能够更专注于患者的治疗和护理。

在教育领域，生成式 AI 被用来开发个性化学习工具和智能辅导系统。这些系统能够根据学生的学习行为和进度，提供定制化的学习建议和反馈。例如，AI 可以分析学生的学习数据，识别他们的薄弱环节，并提供相应的练习和指导，帮助他们提高学习效果。这种个性化的学习体验减轻了教师在准备教学材料和监控学生进度上的负担，使他们能够更专注于课堂教学和学生的个性化辅导。

在软件开发中，生成式 AI 通过代码生成、错误检测和优化建议等方式，减轻了开发人员的认知负担。例如，GitHub Copilot 等 AI 工具能够根据上下文自动生成代码片段，帮助开发人员快速编写和调试代码。此外，AI 还可以自动检测代码中的错误和漏洞，提供优化建议，提高了代码的质量和安全性。这些工具的应用使开发人员能够更高效地完成任务，减少了因代码编写和调试而产生的认知负担。

在法律领域，生成式 AI 被用于处理和分析大量的法律文档。AI 系统能够自动提取合同和法律文件中的关键信息，进行风险评估和合规检查。例如，AI 可以识别合同中的关键条款和潜在风险，提供修改建议，帮助律师更高效地审查和处理法律文件。这种自动化的文档处理不仅提高了工作效率，还减少了律师在阅读和分析大量文档时的认知负担，使他们能够将更多精力投入复杂的法律分析和客户咨询中。

表 4-2 是一些具体的应用案例及其对知识工作者工作的影响（Gandhi 等，2023）。

表 4-2　生成式 AI 驱动下心智加工负担减轻的相关案例

领域	案例描述	心智加工负担减轻的方式	网页链接
客户服务	美国在线旅行社 Expedia 利用生成式 AI 技术，为顾客提供自动化的旅行建议和优惠信息。Expedia 的 AI 聊天机器人可以根据用户的需求和偏好，生成个性化的旅行方案，并提供预订和取消的选项	生成式 AI 通过理解用户的需求和偏好，自动化地提供合适的旅游产品和服务，减少了客服人员处理大量常见问题的时间和精力，提高了用户的满意度和忠诚度	https：//www.theverge.com/2023/12/18/24003416/expedia-travel-generative-ai-personalized-model
智能助理	百度推出的智能助理 DuerOS，可以通过语音交互帮助用户完成各种日常任务，如查询天气、订餐、叫车、听音乐等。DuerOS 还可以接入各种智能硬件，如智能音箱、智能电视、智能空调等，实现对智能家居的控制	生成式 AI 通过语音识别和理解技术，简化了用户与设备之间的交互方式，减少了用户在操作屏幕或按键上的认知负担，提高了用户的便利性和舒适性	https：//dueros.baidu.com/html/2017/jjfasj_0608/4.html
医疗	阿里巴巴的 ET 医疗大脑，是一个基于生成式 AI 技术的医疗辅助系统，可以帮助医生进行疾病诊断、影像分析、药物发现等任务。ET 医疗大脑通过对海量的医学数据进行分析，可以生成精准的诊断报告和治疗建议，并提供医学证据和参考文献	生成式 AI 通过对复杂的医学数据进行自动化的分析，减少了医生在数据处理上的负担，提高了诊断的准确性和及时性，使得医生能够更专注于患者的治疗和护理	https：//developer.aliyun.com/article/177766？spm=5176.26934562.main.3.221f53aamByvlH
教育	优达学城（Udacity）是一个提供在线教育的平台，它使用生成式 AI 技术，为学习者提供个性化的学习路径和反馈。优达学城的 AI 导师可以根据学习者的能力、进度和目标，生成适合的课程和作业，并给出及时的评价和指导	生成式 AI 通过对学习者的特征和需求进行分析，自动化地提供定制化的学习内容和服务，减少了学习者在选择和安排学习资源上的认知负担，提高了学习的效率和效果	https：//www.udacity.com/course/generative-ai--nd608
软件开发	微软的 Power Apps 是一个基于生成式 AI 技术的低代码平台，可以帮助用户快速创建和部署应用程序。Power Apps 可以根据用户的需求和数据源生成符合业务逻辑的应用界面和功能，并提供预览和测试的选项	生成式 AI 通过对用户的需求和数据源进行分析，自动化地提供合适的应用设计和开发，减少了用户在编写代码和调试错误上的认知负担，提高了应用的开发速度和质量	https：//www.microsoft.com/en/power-platform/products/power-apps

续表

领域	案例描述	心智加工负担减轻的方式	网页链接
法律	法必达（FABIDA）是一个基于生成式 AI 技术的在线法律服务平台，可以帮助用户生成和管理各种法律文件，如合同、协议、诉讼文书等。法必达可以根据用户的需求和条件生成符合法律规范的文件，并提供修改和签署的选项	生成式 AI 通过对用户的需求和条件进行分析，自动化地提供合法的文件内容和格式，减少了用户在撰写和审查法律文件上的认知负担，提高了文件的制作效率和质量	https：//www.mycase.com/blog/ai/ai-for-legal-documents/

综上所述，生成式 AI 在客服自动化、智能助理、医疗诊断支持、教育、软件开发和法律文档处理等多个领域，通过自动化和智能化的方式显著减轻了专业人员的心智加工负担。这些应用不仅提高了工作效率和准确性，还解放了专业人员，使他们能够专注于更高价值的任务和决策，从而推动各个领域的创新和发展。

四、未来发展趋势

生成式 AI 在减轻心智加工负担方面的未来发展充满了巨大潜力和机遇。首先，技术的不断优化将使生成式 AI 更高效地处理和分析大规模数据集，进一步提升用户的工作效率。深度学习算法和自然语言处理的进步将使 AI 系统能够更精准地理解用户需求，并提供更加自然、无缝的交互体验。未来，生成式 AI 不仅能在任务自动化上更加出色，还将在用户决策支持和复杂数据分析方面展示更多潜力（陈永伟，2023）。

其次，生成式 AI 的可解释性和透明性将显著提升，使其在应用过程中更加可信和易用。用户能够清楚地理解 AI 的决策逻辑和依据，从而更加自信地利用 AI 的支持来减轻自己的认知负担。这种透明性有助于更好地构建人与 AI 的协同工作关系，提高用户对 AI 系统的信任和依赖程度（Gandhi 等，2023）。

在医疗、教育、金融和法律等多个领域，生成式 AI 的应用前景尤为广阔。未来的 AI 系统将能够更加灵活地整合多模态数据，提供更精准、个性化的解决方案，从而进一步减轻专业人员的心智加工负担。在教育领域，AI 将通过实时分析学生的表现并提供定制化反馈来优化学习效果；在医疗领域，AI 将整合各种病人数据，为医生提供综合诊疗方案。通过这些持续的技术演进，生成式 AI 将在提升工作效率、降低认知负担方面取得更为深远的成果（陈龙，2023）。

五、总结

生成式 AI 在减轻心智加工负担方面展现出显著的优势，通过自动化数据处理、智能化任务辅助和优化的信息呈现方式，帮助专业人员释放认知资源，集中精力于更复杂和创造性的任务。AI 系统能够通过简化信息获取与处理流程，提供即时反馈和结构化的可视化信息，从而减少了用户在任务执行中的认知负荷。这不仅显著提高了工作效率和任务完成的准确性，还让专业人员能够更好地适应复杂的工作环境和需求变化。生成式 AI 在各领域的应用，如智能助理、医疗诊断支持和教育个性化学习等，都可以凸显出其在降低用户心智加工负担中的关键作用，并能推动高效工作的实现。

未来，随着生成式 AI 技术的进一步发展，其在减轻心智加工负担方面的潜力将不断扩大。通过优化自然语言处理、多模态信息整合和提升用户交互体验，AI 系统将提供更为个性化和智能化的服务，使专业人员在面对复杂任务时更加得心应手。此外，生成式 AI 的透明性和可解释性将得到进一步提升，使用户更易于信任并有效利用 AI 提供的支持，从而实现更深度的协作。总之，生成式 AI 将在多领域继续发挥重要作用，助力专业人员专注于更高价值的任务与决策，为工作效率和创新能力的提升提供源源不断的动力。

第三节 生成式 AI 驱动下的认知灵活程度提升

在当今快速变化的工作环境中，认知灵活性（Cognitive Flexibility）成为知识工作者应对复杂任务和动态挑战的关键能力。生成式 AI 通过提供多样化和灵活化的信息源，显著提升了用户的认知灵活性。本节深入探讨生成式 AI 如何驱动认知灵活性的提升，包括定义和表现、心理机制、应用案例以及未来发展趋势。首先，定义认知灵活性及其在工作中的重要性，并解释生成式 AI 如何通过多种途径提升这一能力。其次，详细描述生成式 AI 通过提供多样化和灵活化的信息源，提升认知灵活性的具体心理机制。再次，列举生成式 AI 在提升认知灵活性方面的实际应用案例，如跨领域知识整合和创新思维支持，并分析这些应用对知识工作者工作的具体影响。最后，展望生成式 AI 在提升认知灵活性方面的未来技术发展，并预测其在不同领域中的应用潜力。

一、认知灵活程度提升的定义和表现

认知灵活性是指个体在面对环境变化或新信息时，迅速调整思维和行为策略的能力。这种能力在快速变化和复杂的工作环境中尤为重要，因为它允许人们在不同任务之间高效切换、快速学习新知识并有效解决问题。认知灵活性被认为是

创新和高效决策的核心基础，能够极大地提升专业人员的工作适应性和绩效（Zühlsdorff 等，2023）。

生成式 AI 通过多种方式显著提升专业人员的认知灵活性。首先，生成式 AI 能够提供即时反馈和建议，帮助用户在面对新任务或挑战时迅速调整策略和行动。例如，AI 系统可以基于海量数据的实时分析和预测，协助用户快速获取关键信息并做出合理的决策。这种快速反应能力提升了用户在复杂环境中的适应力和响应速度（Nyholm，2024）。

其次，生成式 AI 通过自然语言处理技术，使用户能够以更自然和直观的方式获取信息。例如，AI 驱动的聊天机器人根据用户需求，提供个性化解答和建议，从而帮助用户在不同情境下灵活运用知识和技能。这种灵活的信息交互方式让用户能够更加轻松地适应变化多端的工作要求。

最后，生成式 AI 通过个性化学习支持，增强了用户在不同任务和情境下的应变能力。AI 系统能够根据用户的学习习惯和偏好推荐相关资料，并通过交互式反馈提升学习效果。通过这种方式，用户不仅能快速掌握新知识，还能在工作中灵活应用，并进一步提升其认知灵活性（王静静等，2023）。

综上所述，生成式 AI 通过即时反馈、自然语言交互和个性化学习支持等手段，有效提升了用户的认知灵活性，使其在复杂和动态的环境中具备更强的适应力和创新能力。随着生成式 AI 技术的进一步发展，这一领域的潜力将更加显著，能够为不同领域的专业人员带来持续创新的机会（Chauncey 等，2023）。

二、生成式 AI 驱动下认知灵活程度提升的心理机制

生成式 AI 通过多种方式提升用户的认知灵活性，这种提升并不仅仅是由于技术上的进步，还涉及多个复杂的心理过程。认知灵活性，是指个体在面对环境变化或新信息时，能迅速调整思维和行为策略的能力。在这一过程中，生成式 AI 作为工具和伙伴，与用户的认知交互产生了深远的影响。以下是几个关键的心理机制（Wallinheimo 等，2023）：

第一，生成式 AI 通过多维信息整合与多角度思维支持，帮助用户更好地应对复杂情境。在面对挑战和多变的环境时，用户需要具备从多个视角理解问题的能力。生成式 AI 能够快速整合和处理来自不同来源的大量信息，并生成涵盖多角度视野的综合性报告或见解。这种信息整合的能力使得用户可以更全面地认识问题，避免思维局限或单一视角。多角度信息的呈现促使用户不断切换思维模式，从而在复杂的环境中保持高度的灵活性和应变能力。

第二，生成式 AI 通过即时反馈与自我调节的增强，显著提高了用户的任务适应能力和决策灵活性。在面对新任务或变化时，及时的反馈能够帮助用户快速识别问题并作出调整。生成式 AI 通过持续的反馈机制和数据分析，及时指出用户在任务中的表现和改进方向。这种即时反馈机制不但提升了用户对当前任务状态的掌控感，还增强了自我调节能力。用户能够通过这种互动过程不断优化自己的行为和策略，从而提高在复杂环境中的适应能力。

第三，生成式 AI 通过动态任务支持与多任务管理优化，使用户能够在面对多项任务时有效地切换和分配资源。现代工作环境通常要求用户同时处理多个任务，这极大增加了认知负担。生成式 AI 能够帮助用户管理任务优先级，并提供智能化的提醒和调度功能，从而减轻多任务处理的压力。通过合理分配和动态调整任务资源，用户可以更轻松地在不同任务之间切换而不丧失效率。这种灵活的任务管理方式使得用户的认知灵活性显著提高，能够迅速应对变化和调整策略。

第四，生成式 AI 在信息简化与可视化呈现方面表现出色，为用户提供了易于理解和操作的信息结构。在复杂的任务中，大量信息的呈现可能导致信息过载和认知负担。生成式 AI 通过将信息以图表、摘要和直观可视化等形式展现，简化了用户对信息的理解和处理。这种信息简化和可视化能力有助于用户更快地吸收关键数据，并在决策中做出更灵活和准确的判断。用户在面对变化时能够以更轻松的方式处理信息，从而保持高水平的认知灵活性。

第五，生成式 AI 通过个性化学习与知识迁移支持，帮助用户将所学知识灵活应用于不同情境。生成式 AI 根据用户的学习数据和行为，提供个性化的学习建议和反馈。这种定制化的学习体验不仅提高了学习效果，还增强了知识迁移和跨情境应用的能力。用户可以在不断变化的环境中灵活地运用所学知识，从而提升认知灵活性和应对能力。

上述心理机制可以总结如表 4-3 所示。

表 4-3　生成式 AI 驱动下认知灵活程度提升的心理机制

心理机制	具体表现
多维信息整合与多角度思维支持	快速整合多来源信息，提供多角度视野，促进灵活思维和全面理解
即时反馈与自我调节增强	提供持续反馈，帮助用户优化任务表现并增强自我调节能力
动态任务支持与多任务管理	优化任务优先级管理，提供智能调度功能，支持高效任务切换
信息简化与可视化呈现	将复杂信息以可视化和简化形式呈现，提升理解和处理速度
个性化学习与知识迁移支持	提供定制化学习建议，增强跨情境的知识迁移和灵活应用能力

综上所述，生成式 AI 通过多维信息整合、即时反馈、动态任务支持、信息简化与可视化、个性化学习等多种方式，提升了用户的认知灵活性。这些机制在大脑与生成式 AI 的交互中起到了重要作用，使用户能够更好地适应复杂的环境、快速调整思维并提出创新的解决方案。未来，随着生成式 AI 技术的持续发展，

其在提升认知灵活性方面的潜力将进一步得到挖掘和应用，为各行业的专业人士带来更多的支持和创新机会（Hohl 等，2024）。

三、生成式 AI 驱动认知灵活程度提升的相关案例

生成式 AI 在提升认知灵活性方面的应用日益广泛，涵盖跨领域知识整合、创新思维支持等不同领域，极大地提升了知识工作者的工作效率，并在多个行业带来了深远的影响（Grassini，2023）。

在跨领域知识整合方面，生成式 AI 展现了强大的信息处理和融合能力。通过分析和整合来自不同领域的大量数据，生成式 AI 能够帮助专业人员获取多角度的视野和洞察。例如，AI 系统能够从科学文献、专利数据库和行业报告中提取关键信息，为研究人员构建全面的知识图谱，使其能够迅速掌握跨学科的前沿动态。这种能力促进了学科间的交叉融合，推动了创新思维的发展，特别是在前沿科技领域显现出重要价值。对于研究人员来说，这意味着在应对复杂问题时可以更加灵活地调整策略和方法，极大地提高了研究效率和成果质量（杨俊蕾，2023）。

在支持创新思维方面，知识工作者利用 AI 进行创意探索和验证能够显著提升创新效率。例如，在产品设计中，生成式 AI 系统可以根据设计需求生成多种不同方案，并为每个方案提供可行性分析和优化建议。设计师可以在短时间内评估和选择最佳方案，从而加快产品开发周期并提升创新性。这种支持不仅在设计领域体现出价值，还在工程、市场营销等多个行业中推动了创新（Heidt，2024）。

具体地，在医疗领域，生成式 AI 被广泛用于病历和基因数据的整合分析，为医生提供个性化的诊断和治疗建议。通过结合最新的医学研究，AI 可以为复杂病例提供综合性方案，从而提高诊断的准确性和治疗的有效性。这种跨领域知识整合能力为医疗决策提供了更强的灵活性，使得医生能够更快速地适应和处理各种复杂病情，提升了整体医疗水平（曹树金 等，2023）。在教育领域，生成式 AI 通过个性化学习路径和实时反馈，帮助学生提升学习效果并培养创新思维。AI 系统能够基于学生的学习行为和兴趣推荐相关资源并提供即时指导，使学习过程更加灵活和高效。这种个性化的学习方式激发了学生的创造力，使他们能够更加自信地应对复杂学习任务（Crompton 等，2023）。

总的来说，生成式 AI 在提升认知灵活性方面的应用，不仅提高了专业人员的工作效率和决策质量，还促进了跨领域的协作和创新，为各行各业带来了显著的变革和进步。

四、未来发展趋势

未来生成式 AI 在提升知识工作者认知灵活性方面的趋势将以更高的适应性

和智能化为核心。生成式 AI 将具备更强的自我学习与动态调整能力，能够根据用户行为和需求实时优化交互。这种能力将帮助知识工作者在复杂环境中快速适应变化和调整策略，显著提高工作效率与灵活性。此外，多模态信息处理能力的持续提升将使生成式 AI 能够整合和分析文本、图像、音频和视频等多种信息，为用户提供更加全面的知识支持，助力其从多角度看待问题并迅速做出调整（Chauncey 等，2023）。

随着自然语言处理技术的进步，生成式 AI 将在语义理解和情境生成上更加精确。这将使 AI 更灵活地与用户进行高效沟通，通过深度理解上下文主动提供相关信息、建议和新视角，帮助用户应对多变任务。同时，AI 系统的解释性和透明性将不断提高，使用户能够更清晰地理解 AI 的推理过程和决策依据，从而增强信任并提升利用 AI 进行复杂任务的灵活性（曹树金等，2023）。

未来，生成式 AI 在个性化支持与情境推理方面的能力也将进一步发展。通过精细化的用户画像和即时反馈，AI 将为知识工作者提供高度定制化的支持，帮助其在复杂任务中快速调整策略并灵活应对变化。生成式 AI 的情境理解和自主协作能力也将使其成为知识工作者的主动协作者，进一步降低认知负荷并提升应变能力。这些趋势将全面推动知识工作者在多变的环境中实现更高效的认知灵活性（Crompton 等，2023）。

五、总结

生成式 AI 在提升知识工作者认知灵活性方面表现出显著的作用，通过多维信息整合、即时反馈、个性化支持等手段帮助用户在复杂多变的环境中更高效地完成任务。AI 系统能够将不同领域的信息快速整合，为用户提供多角度的视野和动态知识支持，帮助其在任务间切换时灵活调整策略。此外，通过自动化的任务管理和实时反馈，生成式 AI 有效降低了用户在多任务处理中的认知负荷，提升了任务切换的流畅性和应对复杂情况的能力。这些功能不仅推动了用户在日常任务中的表现，还增强了他们面对新问题和挑战时的创新思维和决策效率。

未来，随着生成式 AI 的持续进化，其在自然语言理解、信息可视化、多模态处理等方面的能力将进一步提升，为知识工作者的认知灵活性带来更强支持。生成式 AI 将通过更精准的个性化反馈和智能情境推理，帮助用户迅速适应新任务需求，增强应变能力。此外，AI 系统的解释性和透明性也将进一步提高，使用户能更清晰地理解 AI 提供的信息和建议，增强信任并优化协作效果。总之，生成式 AI 将在不断发展的技术支持下，继续提升知识工作者的认知灵活性，为各行各业的创新和高效决策带来持久的推动力。

第五章 过犹不及：生成式 AI 对知识工作者的认知局限效应

生成式 AI 在赋能知识工作者的同时，也可能带来潜在的认知局限性。这些局限性不仅影响知识工作者的短期判断和决策，更可能对其长期绩效发展产生不利影响。认知局限指的是个体在信息处理和决策过程中，因某些内在因素或外在因素而受到限制或产生偏差，从而影响判断和决策的准确性和有效性。尽管生成式 AI 可以提供高效、便捷、定制化的信息服务，但其算法设计和使用模式可能限制用户接触多样化和全面的信息，从而强化用户已有的偏见和误解，降低独立思考和创新能力。例如，生成式 AI 在信息推荐时，可能基于用户的历史行为和偏好，反复推荐相似内容，使用户陷入信息茧房，难以获得多元视角和新鲜见解。此外，过度依赖生成式 AI 的建议和决策，可能使知识工作者逐渐丧失独立判断和问题解决能力，增加对外部技术的依赖，从而影响其长期绩效发展和职业自主性。

本章认为，生成式 AI 驱动下知识工作者的认知局限主要表现为以下三方面：内容采择确认偏误、跨领域信息分析障碍、外部建议过度依赖。首先，内容采择确认偏误是指用户在使用生成式 AI 进行信息筛选时，倾向于接受与自身已有观念一致的信息，忽视或排斥相反观点。这种偏误可能导致用户的信息接收面狭窄，进一步巩固原有的偏见和误解，从而形成信息茧房效应。其次，跨领域信息分析障碍指知识工作者在面对来自不同领域的信息时，由于生成式 AI 推荐机制的局限，难以有效分析和利用这些信息，导致跨领域信息处理能力下降。这种局限不仅限制了用户的知识拓展和跨学科合作，还可能影响其综合决策能力，从而不利于长期绩效的全面提升。最后，外部建议过度依赖是指用户在决策中，过于依赖生成式 AI 的建议和指导，忽视独立判断和深度思考的重要性。这种依赖性可能会降低用户的创新能力和自主性，形成对 AI 技术的依赖，进而阻碍长期职业能力的可持续发展。

本章深入探讨了生成式 AI 可能带来的认知局限效应，包括生成式 AI 如何通过内容采择确认偏误、域外信息分析瘫痪和外部建议过度依赖三方面，影响了用户的认知和决策能力。第一节定义了内容采择确认偏误，并探讨了其主要表现形式，包括信息茧房、回声室效应和选择性暴露。分析了生成式 AI 在推荐信息时，如何基于用户的历史行为和偏好，强化其已有信念，导致用户接收到的信息范围变得单一和片面。通过相关案例，如社交媒体、新闻平台和电商平台，展示了这一现象的实际影响，并提出了优化推荐算法和增加信息多样性等未来发展趋势。第二节讨论了域外信息分析瘫痪的定义和表现形式，包括信息源单一、跨领域分析困难和决策瘫痪。分析了生成式 AI 在信息推荐中的局限性，导致用户在处理来自其他领域的信息时，难以进行有效的分析和利用。通过学术研究中的跨领域合作、商业决策中的多元信息整合和公共政策制定中的信息整合等案例，展示了这一现象的实际影响，并提出了开发跨领域信息整合工具和提高用户跨领域信息处理能力等未来发展趋势。第三节探讨了外部建议过度依赖的定义和表现形式，包括决策依赖、创新缺乏和自主性降低。分析了生成式 AI 在提供高效建议的同时，如何影响用户的独立判断和创新能力。通过金融投资、医疗诊断与治疗以及企业战略制定中的具体案例，展示了这一现象的实际影响，并提出了生成式 AI 未来的发展将呈现出加剧和减缓外部建议过度依赖的多重趋势。总之，本章旨在全面探讨生成式 AI 对知识工作者认知局限的影响，并提出应对策略，以在利用生成式 AI 技术的同时，保持用户的独立思考和创新能力。

第一节　生成式 AI 驱动下的内容采择确认偏误

随着生成式 AI 技术的迅猛发展，其在信息推荐中的应用越来越广泛。然而，生成式 AI 在提升用户体验的同时，也带来了显著的内容采择确认偏误问题。本节详细探讨生成式 AI 驱动下的内容采择确认偏误，从以下四个方面进行分析：首先，定义内容采择确认偏误，并讨论其具体表现。其次，分析生成式 AI 如何通过认知舒适区、算法偏见和信息过滤泡沫等心理机制，强化内容采择确认偏误。再次，列举生成式 AI 在社交媒体、新闻平台和电商平台中的具体案例，展示其如何在现实中影响用户的认知。最后，探讨未来的发展趋势，包括多样性推荐算法的优化、用户教育与意识提升以及透明度和可解释性的提升。

一、内容采择确认偏误的定义和表现

内容采择确认偏误（Content Selection Confirmation Bias）是指个体倾向于选

择和接受支持其已有信念或偏见的信息，同时忽视或低估与其相反的信息。这种偏误在生成式 AI 驱动的信息选择过程中尤为显著，因为生成式 AI 根据用户的历史行为和偏好提供定制化内容。内容采择确认偏误是一个复杂的现象，涵盖多个认知过程和社会影响。研究表明，生成式 AI 通过分析用户的历史数据和行为模式，往往推荐与用户已有观点相符的内容，从而强化其既有信念。这种机制虽然提升了用户体验的个性化和便捷性，但也在无形中加剧了信息过滤和选择性暴露的问题（Ferrara，2023）。

信息茧房是内容采择确认偏误的一个重要表现。信息茧房现象是指用户被困在与自身观点一致的信息中，难以接触到不同观点的情况。生成式 AI 的推荐算法通过不断地推送用户喜欢的内容，使用户接触到的信息范围越来越狭窄。这种信息茧房效应不仅限制了用户对世界的全面认识，还可能导致偏见和误解的加深。

回声室效应是内容采择确认偏误的另一种表现形式。回声室效应指相同观点的重复和强化，使用户更加坚定已有信念。生成式 AI 通过推荐与用户已有观点一致的内容，形成了一个自我强化的信息循环。这种效应在政治和社会议题上尤为明显，用户在回声室中不断听到与自己相同的观点，导致对异见的排斥。

选择性暴露也是内容采择确认偏误的重要表现。选择性暴露指用户主动选择与自身观点一致的信息，忽视其他信息来源。生成式 AI 通过分析用户的浏览和点击记录，预测用户的偏好，并推荐相应的内容。这种机制虽然提高了信息获取的效率，但也在一定程度上限制了用户的视野，使其难以接触到不同的观点和信息。例如，在电商平台上，用户在购物时会被推荐与其过往购买记录相似的商品，而忽略了其他可能更适合的选择。

总的来说，内容采择确认偏误在生成式 AI 驱动的信息选择过程中表现得尤为突出。信息茧房、回声室效应和选择性暴露共同作用，使得用户的认知和判断受到限制，这种局限影响了个体的全面认识和思考能力。因此，在使用生成式 AI 技术时，需要特别注意其可能带来的认知局限，要采取相应措施加以应对和缓解（Zhou 等，2024）。

二、生成式 AI 驱动下内容采择确认偏误的心理机制

内容采择确认偏误的形成有其深刻的心理机制，生成式 AI 正是通过这些机制加剧了信息选择中的偏误。以下将详细探讨认知舒适区、算法偏见和信息过滤泡沫三大机制在生成式 AI 驱动下如何加剧内容采择确认偏误的程度（Abbas 等，2024）。

认知舒适区是指人们倾向于选择符合自身信念的信息，以避免认知失调带来的不适感。在生成式 AI 推荐系统中，人类大脑天然倾向于选择那些与自身已有观念一致的信息，从而维护认知一致性。这种"认知舒适区效应"使得用户更容易接收和信任与自己观点一致的内容，而忽视或拒绝相左的信息。在生成式 AI 的推荐环境中，该效应被放大，因为算法根据用户的行为模式精准推送符合其认知舒适区的内容，从而强化了确认偏误。

算法偏见是指生成式 AI 在基于用户历史数据进行推荐时，可能不自觉地放大用户的既有偏见。生成式 AI 通过分析用户的浏览、点击行为和社交网络互动记录，预测用户的兴趣和偏好。这些历史数据本身可能包含用户的偏见，当生成式 AI 依据这些数据推荐内容时，就无形中加深用户的偏见。例如，若用户频繁阅读某一政治立场的新闻，生成式 AI 可能会持续推荐相似立场的内容，从而进一步巩固既有观点，形成"回声室"效应。

信息过滤泡沫是指生成式 AI 的定制化推荐使用户接收的信息范围狭窄，从而加剧确认偏误。生成式 AI 通过个性化推荐提升用户体验，但这种推荐模式限制了用户接触多样化信息的机会，形成一个单一信息来源的"过滤泡沫"。在此环境下，用户获得的信息视角受到极大局限，不仅影响其认知广度，还可能导致其对外部世界的认知失真。例如，在社交媒体和新闻平台中，生成式 AI 会持续根据用户阅读历史推荐其感兴趣的内容，而忽略其他重要的新闻和观点。

在生成式 AI 的环境下，内容采择确认偏误不仅是个体认知过程的自然结果，还受到技术和算法的双重影响。认知舒适区、算法偏见和信息过滤泡沫在生成式 AI 驱动下相互作用，共同加剧了用户的信息偏误和认知局限。这种局限不仅影响了个体判断力和决策能力，也在社会层面上形成信息传播和交流的障碍。因此，理解并有效应对这些心理机制，是应用生成式 AI 时必须考虑的重要课题。为减少生成式 AI 带来的内容采择确认偏误，未来应在算法设计、用户教育和信息多样性方面采取综合措施，以平衡个性化推荐和信息广度，从而提升用户的全面认知能力和判断能力。

三、生成式 AI 驱动下内容采择确认偏误的相关案例

在生成式 AI 驱动的信息推荐系统中，内容采择确认偏误导致用户接收到的信息变得更加单一和偏向。以下是生成式 AI 在社交媒体、新闻平台和电商平台中引发内容采择确认偏误的具体案例，这些案例展示了生成式 AI 如何通过推荐算法强化用户的偏见，并影响其决策和认知能力（Zowghi 等，2024），如表 5-1所示。

表 5-1 生成式 AI 驱动下内容采择确认偏误的相关案例

所属领域	案例情况	导致用户内容采择确认偏误的原因	参考来源
社交媒体	2020 年美国大选期间，Facebook 和 Twitter 等平台利用生成式 AI 推荐算法，向用户推送与其政治倾向一致的内容，忽视了不同的观点和信息	生成式 AI 通过分析用户的历史行为和偏好，推荐与其兴趣相符的内容，增强了用户的认知舒适区和回声室效应，使用户难以接触到不同的观点和信息，从而强化了用户的偏见和信念	https://carnegieendowment.org/research/2024/01/countering - disinformation - effectively - an - evidence - based - policy - guide? lang=en&center=global
新闻平台	2019 年新西兰克赖斯特彻奇清真寺枪击事件后，YouTube 等平台利用生成式 AI 推荐算法，向用户推送与其既有观点一致的视频，这导致了用户对事件真相的误解，影响了其判断力和决策能力	生成式 AI 通过分析用户的阅读习惯和点击记录，定制化推荐新闻内容，忽视了其他重要的新闻事件和多样化的视角，使用户难以全面了解事件真相	https://www.bbc.com/news/technology-47583393
电商平台	2018 年亚马逊在其网站上推出了一个生成式 AI 驱动的时装设计师功能，该功能根据用户的购物历史和偏好，向用户推荐个性化的服装。这导致了用户在购物过程中忽视其他可能更适合的选择，影响其消费满意度	生成式 AI 通过分析用户的购物历史和浏览记录，个性化推荐商品，忽视了其他品牌和类别的产品，使用户难以全面比较和选择最适合的商品，从而引导了用户的消费偏见和品牌忠诚度	https://techcrunch.com/2024/01/08/amazon-turns-to-ai-to-help-customers-find-clothes-that-fit-when-shopping-online/

从表 5-1 的案例可见，生成式 AI 导致用户出现内容采择确认偏误的形式主要有以下几种：

1. 社交媒体中的偏见强化

社交媒体平台利用生成式 AI 推荐算法，根据用户的历史行为和偏好，推送与其兴趣相符的内容。这种推荐机制虽然提升了用户体验，但也导致了信息茧房和回声室效应的加剧。研究表明，生成式 AI 在社交媒体上的推荐算法通过强化偏见，影响了公共舆论和社会互动。此外，生成式 AI 可能会根据用户的互动行为推送与其情感状态相符的内容，导致情绪的极化和心理健康问题的增加（Gozalo-Brizuela 等，2023）。

2. 新闻平台的定制化推荐

在新闻平台上，生成式 AI 根据用户的阅读习惯和点击记录，定制化推荐新闻内容。这种机制虽然提高了用户的阅读体验，但也导致了信息接收的单一性和片面性。例如，用户在阅读某一类新闻后，生成式 AI 会继续推送类似主题和观点的新闻，忽视了其他重要的新闻事件和多样化的视角。这种信息茧房效应使用户难以全面了解事件真相，影响了其判断力和决策能力。研究发现，生成式 AI 在新闻推荐中的算法偏见可能导致用户对某些议题的认识变得片面和狭隘。例如，在环境保护和气候变化等议题上，生成式 AI 可能根据用户的既有立场，推送支持或反对某种观点的文章，从而强化用户的偏见，忽视了科学和客观的分析（Gozalo-Brizuela 等，2023）。

3. 电商平台的个性化推荐

在电商平台上，生成式 AI 通过分析用户的购物历史和浏览记录，个性化推荐商品。这种推荐机制虽然提升了购物体验和销售额，但也导致了用户在购物过程中忽视其他可能更适合的选择。例如，用户在搜索和购买某类商品后，生成式 AI 会继续推荐相似的商品，忽视了其他品牌和类别的产品。这种现象不仅限制了用户的选择，还可能导致消费偏见和品牌忠诚度的单一化。例如，亚马逊和阿里巴巴等大型电商平台利用生成式 AI 推荐系统，根据用户的购物行为，推送个性化的商品广告和促销信息。这种机制虽然提高了销售额，但也导致用户在购物决策中出现信息局限，难以全面比较和选择最适合的商品（Gozalo-Brizuela 等，2023）。

总的来说，生成式 AI 在社交媒体、新闻平台和电商平台中的应用，通过推荐算法强化了用户的偏见，导致了信息接收的单一性和片面性。这种内容采择确认偏误不仅影响了用户的认知和决策，还在更广泛的社会层面上造成了分裂和对立。因此，在设计和使用生成式 AI 系统时，需要特别注意其可能带来的偏见和局限，应采取措施提高信息的多样性和透明度，以此保障用户的全面认知和理性决策。

四、未来发展趋势

在应对生成式 AI 带来的内容采择确认偏误方面，未来的发展趋势主要集中在以下三个方面：多样性推荐算法的优化、用户教育与意识提升以及透明度与可解释性。这些趋势将有助于减少生成式 AI 带来的认知局限，促进信息的多样性和全面性（Wang 等，2023）。

未来，生成式 AI 的推荐算法将越来越关注多样性，以减少内容采择确认偏误。一种有效的方法是改进算法，使其不仅基于用户的历史行为和偏好，还能主动推荐与用户已有观点不同的信息。这可以通过引入反偏见算法和多样性指标来实现。例如，研究者可以使用生成对抗网络（GAN）和扩散模型等技术来生成多样化的内容，从而打破信息茧房。此外，通过优化低秩适配（LoRA）和量化（Quantization）等技术，可以在提高算法性能的同时，减少数据处理中的偏见。

为了有效减少内容采择确认偏误，还需要加强用户教育和意识提升。用户需要了解确认偏误的存在及其可能带来的影响，从而在使用生成式 AI 推荐系统时，能够主动寻求不同的信息来源。教育措施可以包括在平台上提供相关的信息提示和教育资源，帮助用户认识到偏见的危害，并鼓励其多元化的信息接触。例如，可以通过社交媒体和教育平台推广数字素养课程，培养用户的批判性思维能力和信息甄别能力。此外，用户的数字信心也是一个关键因素。研究表明，数字信心较低的用户更容易受到生成式 AI 的影响，从而陷入确认偏误。因此，提高用户的数字信心，通过提供更多的数字技能培训和支持，可以帮助用户更好地应对生成式 AI 带来的挑战（姜华等，2023）。

提升生成式 AI 推荐算法的透明度和可解释性，是减少内容采择确认偏误的另一个重要途径。用户需要了解推荐算法的工作机制，知道为什么某些内容会被推荐给他们。这不仅有助于用户更好地理解和利用推荐系统，还能增强用户对平台的信任。例如，平台可以通过提供算法的可解释性接口，让用户看到推荐背后的逻辑和依据。同时，开发和应用自动化的生成内容标识技术，如数字水印，帮助用户区分人工生成和 AI 生成的内容，从而增加内容的可信度和透明度。同时，为了确保生成内容的公平性和准确性，可以引入信度检查机制，如事实核查、隐私保护和安全审查等。这些措施不仅能防止生成式 AI 传播虚假信息，还能保障用户的数据隐私和安全。

综上所述，未来在生成式 AI 驱动的信息推荐系统中，通过优化推荐算法、加强用户教育和提升透明度，可以有效地减少内容采择确认偏误，促进信息的多样性和全面性，从而提升用户的认知能力和决策水平。

五、总结

综上所述，生成式 AI 在信息推荐中显著地引发了内容采择确认偏误，这种现象通过多方面表现出来，包括信息茧房、回声室效应和选择性暴露等。这些效应共同限制了用户的视野，使他们更倾向于接受符合已有观点的内容，忽视不同和对立的声音，导致认知局限加深。在社交媒体、新闻平台和电商平台等多种场景中，生成式 AI 通过个性化推荐加剧了用户对既有偏见的强化，影响了个体的判断力和思考能力。因此，必须认识到生成式 AI 在信息选择中的局限性和风险，并采取有效措施缓解其对用户认知的长期负面影响。

针对生成式 AI 引发的内容采择确认偏误，未来的发展方向包括优化算法多样性、提升用户教育与意识以及增加推荐算法的透明度和可解释性。这些措施旨在打破信息茧房效应和回声室的束缚，促进用户接触多元化的视角，提高其批判性思维能力和信息甄别能力。同时，通过透明机制和信度检查等技术手段，增强用户对推荐系统的信任和理解能力，最终实现信息推荐的公平性和多样性，减少生成式 AI 带来的认知局限，助力用户更好地应对复杂的社会和信息环境。

第二节　生成式 AI 驱动下的域外信息分析瘫痪

在生成式 AI 的广泛应用中，尽管其在提高信息处理效率和个性化推荐方面表现出色，但也带来了一些显著的挑战。其中，域外信息分析瘫痪（Analysis Paralysis of External Information）是一个突出的现象。域外信息分析瘫痪是指由于生成式 AI 过于依赖特定领域或平台的信息，使知识工作者在面对来自其他领域或平台的信息时，难以有效地分析和利用。本节深入探讨域外信息分析瘫痪的定义和表现、心理机制、相关案例以及未来发展趋势，揭示生成式 AI 在信息推荐中的局限性及其对知识工作者跨领域信息处理能力的影响。首先，详细定义域外信息分析瘫痪，并探讨其具体表现形式，包括信息源单一、跨领域分析困难和决策瘫痪。其次，分析生成式 AI 驱动下域外信息分析瘫痪的心理机制，如认知负荷、依赖性增强和信息接收惰性。再次，通过学术研究、商业决策和公共政策制定中的具体案例，展示域外信息分析瘫痪在实际应用中的具体影响。最后，讨论未来的发展趋势，提出应对策略，以提升生成式 AI 推荐算法的多样性和透明度，帮助知识工作者更好地处理跨领域的信息并做出科学决策。

一、域外信息分析瘫痪的定义和表现

域外信息分析瘫痪是指由于生成式 AI 过于依赖特定领域或平台的信息，使知识工作者在面对来自其他领域或平台的信息时，难以有效分析和利用。生成式 AI 在推荐信息时，往往基于用户的历史行为和偏好，导致其接触的信息来源单一，缺乏多样性，从而影响其跨领域的信息处理和决策能力（Roy 等，2023）。

首先，信息源单一是域外信息分析瘫痪的一个主要表现。生成式 AI 通过分析用户的历史数据，定制化推荐用户可能感兴趣的内容。这种方式虽然提高了信息的相关性，但也导致了信息来源的单一化。用户长期暴露在相似的信息环境中，难以接触到其他领域或平台的信息，从而限制了其知识面的拓展。例如，在科研领域，研究人员可能依赖生成式 AI 推荐的特定文献，而忽略了其他潜在的重要研究，这可能会导致研究视角的狭隘和创新能力的下降。

其次，跨领域分析困难是域外信息分析瘫痪的另一个表现。生成式 AI 的定制化推荐机制，虽然能够提供高度相关的信息，但也使用户在处理跨领域信息时显得力不从心。由于缺乏有效的分析工具和方法，用户在面对来自不同领域的信息时，难以进行有效的分析和综合。例如，医疗领域的专业人员在处理金融领域的数据时，可能会遇到困难，因为生成式 AI 主要基于其医学背景推荐相关信息，忽略了跨领域的信息需求。

最后，决策瘫痪是域外信息分析瘫痪的最显著表现。当用户面对复杂和多样化的信息时，由于生成式 AI 推荐的信息过于集中和单一，用户可能会陷入决策困境，难以做出有效决策。研究表明，生成式 AI 在提供信息时，往往强调相关性和个性化，但忽略了信息的多样性和全面性。这种情况下，用户可能会感到信息过载，难以辨别和处理不同来源的信息，最终导致决策瘫痪。

总体而言，生成式 AI 驱动下的域外信息分析瘫痪，显著影响了知识工作者的跨领域信息处理能力和决策能力。信息源单一、跨领域分析困难和决策瘫痪是其主要表现形式。为了应对这些挑战，需要在生成式 AI 的算法设计和用户教育方面采取相应措施，以提高信息的多样性和用户的分析能力，促进跨领域的有效信息交流和综合决策（McIntosh 等，2023）。

二、生成式 AI 驱动下域外信息分析瘫痪的心理机制

生成式 AI 在信息推荐中的应用，虽然在很多方面提高了信息获取的效率和个性化，但也导致了一些负面心理机制的形成，进一步加剧了域外信息分析瘫痪。这些心理机制主要包括认知负荷、依赖性增强和信息接收惰性（Zhang 等，2024）。

认知负荷是指用户在面对大量信息时，其认知资源被耗尽，难以有效处理和分析信息。生成式 AI 通过不断推送相关内容，使用户持续接收到大量信息。这种信息过载会导致用户的认知负荷增加，难以对所有信息进行有效的处理和分析，进而影响决策质量。研究表明，学生在使用生成式 AI 辅助学习时，由于大量信息的涌入，往往会感到认知负荷过重，从而影响学习效果（喻国明、滕文强，2023）。

依赖性增强是指用户对生成式 AI 的依赖，使其在处理跨领域信息时显得无力。生成式 AI 通过定制化推荐，提高了信息获取的便利性和相关性，但也使用户逐渐形成对 AI 的依赖性，减少了自主信息搜索和分析的动力。这种依赖性导致用户在面对未知或不熟悉领域的信息时，缺乏有效的分析工具和方法，难以独立做出判断和决策。研究发现，学生在使用生成式 AI 辅助学习时，过度依赖 AI 提供的答案和建议，就会忽视了自主思考和分析的重要性（喻国明，滕文强，2023）。

信息接收惰性是指用户习惯于接收生成式 AI 推荐的信息，对新信息的探索动力不足。生成式 AI 通过分析用户的历史行为和偏好，推送用户可能感兴趣的内容，虽然提高了信息的相关性，但也使用户逐渐失去主动探索新信息的动力。这种信息接收惰性会导致用户的信息来源变得单一，难以接触到其他领域的多样化信息，进一步加剧了信息茧房效应。研究指出，用户在长时间依赖生成式 AI 推荐信息后，往往会减少主动搜索和探索新信息的行为，导致其知识面狭窄（龚芙蓉，2023）。

　　综上所述，生成式 AI 驱动下的域外信息分析瘫痪，主要是由于认知负荷、依赖性增强和信息接收惰性这三大心理机制共同作用的结果。这些机制不仅限制了用户的信息处理能力和决策质量，还在一定程度上影响了用户的知识拓展和创新能力。因此，在使用生成式 AI 技术时，需要特别关注其可能带来的负面心理机制，采取相应的措施加以应对，以提高用户的认知灵活性和信息处理能力。

三、生成式 AI 驱动下域外信息分析瘫痪的相关案例

　　生成式 AI 在不同领域的应用中，导致域外信息分析瘫痪的现象较为普遍。以下将详细探讨学术研究中的跨领域合作、商业决策中的多元信息整合以及公共政策制定中的信息整合三大案例，展示生成式 AI 如何在这些领域中引发分析瘫痪（Liang 等，2023），如表 5-2 所示。

表 5-2　生成式 AI 驱动下域外信息分析瘫痪的相关案例

领域	案例描述	参考来源
学术研究	一些化学和物理学家在进行跨学科项目时，使用了生成式 AI 推荐的文献和数据，发现大多数信息都是与他们自己领域相关的，而缺少其他领域的前沿知识。这导致了他们在项目中遇到了很多问题，比如难以与其他领域的合作者沟通，难以发现新的研究思路和方法，以及难以评估自己的研究质量和创新性	（Li 等，2021）
商业决策	一家汽车制造企业在进行新产品开发时，使用了生成式 AI 推荐的市场分析和用户反馈数据，发现大多数信息都是与他们已有的产品线和目标市场相关的，而忽视了其他潜在的市场需求和竞争对手的动态。这导致了他们在开发新产品时，没有考虑到不同地区和消费群体的偏好和需求，也没有充分利用新兴技术和材料的优势，从而影响了新产品的市场表现和竞争力	https：//www. hypotenuse. ai/ blog/how‐ai‐is‐transforming‐product‐development

续表

领域	案例描述	参考来源
公共政策制定	一些政府部门在制定环境保护政策时，使用了生成式 AI 推荐的数据和模型，发现大多数信息都是基于历史的数据和趋势，而没有考虑到未来可能出现的变化和不确定性。这导致了他们在制定政策时，没有充分考虑到气候变化、生态系统变化、社会经济变化等因素的影响，也没有制定应对和调整的机制，从而影响了政策的有效性和适应性	（Satyam 等，2023）

在学术研究中，跨领域合作通常需要研究者综合分析来自不同学科和领域的信息。然而，生成式 AI 在推荐文献和数据时，往往基于研究者的历史研究方向和偏好，推荐同一领域内的资源。这种信息推荐方式虽然提高了相关性，但也导致了信息来源的单一化，使得研究者在跨领域合作时难以获得其他领域的重要信息。例如，在某些跨学科项目中，研究人员可能依赖生成式 AI 推荐的文献，而忽视了其他相关学科的重要研究成果，从而限制了研究视角和创新能力。研究表明，生成式 AI 在学术研究中的应用虽然有助于提高效率，但也可能导致研究结果的偏颇和创新不足。例如，一些研究者在依赖生成式 AI 进行文献综述时，发现所推荐的文献大多集中在其已有的研究领域，导致其在跨领域研究中缺乏全面的视角和多样化的观点。

在商业决策中，企业往往需要整合多种信息来源，以制定全面和科学的决策。然而，生成式 AI 在信息推荐中的算法偏见，可能会导致企业在决策过程中过于依赖特定的信息源，忽视了其他潜在的重要信息。例如，在市场分析和竞争对手研究中，企业可能依赖生成式 AI 推荐的行业报告和数据，而忽视了其他市场和行业的动态，从而影响了决策的全面性和准确性。研究指出，生成式 AI 在商业决策中的应用，虽然提高了信息处理的效率，但也可能导致决策的局限性和风险增加。例如，一些企业在进行市场扩展和产品开发时，过度依赖生成式 AI 推荐的市场趋势和用户偏好数据，忽视了其他市场信号和潜在的风险，从而导致战略决策的失误（Roy 等，2023）。

在公共政策制定中，政策制定者需要综合分析来自不同领域和来源的信息，以制定科学有效的政策。然而，生成式 AI 在信息推荐中的局限性，可能导致政策制定者在面对多样化的信息来源时，难以进行全面和客观的分析。例如，在公共健康政策的制定中，政策制定者可能依赖生成式 AI 推荐的医学研究数据，而忽视了社会经济和文化因素的影响，从而影响政策的全面性和科学性。研究表明，生成式 AI 在公共政策制定中的应用，虽然有助于提高数据分析的效率，但也可能导致政策的片面性和执行风险增加。例如，一些政策制定者在依赖生成式 AI 进行政策评估和预测时，发现推荐的数据和模型大多基于历史数据和趋势，忽视了未来可能出现的变化和不确定性，从而影响政策的前瞻性和适应性（McIntosh 等，2023）。

综上所述，生成式 AI 在学术研究、商业决策和公共政策制定中的应用，虽然在一定程度上提高了信息处理的效率，但也导致了域外信息分析瘫痪的现象。学术研究中的跨领域合作、商业决策中的多元信息整合以及公共政策制定中的信息整合，均受到生成式 AI 推荐算法的影响，出现了信息来源单一、分析困难和决策瘫痪的问题。因此，在利用生成式 AI 技术时，需要特别关注其可能带来的局限性，应采取相应的措施提高信息的多样性和分析的全面性，以促进科学决策和创新发展。

四、未来发展趋势

面对生成式 AI 导致的域外信息分析瘫痪问题，未来的发展趋势集中在跨领域信息整合工具的发展、信息多样性与开放性的增加以及用户认知训练的加强上（Zhang 等，2024）。

首先，为了应对生成式 AI 在信息推荐中的局限性，开发新的跨领域信息整合工具是必不可少的。这些工具不仅需要具备强大的数据处理和分析能力，还需要能够将来自不同领域的信息有效地整合起来，提供给用户更全面的视角。例如，结合自然语言处理和知识图谱技术，可以开发出能够自动关联和分析跨领域信息的 AI 工具。这些工具可以帮助研究人员在进行跨学科研究时，快速获取和整合不同领域的相关数据，进而提升研究的全面性和深度。通过引入多模态生成式 AI，可以实现跨领域信息的高效整合。例如，将文本、图像和结构化数据结合起来，可以提供更为丰富和多维的信息，为用户提供全面的分析和决策支持。

其次，增加生成式 AI 推荐的信息源多样性，是减少域外信息分析瘫痪的另一重要策略。当前的生成式 AI 推荐系统往往基于用户的历史行为和偏好，导致信息来源的单一化。为了解决这一问题，可以通过优化算法和增加信息来源的多样性，鼓励用户接触不同领域的信息。例如，开发具有多样性推荐机制的 AI 系统，可以在推荐用户感兴趣内容的同时，推送与其兴趣相关但来自不同领域的信息，从而拓宽用户的视野，减少信息茧房效应。此外，开放数据和信息共享也是提高信息多样性的有效途径。通过推动学术界、政府和企业间的数据共享，可以为生成式 AI 提供更为丰富和多样的信息来源，提升信息推荐的广度和深度。例如，开放科学和数据共享在提升科研效率和创新方面具有重要作用。

最后，提高用户的跨领域信息处理能力和分析技巧，是应对生成式 AI 带来认知局限的关键。通过培训和教育，可以帮助用户掌握跨领域信息整合和分析的方法，增强其在面对复杂和多样化信息时的应对能力。例如，开设专门的跨学科培训课程，教授用户如何使用生成式 AI 工具进行跨领域信息的搜集、整合和分析，可以有效提升其信息处理能力。此外，通过认知训练，可以增强用户对信息推荐算法的理解和批判性思维能力。例如，教授用户如何评估和判断生成式 AI 推荐的信息质量和可靠性，可以帮助其在面对大量信息时做出更为明智和科学的决策。

综上所述，未来在应对生成式 AI 导致的域外信息分析瘫痪问题时，需要从跨领域信息整合工具的发展、信息多样性与开放性的增加以及用户认知训练的加强三个方面入手。这些策略不仅有助于提升信息推荐的全面性和科学性，还能增强用户的跨领域信息处理能力和决策水平，促进科学研究和社会发展的创新与进步。

五、总结

总的来说，生成式 AI 在信息推荐中的应用，虽然在很多方面提升了信息获取的效率和个性化，但也带来了显著的局限性，尤其是域外信息分析瘫痪的现象。知识工作者在利用生成式 AI 进行信息处理时，容易受到信息源单一、跨领域分析困难和决策瘫痪的困扰，这不仅限制了其知识的广度和深度，也影响了其创新能力和决策质量。

为应对这些挑战，未来需要在生成式 AI 算法设计和用户教育方面采取一系列措施。首先，通过改进生成式 AI 的推荐算法，增加信息的多样性，减少确认偏误，使用户能够接触到更多元的信息来源。其次，加强用户教育和意识提升，增强用户对确认偏误和依赖性的认识，引导其主动探索及分析新信息，提高跨领域信息处理能力。最后，提升生成式 AI 推荐算法的透明度和可解释性，让用户了解推荐背后的机制和逻辑，从而提高信息处理的科学性和决策的合理性。

未来，生成式 AI 将继续在信息处理和推荐领域发挥重要作用，但也需要更加关注其可能带来的负面影响，通过不断优化和改进技术，促进信息的多样性和透明度，帮助知识工作者更好地应对复杂和多样化的信息环境，做出科学和合理的决策。

第三节　生成式 AI 驱动下的外部建议过度依赖

本节探讨生成式 AI 驱动下外部建议过度依赖的现象及其影响。首先，定义外部建议过度依赖的概念，并讨论其主要表现形式，包括决策依赖、创新缺乏和自主性降低。其次，分析导致这一现象的心理机制，如认知简化、信任转移和习惯形成。再次，通过具体案例来说明这种现象在金融投资、医疗诊断与治疗以及企业战略制定中的实际影响。最后，讨论生成式 AI 未来的发展将呈现出加剧或减缓外部建议过度依赖的多重趋势，并讨论在技术进步、透明性提升和用户教育等方面的积极措施，有助于帮助用户在依赖生成式 AI 提供的建议时保持理性和自主性。

一、外部建议过度依赖概念的定义和表现

外部建议过度依赖（Over-reliance on External Advice）是指用户在决策过程中，过度依赖生成式 AI 提供的建议和指导，而忽视自身判断和独立思考的重要性。这种依赖性不仅影响了用户的决策质量，还可能阻碍其创新和自主性的发展（Abbas 等，2024）。

决策依赖是外部建议过度依赖的一个主要表现。用户在决策时完全依赖生成式 AI 的建议，缺乏自主判断。生成式 AI 由于其高效和精准的特性，常常被用户视为权威信息来源。然而，这种过度依赖可能导致用户在决策时忽视其他重要信息，导致决策失误。例如，研究表明，过度依赖 AI 建议的学生在学术任务中表现出较低的自主性和判断力，这可能导致学术表现的下降。

创新缺乏也是外部建议过度依赖的一个显著表现。用户依赖外部建议，难以产生新的想法和创意。生成式 AI 通过提供现成的答案和建议，虽然在短期内提高了工作效率，但也可能抑制用户的创造力和创新思维。研究发现，过度依赖生成式 AI 的用户在解决复杂问题时，往往缺乏创新性的解决方案，而是依赖 AI 提供的标准答案。

自主性降低是外部建议过度依赖的另一重要表现。用户逐渐失去自主决策和问题解决的能力，依赖生成式 AI 提供的建议和指导。这种情况在长期使用生成式 AI 的过程中尤为明显，用户可能会逐渐失去独立思考和判断的能力。例如，一些研究指出，过度依赖生成式 AI 的用户在面临新问题时，表现出较低的自主性和解决问题的能力，这不仅影响了其职业发展，还可能导致对 AI 技术的过度依赖。

综上所述，外部建议过度依赖对用户的决策能力、创新能力和自主性都产生了负面影响。生成式 AI 虽然在提高效率和提供精准建议方面具有显著优势，但过度依赖其建议可能导致用户在决策过程中忽视其他重要信息，缺乏创新思维和自主判断能力。为了应对这种挑战，需要在使用生成式 AI 的过程中，保持对自主思考和独立判断的重视，避免过度依赖外部建议。

二、生成式 AI 驱动下外部建议过度依赖的心理机制

外部建议过度依赖的心理机制主要包括认知简化、信任转移和习惯形成。通过这些机制，用户逐渐形成对生成式 AI 的高度依赖，影响其独立思考和自主决策的能力（Yusuf 等，2024）。

1. 认知简化

生成式 AI 的出现极大地简化了用户的决策过程。用户在面对复杂问题时，往往倾向于依赖生成式 AI 提供的快速且简便的答案，而不是自己花费大量的时间和精力去分析和解决问题。这种认知简化过程虽然在短期内提高了效率，但降低了用户的认知负荷，减少了其主动思考和解决问题的机会。研究表明，学生在使用生成式 AI 完成学术任务时，往往减少了认知努力，从而影响了记忆力和批判性思维能力。这种简化过程会导致用户习惯性地依赖外部建议，而非通过自主分析和判断来解决问题。

2. 信任转移

生成式 AI 的高效和准确性增强了用户对其建议的信任，导致依赖性增加。用户在多次体验生成式 AI 的高效反馈后，逐渐将信任从自身判断转移到 AI 系统上。这种信任转移的过程使用户在决策时更倾向于接受生成式 AI 的建议，而不是质疑和检验其合理性和准确性。研究表明，当生成式 AI 提供的解释简单易懂时，用户更有可能接受其建议，减少对自身判断的依赖。然而，这种高度信任也可能导致用户在面对 AI 系统的错误时，无法及时识别和纠正，进而做出错误的决策。

3. 习惯形成

长期依赖生成式 AI 的建议，用户逐渐形成依赖习惯，难以改变。用户在长期使用生成式 AI 过程中，习惯于接受外部建议，从而减少了自主决策的频率和能力。这种依赖习惯不仅影响了用户的创新能力，还可能导致其在面对新问题时，缺乏应对和解决的自主性。研究指出，学生在频繁使用生成式 AI 进行学术任务时，逐渐失去了独立思考和解决问题的能力，依赖于生成式 AI 提供的现成答案。这种习惯一旦形成，难以改变，用户在面对复杂和不确定性高的问题时，可能表现出更高的依赖性和低自主性。

综上所述，认知简化、信任转移和习惯形成是生成式 AI 驱动下外部建议过度依赖的主要心理机制。这些机制不仅影响了用户的决策质量和创新能力，还可能导致其在面对新问题时，表现出较低的自主性和应对能力。因此，在使用生成式 AI 时，用户需要保持对自主思考和独立判断的重视，避免形成过度依赖的习惯。

三、生成式 AI 驱动下外部建议过度依赖的相关案例

在生成式 AI 驱动的决策过程中，外部建议过度依赖现象在金融投资、医疗诊断与治疗以及企业战略制定中尤为显著。以下将详细探讨这些领域中的具体案例，展示生成式 AI 如何影响用户的独立判断和决策能力（Haque 等，2024），如表 5-3 所示。

表 5-3　生成式 AI 驱动下外部建议过度依赖的相关案例

领域	案例简况	外部建议过度依赖的具体情况	参考来源
金融投资	2022 年，美国一家知名的基金管理公司，使用了一款由生成式 AI 驱动的投资建议工具，用于为其客户提供个性化的投资方案。这款工具以历史数据和市场趋势为基础，通过生成文本的方式，为投资者提供了多种可选的投资组合	该公司的投资者在使用这款工具时，过度依赖了生成式 AI 提供的建议，而忽视了市场的动态变化和自身的风险承受能力。结果，在 2023 年年初，市场出现了大幅波动，导致部分投资者遭受了巨大的损失。事后调查发现，这些投资者在使用生成式 AI 的建议时，没有进行充分的分析和比较，而是盲目地选择了最高收益率的投资组合，且没有考虑到其中的高风险因素	https：//www2. deloitte.com/content/dam/Deloitte/th/Documents/deloitte-consulting/generative-AI-dossier. pdf
医疗诊断与治疗	2021 年，美国一家医院引进了一款由生成式 AI 驱动的诊断辅助工具，用于帮助医生诊断肺癌。这款工具可以通过分析患者的 CT 影像和病史，生成诊断报告和治疗建议	该医院的部分医生在使用这款工具时，过度依赖了生成式 AI 提供的报告和建议，而忽视了自身的临床经验和患者的具体情况。结果，在 2022 年，发生了一起误诊事件，一位患有结节性硬化症的患者被错误地诊断为肺癌，并接受了不必要的化疗。事后调查发现，该医生在使用生成式 AI 的报告时，没有进行进一步的检查和分析，而是完全依赖了 AI 提供的诊断结果，导致了误诊	https：//www. forbes.com/sites/lanceeliot/2024/01/28/can-generative-ai-convince-medical-doctors-they-are-wrong-when-they-are-right-and-right-when-they-are-wrong/
企业战略制定	2020 年，日本一家电子商务公司，使用了一款由生成式 AI 驱动的市场分析工具，用于为其新产品开发和市场扩展提供战略建议。这款工具可以通过分析市场数据和竞争对手的动态，生成分析报告和战略规划	该公司的部分管理者在使用这款工具时，过度依赖了生成式 AI 提供的报告和建议，而忽视了市场的新趋势和客户的潜在需求。结果，在 2021 年，该公司推出的新产品遭到了市场的冷遇，而其竞争对手则凭借创新的产品和服务，占据了市场的先机。事后分析发现，该公司在制定战略时，没有进行充分的市场调研和用户调研，而是完全依赖了 AI 提供的分析报告，导致了战略决策的僵化和失误	https：//www. japantimes. co. jp/business/2024/07/05/companies/japan-firms-ai/

在金融投资领域，生成式 AI 被广泛应用于市场分析、风险评估和投资建议。然而，投资者在使用这些工具时，往往过度依赖生成式 AI 提供的建议，而忽视市场的动态变化和自身的分析能力。例如，生成式 AI 可以通过分析历史数据和市场趋势，生成投资建议。然而，这些建议基于过去的数据，可能无法充分应对未来的不确定性和市场的突发变化。研究指出，过度依赖生成式 AI 的投资者，往往在面对市场波动时缺乏应对策略，导致投资决策失误。这种依赖性不仅影响了投资者的自主判断能力，还可能导致严重的财务损失。例如，在市场突变时，依赖 AI 建议的投资者可能无法迅速调整投资组合，从而错失市场机会或遭受损失。为了减少这种风险，金融机构应加强投资者的教育，提升其独立分析和判断能力，同时在使用生成式 AI 时保持警惕，避免完全依赖 AI 提供的建议。

在医疗领域，生成式 AI 被用于辅助诊断和治疗决策。虽然生成式 AI 在提高诊断准确性和效率方面具有显著优势，但医生在使用这些工具时，可能会过度依赖 AI 的建议，影响独立判断和个性化治疗。研究表明，医生在使用 AI 驱动的诊断工具时，可能会忽视自身的临床经验和患者的具体情况，完全依赖 AI 提供的诊断结果和治疗建议。这种过度依赖可能导致医疗错误和患者不满。例如，AI 在诊断罕见疾病时，由于数据样本不足，可能无法提供准确的诊断结果。如果医生完全依赖 AI 的诊断，而不进行进一步的检查和分析，可能会导致误诊或延误治疗。因此，医疗机构应强调 AI 作为辅助工具的角色，鼓励医生在使用 AI 时结合自身的临床经验和患者的具体情况，做出全面和准确的诊断和治疗决策。

在企业战略制定过程中，生成式 AI 被广泛应用于市场分析、竞争对手研究和战略规划。然而，企业管理者在使用这些工具时，可能会过度依赖生成式 AI 提供的分析报告和建议，忽视自主创新和变革的机会。例如，生成式 AI 可以通过分析市场数据和竞争对手的动态，生成战略建议。然而，这些建议基于历史数据和现有模式，可能无法充分应对市场的快速变化和企业内部的特殊情况。这种依赖性不仅限制了企业的创新能力，还可能导致战略决策的僵化。例如，企业在制定新产品开发和市场扩展策略时，如果完全依赖 AI 提供的分析报告，可能会忽视市场的新趋势和客户的潜在需求，错失创新和变革的机会。为了应对这一挑战，企业应在使用生成式 AI 时，注重培养管理者的创新思维和自主决策能力，鼓励多元化的信息来源和跨领域的合作，以提升战略决策的灵活性和前瞻性。

综上所述，生成式 AI 在金融投资、医疗诊断与治疗以及企业战略制定中的应用，虽然在一定程度上提高了决策的效率和准确性，但也导致了外部建议过度依赖的现象。这种依赖性不仅影响了用户的独立判断和创新能力，还可能导致决策失误和潜在的风险。因此，在使用生成式 AI 时，用户需要保持对自主思考和独立判断的重视，避免完全依赖外部建议，提升自身的决策能力和创新能力。

四、未来发展趋势

在生成式 AI 的未来发展中，技术的进步可能既会加剧用户的外部建议过度依赖，也有助于减缓这种现象。理解这些趋势对于引导生成式 AI 的健康发展，避免用户陷入被动依赖状态至关重要（Dlugatch 等，2024）。

生成式 AI 技术的进一步精确化和用户体验的优化，可能会加剧外部建议过度依赖现象。首先，生成式 AI 在分析大规模数据时，能快速生成高度个性化的决策建议和内容，使用户更易接受这些"权威"建议。随着 AI 算法变得更加复杂且不可解释的黑箱问题增多，用户可能会对其输出的准确性和全面性产生过度信任。其次，生成式 AI 技术正朝着越来越"智能化"和"人性化"的方向发展，这种趋势会进一步模糊人机界限，使得用户在决策过程中依赖 AI 的建议而不自觉。研究表明，AI 的拟人化表现和自然语言交互能力提高后，用户更容易将 AI 建议视为专业权威，进而抑制自主决策能力。最后，自动化流程和 AI 主导的决策系统的推广可能会减少用户参与深度思考和复杂分析的机会，逐渐使用户在多个领域内形成对 AI 系统的高度依赖（曹树金，2023）。

另外，为了应对外部建议过度依赖的问题，生成式 AI 技术未来也有望在多个方面进行优化和改进。第一，AI 系统的透明度和可解释性将逐渐提升。研究和实践表明，通过对 AI 决策过程的可视化和透明化展示，用户能够更好地理解 AI 给出的建议背后的逻辑，从而更理性地评估这些建议。提高透明度的举措可以增强用户的自主判断能力，避免对 AI 建议形成盲目依赖。第二，多模态交互和协作式 AI 的快速发展，将促进用户与 AI 之间的动态合作，而非简单的指导与执行关系。生成式 AI 可以通过双向互动和反馈机制，引导用户在决策过程中主动参与分析、反思和质疑，从而提高用户在面对外部建议时的独立性。第三，生成式 AI 的未来发展还可能融入更多人性化的自主性训练系统，如设定情景模拟和多样化决策情景训练，帮助用户提升独立思考和解决问题的能力。在这些训练系统中，生成式 AI 将不再是单纯提供建议的工具，而是支持用户形成自主决策思维的协作伙伴。

未来的发展还应注重平衡外部依赖和自主决策的关系。一方面，AI 开发者可以设置"提示与反思机制"，即在用户接收 AI 建议时，提示其主动思考和反思自身决策，从而避免无意识依赖。另一方面，教育和数字素养的提升将持续成为减缓外部依赖的关键方向。通过教育让用户了解生成式 AI 的局限性和潜在偏见，培养其独立思维和批判性分析能力，有助于减少外部建议对其决策的过度支配作用（Gohel 等，2021）。

综上所述，生成式 AI 未来的发展将呈现出加剧或减缓外部建议过度依赖的多重趋势。在技术进步、透明性提升和用户教育等方面的积极措施，有助于平衡外部建议依赖与自主决策的关系，从而更好地引导生成式 AI 在复杂社会中的健康应用。

五、总结

综上所述，生成式 AI 在驱动外部建议依赖的过程中展现了多重影响，涉及决策、创新和自主性等多个维度。用户在使用生成式 AI 时，往往倾向于依赖其高效和精准的建议，从而降低了自身的自主判断和创新能力。过度依赖生成式 AI 所带来的决策失误、创新缺乏和自主性下降现象，在金融投资、医疗诊断与治疗以及企业战略制定等多个关键领域尤为明显。这种现象不仅限制了用户的思考空间和解决问题的能力，还可能导致严重的后果，如误诊、投资损失和战略失败等。因此，必须认识到生成式 AI 作为辅助工具的定位，鼓励用户在接收外部建议时保持批判性思维和自主分析，以防范外部依赖过度的风险。

生成式 AI 引发外部建议过度依赖的心理机制，如认知简化、信任转移和习惯形成，也需要引起关注。这些机制推动用户在长期使用 AI 时逐渐转变为对 AI 建议的无条件信任，并形成依赖习惯，从而影响其自主性和创新能力。尽管生成式 AI 的应用能够在短期内提高效率，但在长期使用过程中，必须通过提升 AI 系统的透明性、培养用户的独立思考能力及提供适当的教育和支持来加以平衡，确保用户在享受 AI 优势的同时，不会丧失自主思考和判断能力。

第六章 得失兼有：双重认知感应对知识工作者长期绩效发展的不同影响

前文所阐释的认知赋能状态与认知局限状态并不是泾渭分明的，这两种状态更像是一条线段上的两个端点。在实际情况中，知识工作者与生成式 AI 共事时，他们的认知状态总是处于或多或少的赋能和局限之中。因此，本章认为认知赋能状态与认知局限状态可以相互混合、转换，就如墨水与清水可以相融一般。在生成式 AI 的应用过程中，知识工作者的认知状态在赋能与局限之间不断转换，对其长期绩效的发展产生深远影响。本章深入探讨生成式 AI 驱动下知识工作者认知赋能状态和认知局限状态对长期绩效发展的不同影响，以及这些认知状态的相互转化。通过分析认知赋能状态和认知局限状态对学习能力、创新能力、协作能力的正负面作用，本章研究旨在为知识工作者更好地利用生成式 AI 提供理论支持和实践指导。

具体地，第一节分析生成式 AI 如何通过提升信息处理能力，使知识工作者能够高效处理海量信息，增强学习与决策能力；同时，AI 通过减轻心智加工负担，让知识工作者将更多的认知资源投入创新思维和创造性问题解决中，进而提升其创新能力。生成式 AI 还通过提高认知灵活性，帮助知识工作者在多任务和复杂环境中更好地适应并增强协作能力，为其长期绩效发展提供全面支持。第二节重点讨论生成式 AI 驱动的认知局限状态。尽管 AI 技术为知识工作者带来了许多认知赋能，但它同样带来了一些不容忽视的局限，如内容采择确认偏误、域外信息分析瘫痪以及外部建议过度依赖等，这些问题限制了知识工作者的信息接触范围、创新能力和独立思考能力，可能阻碍其在复杂任务中的表现，进而影响团队协作和绩效提升。第三节深入探讨认知赋能与认知局限之间的相互转化机制。通过分析影响这种转化的关键因素，如使用习惯、技术水平及具体应用场景，揭示生成式 AI 如何在特定条件下推动认知赋能转化为认知局限，同时也指出知识工作者如何通过调整 AI 使用方式、提升技术水平和持续学习，从而克服认知局限，回归认知赋能状态。通过这些分析，本章不仅全面展示了生成式 AI 对知识工作者认知状态的双重影响，还为其应用与发展提供了深入的理论探讨和实践建议。

第一节　认知赋能状态对知识工作者长期绩效发展的促进作用

　　生成式 AI 技术在知识工作者发展中的应用展现出了显著的认知赋能效果。第一节详细探讨生成式 AI 在认知赋能状态下对知识工作者长期绩效发展的促进作用。本节分为四个部分，分别从信息处理能力、心智加工负担、认知灵活性和综合分析与未来展望等方面进行阐述。首先，生成式 AI 通过提升信息处理能力，使知识工作者能够更高效地处理复杂信息，增强其学习能力。其次，生成式 AI 通过减轻心智加工负担，释放更多认知资源用于创新思维和创造性问题解决，从而提升创新能力。再次，生成式 AI 提升了知识工作者的认知灵活性，增强了他们在不同任务和环境中的适应能力和协作能力。最后，通过综合分析总结生成式 AI 对知识工作者长期绩效发展的总体影响，并展望其未来的发展方向和改进建议。

一、信息处理能力增强对学习能力发展的积极影响

　　生成式 AI 通过提升信息处理能力，极大地帮助知识工作者在面对大量复杂信息时更高效地进行处理。生成式 AI 利用其强大的自然语言处理和深度学习算法，能够快速从海量数据中提取关键信息，并提供结构化的分析结果。这不仅大幅提高了信息处理的速度，还提高了信息的准确性和相关性。具体而言，生成式 AI 能够通过自动化数据挖掘和分析，帮助用户从复杂的文献、报告和数据集中提取出最重要的信息。这种能力对于需要处理大量学术资料和商业报告的知识工作者尤为重要。例如，在科研领域，研究人员可以利用生成式 AI 快速筛选和分析文献，从而集中精力于创新性研究（Ilieva 等，2023）。

　　信息处理能力的增强直接促进了知识工作者的学习能力发展。首先，生成式 AI 帮助用户高效吸收和理解复杂知识。通过提供简明、准确的摘要和解释，生成式 AI 使知识工作者能够更快速地掌握新的概念和理论，从而节省时间和精力。其次，生成式 AI 的应用有助于知识的实际应用。例如，在医学教育中，生成式 AI 可以帮助学生理解复杂的生物医学数据，并将其应用于实际案例分析。这不

仅提高了学生的学习效率，还增强了他们的实际操作能力。此外，生成式 AI 还能通过个性化学习路径的设计，进一步提升学习效果。通过分析用户的学习习惯和需求，生成式 AI 能够提供定制化的学习资源和建议，帮助用户在最短的时间内达到最佳的学习效果（高玉霞等，2023）。

多项实证研究表明，生成式 AI 在提升信息处理能力和促进学习能力方面具有显著效果。研究显示，使用生成式 AI 的企业在信息处理和知识管理方面表现出显著优势，员工能够更高效地获取和应用关键信息，从而提升整体工作效率和创新能力。在教育领域，关于智能聊天机器人的研究表明，这些基于生成式 AI 的工具能够显著提升学生的学习体验和效果。研究发现，智能聊天机器人不仅能够提供实时的学习支持，还能通过互动和反馈，提高学生的学习动机和参与度。研究探讨了生成式 AI 在高等教育中的应用，这些工具能够帮助学生更好地理解和应用复杂的学术知识，显著提高了他们的学习成绩和专业素养（McKinsey 和 Company，2023）。

总之，生成式 AI 通过提升信息处理能力，极大地促进了知识工作者的学习能力发展。通过高效的信息处理、个性化的学习路径设计和实时的学习支持，生成式 AI 为知识工作者提供了强大的认知赋能工具，从而推动他们在各自领域的持续进步和发展。

二、心智加工负担减轻对创新能力发展的积极影响

生成式 AI 通过自动化处理和智能建议显著减轻了知识工作者的认知负担。生成式 AI 可以处理大量复杂的数据和信息，将其转化为易于理解和应用的知识。这一过程不仅加快了信息处理的速度，还减少了用户在数据分析和决策过程中所需的认知努力。生成式 AI 通过自动化任务和智能建议，使知识工作者能够将更多的精力集中在高层次的思考和创新活动上。传统上，处理和分析大量数据需要大量的时间和精力，而生成式 AI 可以快速、高效地完成这些任务，从而解放了知识工作者的认知资源。例如，AI 工具可以自动生成报告、分析市场趋势，甚至提出策略建议，使用户能够在更短的时间内做出更明智的决策（丛立先和李泳霖，2023）。

心智加工负担的减轻直接促进了创新能力的发展。当知识工作者不再被烦琐的常规任务所束缚时，他们可以将更多的认知资源用于创新思维和创造性问题解决。这种转变有助于培养知识工作者的创新能力，使其能够在复杂和动态的环境中提出新颖的解决方案。生成式 AI 的智能建议功能也为创新提供了新的视角和思路。通过分析大量相关数据和趋势，AI 能够提出基于数据驱动的创新建议，帮助用户识别潜在的机会和挑战。例如，在产品开发过程中，生成式 AI 可以根据市场反馈和用户需求，提出改进建议和新产品概念，从而推动创新。

研究表明，生成式 AI 在减轻心智加工负担和促进创新能力方面具有显著效果。同时，使用生成式 AI 工具的创意团队在项目开发过程中表现出了更高的创新水平和工作效率。这些工具通过提供实时的分析和建议，使团队能够快速改进和迭代其创意，最终开发出更具创新性的产品和服务。在教育领域，生成式 AI 也展示了其在促进创新能力方面的潜力。例如，关于高等教育中生成式 AI 应用的研究发现，学生在使用 AI 工具进行学术写作和项目开发时，其创意和解决问题的能力显著提升。AI 工具不仅帮助学生更快地处理信息，还提供了新的视角和灵感，激发了他们的创造力（Ilieva 等，2023）。McKinsey 和 Company（2023）研究探讨了生成式 AI 在企业中的应用，发现使用 AI 工具的员工在处理复杂任务和提出创新解决方案时表现出更高的效率和创造力。通过自动化数据分析和智能建议，AI 工具帮助员工在短时间内识别问题并提出有效的解决方案，从而推动了企业的创新和发展。

总之，生成式 AI 通过减轻心智加工负担，为知识工作者释放了更多的认知资源，使其能够更专注于创新思维和创造性问题解决。这不仅提高了他们的工作效率，还促进了创新能力的发展。随着生成式 AI 技术的不断进步，其在各个领域的应用将进一步推动知识工作者的创新和进步。

三、认知灵活程度提升对协作能力发展的积极影响

生成式 AI 显著增强了知识工作者在不同任务和环境中的适应能力和灵活性。通过生成式 AI 的支持，知识工作者能够更快地应对变化的任务需求，调整他们的工作策略，从而提高整体工作效率和创新能力。这种认知灵活性的提升主要源于生成式 AI 在信息处理和决策支持方面的强大能力。生成式 AI 的自然语言处理和数据分析功能使其能够快速理解和处理复杂的信息，并提供实时的智能建议。这不仅帮助知识工作者更高效地完成任务，还使他们能够在面对新问题和不确定性时迅速做出反应。此外，生成式 AI 的多任务处理能力使其能够同时管理和协调多个任务，从而提升了整体工作效率和适应能力（Rafner 等，2023）。

认知灵活性的提升直接促进了团队协作、跨学科合作以及多任务处理能力的增强。生成式 AI 通过提供智能建议和实时反馈，帮助团队成员在协作过程中更好地理解和解决问题。这种即时的支持和反馈使团队能够更有效地沟通和合作，从而提高了协作效率和工作质量。跨学科合作是现代科研和创新的重要模式，而生成式 AI 在这一过程中发挥了关键作用。通过分析不同学科的数据和文献，生成式 AI 能够识别和整合跨学科的信息，为团队提供全面的知识支持。这种跨学科的信息整合能力使团队能够更好地理解复杂问题，并提出创新性的解决方案。

多任务处理能力的提升是生成式 AI 带来的另一个重要益处。在复杂的工作环境中，知识工作者常常需要同时处理多个任务，而生成式 AI 的智能建议和自动化功能使他们能够高效地管理和协调这些任务，从而提高整体工作效率和协作效果（Chauncey 等，2023）。

研究显示，生成式 AI 在提升认知灵活性和协作能力方面具有显著效果。一项研究表明，使用生成式 AI 的团队在解决复杂问题和进行项目创新时，其整体表现优于没有使用 AI 支持的团队。这些团队能够更快地适应变化的任务需求，并提出更具创意的解决方案。在教育领域，生成式 AI 的应用同样展示了其在促进协作和跨学科合作方面的潜力。例如，关于高等教育中生成式 AI 应用的研究发现，学生在使用 AI 工具进行项目合作时，其团队协作能力和跨学科理解能力显著提升。AI 工具不仅帮助学生更快地处理和理解复杂的信息，还提供了新的视角和思路，激发了他们的创造力。Wang（2024）研究探讨了生成式 AI 在企业中的应用，发现使用 AI 工具的员工在处理多任务和跨部门合作时表现出更高的效率和灵活性。通过自动化数据分析和智能建议，AI 工具帮助员工在短时间内识别问题并提出有效的解决方案，从而推动了企业的创新和发展。

总之，生成式 AI 通过提升认知灵活性，为知识工作者在不同任务和环境中提供了强大的支持。这种灵活性不仅提高了他们的工作效率和适应能力，还促进了团队协作和跨学科合作，使其能够在复杂和动态的环境中实现更多的创新。

四、综合分析与未来展望

生成式 AI 在提升知识工作者长期绩效方面展现出了显著的认知赋能效果。通过增强信息处理能力、减轻心智加工负担和提升认知灵活性，生成式 AI 在多个方面促进了知识工作者的学习能力、创新能力和协作能力的发展。信息处理能力的提升使知识工作者能够更高效地吸收和应用知识，从而增强其学习能力。心智加工负担的减轻则释放了更多的认知资源，使知识工作者能够集中精力进行创造性思维和问题解决，从而提升其创新能力。此外，认知灵活性的提升使知识工作者在面对不同任务和环境时具有更强的适应能力，促进了团队协作和跨学科合作。在实际应用中，生成式 AI 通过智能建议和实时反馈，帮助知识工作者在复杂和动态的环境中高效工作，并提供新的视角和思路，激发创造力和创新思维。例如，在教育领域，生成式 AI 不仅提升了学生的学习效果，还促进了他们的创新能力和跨学科理解能力。在企业中，生成式 AI 通过自动化数据分析和智能建议，帮助员工更快地识别问题并提出有效的解决方案，从而推动了企业的创新和发展（Chan 等，2023）。上述内容可以总结如表 6-1 所示。

表6-1　认知赋能状态对知识工作者长期绩效发展的促进作用

影响方面	具体影响	作用的心理机制
信息处理能力增强	提升学习能力	生成式 AI 通过自动化搜索、整合、归纳和生成信息，减少了知识工作者在知识获取和构建过程中的认知负荷，使其能够更快速、深入和广泛地掌握和应用相关知识
心智加工负担减轻	提升创新能力	生成式 AI 通过承担部分常规、重复和烦琐的任务，释放了知识工作者的心智资源，使其能够集中注意力进行创造性思维和问题解决。同时，生成式 AI 还可以提供智能建议和实时反馈，激发知识工作者的想象力和灵感，促进其产生新的观点和方案
认知灵活程度提升	提升协作能力	生成式 AI 通过提供多样化和多模态的信息，培养了知识工作者的跨文化、跨语言和跨领域的理解能力，增强了其与不同背景和专业的人员的沟通和协调能力。此外，生成式 AI 还可以帮助知识工作者在不同任务和环境中进行快速切换和适应，提高了其应对不确定性和变化的能力

展望未来，生成式 AI 在促进知识工作者长期绩效发展方面将继续发挥重要作用，并呈现出以下几个趋势和改进方向。第一，生成式 AI 技术将继续快速发展，特别是在大规模语言模型和多模态生成模型方面的突破，将进一步提升 AI 的准确性和实用性。这些技术进步将有助于减少认知局限，增强知识工作者的认知赋能效果。第二，个性化与定制化服务。未来的生成式 AI 应用将更加注重个性化和定制化服务，根据用户的具体需求和使用习惯提供精准支持。个性化的 AI 助手将通过学习用户的行为和偏好，提供更加贴合实际需求的解决方案，从而提升用户的满意度和使用效果。第三，跨学科合作与创新。跨学科的合作将成为生成式 AI 发展的重要推动力。知识工作者、AI 专家和技术开发者之间的交流与合作将有助于共同探索和解决生成式 AI 在实际应用中的挑战，推动技术创新和应用扩展。通过多方合作，可以实现生成式 AI 在不同领域的最佳应用效果。

综上所述，生成式 AI 在未来的知识工作者发展中具有广阔的应用前景。通过技术进步、个性化服务、跨学科合作以及伦理规范的完善，可以实现认知赋能与局限的动态平衡，最大化生成式 AI 的积极影响，推动知识工作者的全面发展。未来的研究和实践应继续关注这些方面，不断探索和优化生成式 AI 的应用策略，为各领域的创新和发展提供有力支持。

五、总结

生成式 AI 在提升知识工作者长期绩效方面展现出了显著的潜力和积极影响。通过增强信息处理能力，生成式 AI 帮助知识工作者更高效地吸收和应用知识，显著提升了他们的学习能力。此外，生成式 AI 通过减轻心智加工负担，释放了更多的认知资源，使知识工作者能够集中精力进行创造性思维和问题解决，从而提升了他们的创新能力。认知灵活性的提升则使知识工作者在面对不同任务和环境时具有更强的适应能力，促进了团队协作和跨学科合作。

未来，生成式 AI 在促进知识工作者长期绩效发展方面将继续发挥重要作用。技术进步将进一步提升 AI 的准确性和实用性，个性化和定制化服务将提供更加精准的支持，跨学科合作将推动技术创新和应用扩展。同时，伦理和规范问题需要得到充分重视，以确保生成式 AI 的透明性和公正性。通过教育和培训提升知识工作者的 AI 素养，以及持续的研究和评估，可以更好地理解和优化生成式 AI 的应用策略，为各领域的创新和发展提供有力支持。

综上所述，生成式 AI 在知识工作者发展中的应用不仅提升了其长期绩效，还为未来的技术发展和应用提供了广阔的前景。通过科学合理的使用和不断优化，生成式 AI 将继续为知识工作者的发展提供强大的认知赋能，推动各领域的持续创新和进步。

第二节　认知局限状态对知识工作者长期绩效发展的抑制作用

生成式 AI 在为知识工作者提供认知赋能的同时，也带来了认知局限状态的诸多问题。本节深入探讨生成式 AI 驱动的认知局限状态对知识工作者长期绩效发展的消极影响。本节分为四个部分，分别从内容采择确认偏误、域外信息分析瘫痪、外部建议过度依赖和综合分析与未来展望等方面进行阐述。首先，内容采择确认偏误限制了知识工作者的信息接触范围，导致学习的片面性和知识盲区。其次，域外信息分析瘫痪阻碍了跨领域合作和创新思维的发展。再次，外部建议过度依赖削弱了知识工作者的独立思考和决策能力，影响了团队协作效果。最后，通过综合分析，总结生成式 AI 对知识工作者长期绩效发展的总体负面影响，并展望其未来的发展方向和改进建议。

一、内容采择确认偏误对学习能力发展的消极影响

内容采择确认偏误是指人们倾向于优先获取和认可与自己已有信念或假设相符的信息，而忽视或低估与之相悖的信息。这种偏误在生成式 AI 的应用中尤为突出。生成式 AI 系统依赖于其训练数据和算法，容易在信息提供过程中强化用户的既有偏见和误解。例如，当用户频繁搜索或接触特定类型的信息时，生成式

AI 可能会优先提供类似的信息，从而进一步强化用户的偏见。这种偏误不仅影响用户的判断和决策，还可能导致信息接触范围的狭窄和学习的片面性。

内容采择确认偏误对学习能力的影响是多方面的。首先，它限制了知识工作者的信息接触范围，使他们难以全面了解某一领域的全貌。由于生成式 AI 倾向于提供用户习惯接触的信息，知识工作者可能会逐渐形成信息茧房，只接受自己认同的信息，而忽视其他重要的信息来源。这种情况会导致知识的片面性，难以形成全面、客观的认知体系。其次，内容采择确认偏误会阻碍知识工作者的批判性思维和创新能力的发展。当知识工作者习惯于接受生成式 AI 提供的与自己已有认知相符的信息时，他们的思维方式可能会变得固化，缺乏挑战既有假设的动力。这种情况不仅限制了他们的学习深度，还可能影响他们在实际工作中的创造性解决问题的能力（Yan 等，2023）。

研究表明，生成式 AI 的内容采择确认偏误对学习效果有显著的负面影响。例如，研究分析了大学生在使用生成式 AI 进行学术研究时的表现，发现学生倾向于选择和引用与自己观点相符的资料，而忽视了其他可能具有挑战性但重要的资料。这种行为导致了研究结果的片面性，难以形成全面、客观的学术观点。在另一个案例中，研究人员发现，使用生成式 AI 进行新闻阅读的用户更容易陷入信息茧房，只接收与自己立场一致的新闻报道。这种情况不仅加剧了信息的偏狭，还影响了他们对现实世界的全面认知和理解（Heidt，2024）。

总的来说，内容采择确认偏误对知识工作者的学习能力产生了深远的负面影响。为了应对这一挑战，知识工作者需要意识到生成式 AI 带来的潜在偏误，并采取措施扩大信息接触范围，培养批判性思维能力。教育和培训也应关注这一问题，帮助知识工作者更好地利用生成式 AI 进行全面、客观的信息获取和学习。

二、域外信息分析瘫痪对创新能力发展的消极影响

域外信息分析瘫痪是指生成式 AI 在处理超出其既定领域的信息时，面临的理解和分析能力的不足。这种瘫痪现象主要源于生成式 AI 的训练数据和算法设计，其在特定领域表现优异，但在面对跨领域或不熟悉的信息时，往往难以提供准确和有价值的分析。例如，生成式 AI 在处理医疗数据时可能表现出色，但在需要处理金融数据时，可能会出现理解错误或分析不足的情况。生成式 AI 的域外信息分析瘫痪不仅影响其在跨领域应用中的有效性，还可能导致错误信息的传播。由于 AI 模型通常基于大规模的训练数据集，这些数据集的质量和覆盖范围直接决定了 AI 的性能。然而，跨领域的信息往往不在训练数据集的核心范围内，导致 AI 在这些情境下的表现大打折扣（丛立先和起海霞，2023）。

域外信息分析瘫痪对知识工作者的创新能力发展具有显著的消极影响。首先，跨领域的创新思维和问题解决能力是现代科学研究和技术发展的重要动力。生成式 AI 在处理域外信息时的瘫痪现象，限制了知识工作者在跨领域合作中的信息获取和分析能力，从而阻碍了创新思维的形成。其次，生成式 AI 的域外信息分析能力不足，可能导致知识工作者在面对新问题和挑战时，依赖于不完全或不准确的信息做出决策。这不仅降低了创新解决方案的质量，还可能导致资源浪费和机会错失。例如，在科技创业领域，跨领域的技术整合和创新应用至关重要，但生成式 AI 的局限性可能使创业者难以有效利用不同领域的信息，进而影响其创新成果（Deng 等，2023）。

实证研究揭示了生成式 AI 在域外信息分析瘫痪方面的影响。一项关于跨领域情感分析的研究发现，虽然生成式 AI 在特定领域的情感分析上表现出色，但在处理跨领域的数据时，其准确性显著下降。这种局限性不仅影响了情感分析的整体效果，还限制了相关应用的扩展性。另一项研究探讨了生成式 AI 在智能交通系统中的应用，发现其在跨领域的数据整合和分析方面存在显著不足。Sengar 等（2024）研究指出，生成式 AI 在处理交通和城市规划数据时，往往难以准确识别和分析不同领域的数据特征，从而影响了智能交通系统的整体性能和决策质量。

总的来说，生成式 AI 的域外信息分析瘫痪现象对知识工作者的创新能力发展产生了深远的负面影响。为了克服这一挑战，未来的研究应关注如何提升生成式 AI 的跨领域信息处理能力，确保其在多样化应用场景中的表现。同时，知识工作者也应提高自身的跨领域学习和分析能力，以弥补生成式 AI 的不足，推动创新能力的全面发展。

三、外部建议过度依赖对协作能力发展的消极影响

外部建议过度依赖是指知识工作者在使用生成式 AI 时，过度依赖 AI 提供的建议和决策，忽视了自身的独立思考和判断能力。这种依赖行为通常表现为知识工作者在面对复杂问题时，更倾向于直接接受 AI 的建议，而不进行深入分析或质疑。姜华等（2023）的研究表明，随着 AI 技术在各个领域的广泛应用，许多用户在使用 AI 进行决策支持时，逐渐形成了对外部建议的过度依赖。这种现象不仅限制了用户的认知发展，还可能导致错误决策的增加。

外部建议过度依赖对知识工作者的协作能力产生了显著的负面影响。首先，过度依赖 AI 建议会削弱知识工作者的独立思考和决策能力。在团队协作中，这种依赖行为可能会导致团队成员缺乏主动性和创新思维，进而影响团队的整体表现和协作效果。由于团队成员更倾向于依赖 AI 提供的建议，他们可能会忽视其他成员的意见和建议，从而导致沟通不畅和决策失误。此外，外部建议过度依赖

还可能导致团队成员的信任危机。在协作过程中，如果团队成员过度依赖 AI 提供的建议，而忽视了彼此之间的意见交流和讨论，可能会引发信任问题。这种情况尤其在跨学科合作中表现得尤为明显，因为不同领域的知识工作者在面对复杂问题时，需要充分的沟通和协作才能找到最佳解决方案（Vasconcelos 等，2022）。

有研究揭示了外部建议过度依赖对协作能力的负面影响。例如，关于高等教育中生成式 AI 应用的研究发现，学生在使用 AI 工具进行学术写作和项目合作时，往往依赖 AI 提供的建议，而忽视了自主思考和团队讨论。这不仅影响了他们的学习效果，还削弱了团队协作能力。在企业管理中，Yan 等（2023）的研究表明，过度依赖 AI 建议的团队在决策过程中容易忽视其他成员的专业知识和建议，导致决策质量的下降。一项研究指出，在面对复杂的市场环境时，过度依赖 AI 建议的团队比那些充分利用成员间交流和讨论的团队表现得更差。

总的来说，外部建议过度依赖对知识工作者的协作能力发展产生了深远的负面影响。为了应对这一挑战，知识工作者需要提高自身的独立思考和决策能力，并在协作过程中注重团队成员之间的沟通和信任建设。同时，教育和培训也应关注这一问题，帮助知识工作者在使用生成式 AI 时保持批判性思维和自主决策能力。

四、综合分析与未来展望

生成式 AI 在提供认知赋能的同时，也带来了显著的认知局限。内容采择确认偏误、域外信息分析瘫痪和外部建议过度依赖是其中的三大主要问题。内容采择确认偏误限制了知识工作者的信息接触范围，使他们难以全面了解某一领域的全貌，进而导致知识的片面性和学习的局限性。域外信息分析瘫痪则在跨领域信息处理时表现尤为明显，阻碍了跨领域合作和创新思维的发展。外部建议过度依赖削弱了知识工作者的独立思考和决策能力，影响了团队协作的效果。

这些认知局限的存在对知识工作者的长期绩效发展产生了深远的负面影响。首先，信息接触的局限性削弱了批判性思维和创新能力的发展。其次，依赖外部建议的行为降低了团队内部的沟通效率和信任度。此外，处理跨领域信息的困难限制了知识工作者在面对复杂问题时的解决能力。这些负面影响共同作用，削弱了知识工作者在快速变化的环境中保持竞争力的能力，如表 6-2 所示。

表 6-2　认知局限状态对知识工作者长期绩效发展的抑制作用

认知局限	作用机制	影响
内容采择确认偏误	生成式 AI 通过分析用户的行为数据，为用户推荐符合其兴趣和喜好的信息，从而加强了用户的确认偏误	降低了用户的学习动机和效果，削弱了批判性思维和创新能力的培养

续表

认知局限	作用机制	影响
域外信息分析瘫痪	生成式 AI 通过提供大量的领域内信息，使用户习惯于依赖 AI 的输出，而缺乏对跨领域信息的处理能力	阻碍了用户的多元视角和跨界协作的形成，影响了复杂问题解决能力和创新能力的发展
外部建议过度依赖	生成式 AI 通过提供高质量的建议或输出，使用户对 AI 的信任度提高，而对自己的信心下降	降低了用户的独立思考和决策能力，削弱了团队内部的沟通和信任，影响了协作能力的培养

尽管生成式 AI 的应用已经显现出认知局限的风险，但它也具备巨大的潜力。未来，可以通过适当的技术改进和使用策略减缓生成式 AI 的负面效应，同时激发新的能力发展和协作创新。在正面效应方面，生成式 AI 的发展有望通过技术优化和多样化信息推荐打破信息茧房效应。未来的生成式 AI 系统可能会整合更多反偏见算法、提升多样性推荐能力，使知识工作者能够更广泛地接触到多元化的信息，扩大认知视野。这将有助于减轻内容采择确认偏误和信息局限对学习与思维方式的固化影响。同时，提升生成式 AI 在跨领域信息分析中的能力，可以帮助知识工作者在不同领域之间灵活转换和合作，促进跨学科的创新和创造力的提升。通过更高效、透明的协作系统设计和可解释性增强，生成式 AI 也可以成为知识工作者的强力支持，帮助团队成员之间更好地协调和分工，提升整体协作效能。

在负面效应方面，也需要警惕生成式 AI 进一步加剧外部建议过度依赖、抑制创新能力的潜在风险。随着生成式 AI 的智能化水平提升，知识工作者在决策过程中可能会更加倾向于依赖 AI 提供的建议，导致自主思考和批判性能力逐渐弱化。此外，生成式 AI 对外部信息的处理能力虽然会不断进步，但其对复杂情境或新领域信息的分析局限依然可能存在，会影响其应用效果。因此，未来的发展方向需要注重平衡生成式 AI 赋能与自主性保护，通过教育和技能培训增强知识工作者的独立性、创新能力和团队协作素质。

综上所述，生成式 AI 在未来的发展中具有广阔的应用前景。通过技术进步、个性化服务、跨学科合作以及伦理规范的完善，可以实现认知赋能与局限的动态平衡，最大化生成式 AI 的积极影响，推动知识工作者的全面发展。未来的研究和实践应继续关注这些方面，不断地探索和优化生成式 AI 的应用策略，为各领域的创新和发展提供有力支持。

五、总结

生成式 AI 在带来认知赋能的同时，也不可避免地引发了认知局限状态。内容采择确认偏误限制了知识工作者的信息获取和学习深度，导致知识体系的片面性和学习能力的下降。域外信息分析瘫痪阻碍了跨领域的创新和合作，使得知识工作者在面对复杂问题时难以有效解决。外部建议过度依赖则削弱了知识工作者的独立思考和决策能力，影响了团队协作的效果和创新能力。

未来，生成式 AI 技术的不断进步有望缓解这些认知局限。通过提升 AI 的准确性和实用性、提供个性化和定制化服务、促进跨学科合作以及加强伦理和规范的建设，可以最大化生成式 AI 的积极影响，推动知识工作者的全面发展。同时，教育和培训应注重提升知识工作者的 AI 素养，帮助他们在使用生成式 AI 时保持独立思考和创新能力。

综上所述，尽管生成式 AI 带来了认知局限状态，但通过科学合理的使用和不断优化，可以实现认知赋能与局限的动态平衡，为知识工作者的发展提供强大的支持。未来的研究和实践应继续关注这些方面，不断探索和优化生成式 AI 的应用策略，为各领域的创新和发展提供有力支持。

第三节　生成式 AI 驱动下知识工作者两种认知状态的相互转化

本节深入探讨生成式 AI 在知识工作者发展中的双重作用，分析其在认知赋能与认知局限之间的相互转化机制。首先，介绍了生成式 AI 在认知赋能与局限之间的动态平衡，探讨了影响这种平衡的主要因素，包括使用习惯、技术水平和应用场景。其次，分析了认知赋能状态向认知局限状态的转化机制，指出信息过载、依赖心理和技术瓶颈是主要原因，并通过实际案例展示了这种转化的具体表现。再次，提出了认知局限状态向认知赋能状态回归的路径，介绍了识别和调整认知局限状态的方法，以及具体的技术手段和策略，并讨论了如何通过持续学习和改进来建立长效机制。最后，进行综合分析和未来展望，总结了生成式 AI 在认知赋能与局限之间的整体情况，并提出了未来研究和应用的建议。

一、生成式 AI 在认知赋能与局限之间的动态平衡

如前所述，生成式 AI 技术的飞速发展为知识工作者的工作和学习带来了前所未有的便利。然而，生成式 AI 在提供认知赋能的同时，也潜藏着导致认知局限的风险。在知识工作者的使用过程中，生成式 AI 如何在认知赋能和认知局限之间实现动态平衡，成为一个值得深入探讨的问题。

生成式 AI 的动态平衡模型旨在描述其在赋能与局限之间的转换机制。认知赋能状态包括信息处理能力增强、心智加工负担减轻和认知灵活程度提升，这些能力的提升有助于知识工作者更高效地完成任务。然而，当生成式 AI 的使用方式不当或依赖过度时，可能导致认知局限状态，如内容采择确认偏误、域外信息分析瘫痪和外部建议过度依赖。该模型中的动态平衡主要体现在以下几方面。首先，生成式 AI 通过提供高效准确的信息处理和建议，帮助知识工作者提升工作效率和决策质量，从而维持认知赋能状态。然而，当知识工作者过度依赖生成式 AI 而忽视自身判断力和分析能力时，容易导致认知局限状态的产生，具体表现为信息采择确认偏误和分析瘫痪等问题。要实现赋能与局限之间的平衡，需要知识工作者对生成式 AI 的使用方式进行定期评估和调整，从而最大化生成式 AI 的优势，最小化其负面影响（Bengesi 等，2023）。

　　影响生成式 AI 在认知赋能与局限之间动态平衡的因素主要有知识工作者的使用习惯、生成式 AI 的技术水平和具体应用场景。首先，知识工作者对生成式 AI 的依赖程度和使用频率直接影响其认知状态。频繁依赖生成式 AI 可能会增加认知局限的风险，而合理使用则有助于维持认知赋能状态。其次，生成式 AI 的技术水平和更新频率也在很大程度上影响其在赋能与局限之间的转换。技术越先进，能够提供的支持就越高效和准确，从而减少认知局限的发生。例如，最新一代的语言模型如 GPT-4 在处理复杂任务时表现出了较高的准确性和可靠性。最后，不同的应用场景对生成式 AI 的依赖程度也有所不同。在高度复杂和需要创新思维的任务中，生成式 AI 的作用尤为重要，而在常规任务中，过度依赖可能会限制知识工作者的自主思考。例如，在医疗领域，生成式 AI 能够显著提升医生的诊断效率和准确性，但同时也需要警惕其可能带来的依赖风险（Goertzel，2023）。

　　多项实证研究显示，生成式 AI 在实际应用中既能显著提升知识工作者的认知能力，又可能在某些情况下限制他们的独立思考能力。例如，一项研究表明，在处理高认知负荷的科学问题时，生成式 AI 工具如 ChatGPT 和 GPT-4 能够显著提高解题效率，但也可能导致用户在面对新问题时的分析能力下降。此外，有研究指出，生成式 AI 在医疗教育中的应用可以帮助学生更好地理解复杂的生物统计问题，但过度依赖这些工具可能导致学生在实际操作中的独立思考能力减弱。另外，生成式 AI 在内容创作和科学研究中的应用，可以通过提高信息处理和生成能力来显著提升工作效率，但也需要警惕信息幻觉（Hallucination）和过度记忆（Memorization）等问题。信息幻觉指的是 AI 生成的内容中可能包含随机错误或虚假信息，而过度记忆则指 AI 可能会过于依赖其训练数据，从而生成缺乏创新性的内容（Zhai 等，2024）。

通过对生成式 AI 在认知赋能与局限之间动态平衡的分析，可以得出以下结论：生成式 AI 在提升知识工作者的认知能力方面具有显著优势，但也存在潜在的局限性（Zhai 等，2024）。生成式 AI 在知识工作者的发展过程中扮演着重要的角色，通过科学合理的使用，可以实现认知赋能和局限的动态平衡，从而最大化其积极影响，促进知识工作者的全面发展。未来，随着技术的不断进步和应用经验的积累，生成式 AI 将在更广泛的领域中发挥其潜力，为知识工作者的认知发展提供更加有力的支持。

二、认知赋能状态向认知局限状态的转化机制

生成式 AI 的快速发展极大地提升了知识工作者的认知能力，但在某些情况下，这种认知赋能状态可能会转化为认知局限状态。探讨这一转化机制，对于理解和优化生成式 AI 的应用具有重要意义。

生成式 AI 通过增强信息处理能力、减轻心智加工负担和提升认知灵活性来赋能知识工作者。然而，当生成式 AI 的使用不当时，这些赋能状态可能会转化为认知局限。例如，当知识工作者过度依赖生成式 AI 时，他们可能会忽视自己的判断和决策能力，从而陷入认知局限状态。这种转化通常会发生以下几种情况。首先，当生成式 AI 提供的信息量过大且超出了用户的处理能力时，信息过载现象就会出现。知识工作者在面对大量复杂信息时，容易产生认知负荷过重，导致注意力分散和决策质量下降。研究表明，信息过载不仅会影响短期记忆的有效性，还可能导致长期的认知疲劳。其次，生成式 AI 的高效和便捷可能导致用户的依赖心理增强。在这种情况下，知识工作者可能逐渐减少自主思考和独立决策的频率，依赖生成式 AI 提供的建议和解决方案。长期来看，这种依赖心理会削弱知识工作者的创新能力和解决复杂问题的能力。最后，生成式 AI 的技术瓶颈也是导致认知赋能状态向认知局限状态转化的一个重要因素。例如，生成式 AI 在处理超出其训练数据范围的信息时，可能会出现不准确或偏差较大的结果。这种情况尤其在面对新问题或复杂情境时尤为明显，从而限制了知识工作者的认知扩展和创新思维（Obrenovic 等，2024）。

导致认知赋能状态向认知局限状态转化的主要原因包括信息过载、依赖心理和技术瓶颈。信息过载是指生成式 AI 提供的海量信息超出了用户的处理能力，导致认知负荷过重。依赖心理则是用户在长期使用生成式 AI 后，逐渐形成的一种对 AI 工具的依赖感，削弱了自身的判断和决策能力。技术瓶颈是指生成式 AI 在处理超出其训练数据范围的信息时，可能出现的准确性和可靠性问题。这些原因共同作用，导致认知赋能状态逐渐转化为认知局限状态（Obrenovic 等，2024）。

在实际应用中，生成式 AI 的认知赋能状态向认知局限状态的转化可以通过多个案例来展示。例如，在医疗领域，医生在使用生成式 AI 辅助诊断时，通常会依赖 AI 提供的建议。然而，当 AI 的诊断结果与医生的初步判断不一致时，如果医生过度依赖 AI，可能会忽视自己的专业判断，从而导致误诊或漏诊。这种依赖心理不仅影响了医生的自主决策能力，还可能导致医疗事故的发生。在教育领域，学生使用生成式 AI 进行学术写作和问题解决时，如果过度依赖 AI 生成的内容，可能会减少自主思考和独立分析的机会。这种情况下，学生的批判性思维和创新能力可能会受到削弱，长此以往，可能导致学术能力的退化。在企业管理中，管理者使用生成式 AI 进行决策支持时，会依赖 AI 提供的数据分析和预测结果。然而，当 AI 的预测结果与市场实际情况不符时，如果管理者盲目依赖 AI，可能会导致错误决策，进而影响企业的发展和竞争力（Bansal 等，2024）。

综上所述，生成式 AI 在认知赋能状态向认知局限状态转化的过程中，涉及信息过载、依赖心理和技术瓶颈等多方面因素。通过理解这些转化机制和原因，可以帮助知识工作者更好地利用生成式 AI，避免其负面影响，从而实现认知赋能的最大化。未来的研究应进一步探讨如何优化生成式 AI 的使用策略，增强其认知赋能效果，减少认知局限的发生。这需要从技术改进、用户教育和使用习惯调整等多方面入手，确保生成式 AI 在实际应用中的最佳效果。

三、认知局限状态向认知赋能状态的回归路径

在生成式 AI 的实际应用中，知识工作者可能会经历从认知赋能状态向认知局限状态的转化。然而，通过科学合理的策略，可以帮助他们从认知局限状态回归到认知赋能状态，从而充分发挥生成式 AI 的优势。识别认知局限状态是关键的一步。认知局限状态通常表现为知识工作者对生成式 AI 的过度依赖、忽视自身判断力以及面对新问题时的分析能力减弱。识别这些表现可以通过自我反思、同行评估以及定期的绩效评估来实现。研究表明，通过对生成式 AI 使用情况的监控和反馈，可以及时发现并调整潜在的认知局限。调整措施包括重新审视生成式 AI 的使用方式，减少对 AI 建议的完全依赖，鼓励自主思考和独立决策。此外，还可以通过培训和教育，提升知识工作者对生成式 AI 的理解和使用技能，从而增强他们在使用 AI 时的信心和自主性（Michel-Villarreal 等，2023）。

为了帮助知识工作者从认知局限状态回归到认知赋能状态，可以采取以下技术手段和策略。首先，优化生成式 AI 的用户界面和交互方式使其更加直观和友好。例如，通过可视化技术展示 AI 的决策过程和依据，帮助用户理解和信任 AI 的建议。其次，开发个性化的 AI 助手，根据知识工作者的具体需求和使用习惯提供定制化的支持。这些 AI 助手可以通过学习用户的行为和偏好，提供更加精

准和有针对性的建议，从而提高用户的使用体验和满意度。此外，建立一个反馈机制，鼓励知识工作者在使用生成式 AI 的过程中提出建议和意见。通过持续收集和分析用户反馈，可以不断地改进 AI 的功能和性能，从而更好地满足用户需求（Xia 等，2024）。

为了保持生成式 AI 的认知赋能效果，避免陷入认知局限，需要建立长效机制，持续进行优化。首先，应定期更新和升级生成式 AI 的算法和模型，以确保其在处理新问题和复杂情境时具有足够的准确性和可靠性。研究表明，持续改进的 AI 技术可以显著提升用户的认知能力和工作效率。其次，培养知识工作者的 AI 素养，使其能够更好地理解和利用生成式 AI。通过培训和教育，提升他们对 AI 技术的认知和应用能力，从而在使用 AI 时更加自信和自主。最后，建立一个跨学科的合作平台，促进知识工作者、AI 专家和技术开发者之间的交流与合作。通过多方合作，可以共同探索和解决生成式 AI 在实际应用中的挑战，从而实现认知赋能和局限的动态平衡（Yang W 等，2023）。

综上所述，通过识别和调整认知局限状态、采取具体的技术手段和策略，以及建立长期优化机制，可以帮助知识工作者从认知局限状态回归到认知赋能状态，从而充分发挥生成式 AI 的优势，促进其全面发展。

四、综合分析与未来展望

生成式 AI 在认知赋能与局限状态之间的相互转化，揭示了其在知识工作者发展中的双重效应。如上所述，生成式 AI 既能显著提升知识工作者的信息处理能力、心智加工效率和认知灵活性，同时也可能在不当使用或过度依赖的情况下，导致认知局限，表现为信息采择确认偏误、域外信息分析瘫痪和外部建议过度依赖。这两种状态的相互转化过程及机制总结如表 6-3 所示。

表 6-3　认知赋能状态和认知局限状态的相互转化过程及机制

状态转化	作用过程	心理机制
认知赋能→认知局限	知识工作者在使用生成式 AI 时，受到其高效、准确和灵活的信息处理和建议的影响，逐渐产生对 AI 的信任和依赖。随着时间的推移，知识工作者的判断力和分析能力逐渐退化，对外部建议过度依赖，而无法自主地解决复杂任务和新问题	认知懒惰：由于生成式 AI 提供了快捷的解决方案，知识工作者可能会减少主动思考和分析的频率，依赖 AI 的建议，从而导致认知懒惰的产生 确认偏误：知识工作者可能会倾向于接受和支持生成式 AI 提供的建议和信息，而忽略或低估其他可能的解决方案或观点，从而形成确认偏误 判断力退化：长时间依赖 AI 的分析和判断，知识工作者的自主判断力和批判性思维能力可能会逐渐退化

续表

状态转化	作用过程	心理机制
认知局限→认知赋能	知识工作者在意识到自己的认知局限后，通过积极的教育和培训，提升自己的 AI 素养和技能，学习如何正确和合理地使用生成式 AI，以及如何有效地结合自己的判断力和分析能力。同时，知识工作者通过反馈机制，对生成式 AI 的功能和性能进行持续的评估和改进，使其能够更好地满足自己的需求和目标	元认知觉察：通过教育和培训，知识工作者能够增强对自身认知局限的觉察力，识别何时依赖 AI 可能会导致错误或偏见 认知重构：通过学习和实践，知识工作者能够重新构建他们对生成式 AI 的使用方式，优化人机协作的效果，平衡 AI 建议与自主判断 反馈学习：知识工作者通过不断评估和改进生成式 AI 的使用效果，逐步提升其对 AI 的正确使用方法和策略，从而实现持续的认知赋能

未来，生成式 AI 在知识工作者发展中的应用将呈现出几个重要趋势和改进方向。首先，随着技术的不断进步，生成式 AI 的算法和模型将更加先进和精确，从而在处理复杂任务和新问题时具有更高的可靠性和准确性。例如，通过不断优化生成式 AI 的训练数据和算法，可以减少信息幻觉和过度记忆等问题，进一步提升其认知赋能效果。其次，个性化 AI 助手的开发和应用将是未来的重要方向。通过学习用户的行为和偏好，生成式 AI 可以提供更加精准和有针对性的建议，帮助知识工作者更好地应对复杂任务和新问题。此外，建立一个反馈机制，持续收集和分析用户反馈，可以不断改进 AI 的功能和性能，从而更好地满足用户需求。教育和培训在未来也将发挥关键作用。通过提升知识工作者的 AI 素养，使其能够更好地理解和利用生成式 AI，可以增强他们在使用 AI 时的信心和自主性，从而在保持认知赋能效果的同时，避免陷入认知局限。此外，多方合作和跨学科交流也将促进生成式 AI 在知识工作者发展中的应用，推动技术的进一步优化和改进（Grassini，2023）。

综上所述，生成式 AI 在知识工作者发展中的未来趋势和改进方向，既包括技术优化和个性化应用，也包括教育培训和跨学科合作。通过综合这些策略，可以实现生成式 AI 在认知赋能和局限之间的动态平衡，最大化其积极影响，促进知识工作者的全面发展。

五、总结

生成式 AI 在知识工作者发展中具有显著的认知赋能效果，通过提升信息处理能力、减轻心智加工负担和提高认知灵活性，为知识工作者带来了前所未有的便利。然而，生成式 AI 的过度使用或不当依赖也可能导致认知局限，表现为信息采择确认偏误、域外信息分析瘫痪和外部建议过度依赖等问题。通过识别这些局限状态并采取相应的调整措施，可以帮助知识工作者回归到认知赋能状态，从而充分发挥生成式 AI 的优势。

　　未来，生成式 AI 的发展将继续朝着技术优化和个性化应用的方向前进。通过不断改进算法和模型，提高生成式 AI 在处理复杂任务和新问题时的准确性和可靠性，可以进一步增强其认知赋能效果。同时，教育和培训在提升知识工作者 AI 素养方面的重要性也日益凸显，通过多方合作和跨学科交流，可以推动生成式 AI 在知识工作者发展中的应用，最大化其积极影响。综合这些策略，生成式 AI 将在知识工作者的认知发展中发挥越来越重要的作用，为未来的科技进步和社会发展贡献力量。

第三篇

依存或独立：生成式 AI 引发知识工作者双重认知感应的边界条件

生成式 AI 作为一种先进的人工智能技术，具有显著的双重认知效应，能够在赋能知识工作者认知的同时，也可能引发认知局限。这一双重认知感应现象在第二篇中得到了详细探讨，揭示了生成式 AI 在推动知识工作者认知能力方面的复杂性。然而，这一现象并不是在所有情况下都显现，其背后存在着特定的边界条件。这些边界条件可以分为两类：一类是认知客体，即生成式 AI 的信息质量；另一类是认知主体，即使用生成式 AI 的知识工作者的认知风格。理解这些边界条件对于全面掌握生成式 AI 对知识工作者的影响至关重要，因为它们决定了生成式 AI 是如何在特定环境下赋能或局限知识工作者的认知能力。

首先是认知客体，生成式 AI 的信息质量是影响知识工作者认知感应的重要因素之一。信息质量可以进一步分为信息可靠与信息失真两个维度。信息可靠性是指生成式 AI 所提供信息的准确性、完整性和一致性，高质量的信息能够有效地支持知识工作者的工作决策和创新过程。另外，信息失真则是指生成式 AI 可能提供的错误信息或不完整信息，这些信息可能由于训练数据的偏差、算法的缺陷或外部干扰而产生。在不同的信息质量条件下，生成式 AI 对知识工作者的认知影响会显著不同。可靠的信息能够增强知识工作者的认知能力，提高工作效率和创新能力，而失真信息则可能导致误导、错误决策，甚至引发严重的后果。因此，深入研究生成式 AI 信息质量对知识工作者认知感应的影响，是理解其双重效应的关键。

然后是认知主体，除了信息质量，知识工作者的认知风格也是影响生成式 AI 双重认知感应的重要因素。认知风格可以分为场独立性与场依存性两个维度。场独立性认知风格的知识工作者通常具有较强的自主性和结构化思维，他们能够在面对复杂问题时保持独立判断和逻辑推理能力。这类知识工作者在处理生成式 AI 提供的高质量信息时，能够更好地发挥其认知优势，提升工作效率和创新能力。相反，场依存性认知风格的知识工作者更依赖于外部环境和他人的意见，倾向于整体性思维和合作导向。他们在处理生成式 AI 信息时，可能更加关注信息的情境和整体性，这种特性在处理复杂的协作任务时具有优势，但也可能在信息失真时更容易受到误导。因此，理解知识工作者的认知风格如何与生成式 AI 的信息质量相互作用，对于全面评估生成式 AI 对知识工作者的影响具有重要意义。

综上所述，生成式 AI 驱动知识工作者产生的认知赋能或认知局限现象，并非无条件地存在，而是受到多种边界条件的限制。本篇通过详细探讨这些边界条件，将生成式 AI 的信息质量和知识工作者的认知风格作为研究的核心，旨在揭示它们如何共同作用，影响生成式 AI 在不同情境下对知识工作者的认知效应。理解这些复杂的交互作用，不仅有助于优化生成式 AI 的应用策略，也为知识工作者更好地利用这一先进技术提供了理论支持。首先，第七章关注生成式 AI 信息可靠性与知识工作者认知风格的交互作用。探讨信息可靠性如何通过增强或削弱知识工作者的认知赋能状态，具体分析场独立性和场依存性认知风格在面对可靠信息时的表现。通过相关的实证研究和案例分析，将揭示生成式 AI 信息可靠性在不同认知风格中的应用效果。第八章重点分析生成式 AI 信息失真与知识工作者认知风格的交互作用。信息失真对认知局限的影响尤为重要。将探讨场独立性和场依存性认知风格在面对失真信息时的表现，分析生成式 AI 信息失真如何影响知识工作者的决策和问题解决能力。通过相关研究和实际案例，将详细阐述这些认知风格在信息失真情境下的具体应对机制。第九章扩展讨论其他条件对生成式 AI 影响知识工作者认知感应的作用。除了信息可靠性和信息失真之外，AI技术的其他特征、用户个人特征和工作情境特征也对认知感应有重要影响。将探讨 AI 技术特征的多样性及其交互作用，用户的个性特征、职业经验、学习和适应能力，以及工作任务的复杂性和多样性、组织环境和文化、团队结构与合作方式如何共同影响知识工作者的认知赋能和认知局限状态。

本篇旨在通过多维度的分析，为生成式 AI 在专业领域的应用提供全面的理论基础和实践指导，从而提升知识工作者的工作效率和决策质量。通过系统化的研究和深入的案例分析，希望能够为学术界和实践领域提供有价值的见解，推动生成式 AI 技术的有效应用和发展。

第七章　认知赋能：生成式 AI 信息可靠与知识工作者认知风格的交互作用

　　本章深入探讨生成式 AI 信息可靠性与知识工作者认知风格的交互作用的多样性和复杂性。第一节分析了生成式 AI 提供的高可靠性信息如何增强场独立性认知风格知识工作者的能力，特别是如何提高其决策质量和创新能力。详细探讨了生成式 AI 通过提供高质量信息，如何显著增强场独立性认知风格知识工作者的能力。这些知识工作者通常具有自我导向、结构化思维和独立判断的特点，因此能够有效利用生成式 AI 提供的可靠信息来提升决策质量和创新能力。通过深入分析生成式 AI 的信息可靠性作用机制，揭示其在具体应用场景中的显著效果。第二节讨论了生成式 AI 的信息可靠性对场依存性认知风格知识工作者的支持作用，强调了在团队协作和整体思维中的应用。重点研究了生成式 AI 的信息可靠性在支持场依存性认知风格知识工作者中的重要作用。场依存性知识工作者依赖外部环境和情境线索，生成式 AI 提供的高质量信息帮助他们更好地进行团队协作和整体思维。通过实际应用案例，展示了生成式 AI 如何在医疗、金融、工程和教育等领域提高这些知识工作者的工作效率和决策质量。第三节通过实证研究和案例分析，全面展示了生成式 AI 在不同领域的实际应用效果，并提出了未来研究方向和启示。汇总和分析了已有文献中关于生成式 AI 信息可靠性与知识工作者认知风格交互影响的研究，比较了不同研究的结果和结论。同时，提供了多个实际案例，详细分析了生成式 AI 在不同专业领域的应用效果。通过总结实证研究和案例分析中的关键发现，提出了未来研究方向和实际应用的启示，为进一步优化生成式 AI 的应用策略提供了理论依据和实践指导。

第一节　生成式 AI 的信息可靠与认知风格的场独立性的交互作用

在当今快速发展的科技环境中，生成式 AI 作为一种强大的信息处理工具，为知识工作者提供了前所未有的支持和赋能。特别是对于具有场独立性认知风格的知识工作者来说，生成式 AI 提供的高可靠性信息能够显著提升其认知能力和工作效率。本节详细探讨生成式 AI 信息可靠性的作用机制、场独立性认知风格的特点，以及两者的交互影响，并通过实际应用场景分析来展示生成式 AI 在提升知识工作者长期绩效方面的具体表现。

一、生成式 AI 信息可靠性的重要性

生成式 AI 通过提供高质量的信息极大地增强了知识工作者的认知能力。这种高质量的信息不仅在内容上具有高度的准确性和完整性，还在传递过程中保持了一致性和可验证性，从而为知识工作者提供了可靠的知识基础。生成式 AI 能够从大量数据中提取出有用的信息，并以易于理解的形式呈现，减少了知识工作者在信息筛选和处理上的时间和精力投入。这种高效的信息处理能力得益于生成式 AI 使用的先进自然语言处理技术和深度学习算法，使其能够快速分析和总结大量文本数据（喻国明、李钒，2023）。

在决策和问题解决方面，可靠的信息是至关重要的。生成式 AI 提供的高质量信息可以显著提高知识工作者的决策效率和准确性。例如，在医疗领域，生成式 AI 能够根据最新的研究成果和临床数据，为医生提供精准的诊断和治疗建议，帮助他们做出更为科学的决策。同样，在金融领域，生成式 AI 可以通过分析市场数据和趋势，帮助金融分析师进行准确的风险评估和投资决策。这些高质量的信息不仅提升了决策过程的科学性，还减少了由于信息不对称或信息不足导致的决策失误（Al Naqbi 等，2024）。

生成式 AI 的信息可靠性还体现在其对复杂问题的解决能力上。通过综合分析多源数据，生成式 AI 能够提供全面且深入的分析报告，帮助知识工作者更好地理解问题的全貌和细节。例如，在科研领域，生成式 AI 可以通过对大量文献和实验数据的分析，提出新的研究假设和方法，从而推动科研的进展和创新。在企业管理中，生成式 AI 能够根据企业的运营数据，提供优化方案和策略建议，帮助管理者提升企业的竞争力和运营效率（Al Naqbi 等，2024）。

总之，生成式 AI 通过提供高质量、可靠的信息，显著增强了知识工作者的认知能力和决策效率。这种信息可靠性不仅提升了知识工作者的工作质量，还为他们在复杂问题解决和创新方面提供了坚实的基础。

二、场独立性认知风格的特点

场独立性认知风格的知识工作者具有独特的认知特征，这些特征使他们在处理生成式 AI 信息时表现出明显的优势。场独立性认知风格指的是个体在认知过程中倾向于依靠内部线索和逻辑结构，而非外部环境和社会情境的影响。这种认知风格的特点包括自我导向、结构化思维和独立判断（Iku-Silan 等，2023）。

自我导向是场独立性认知风格的重要特征之一。具有这种认知风格的知识工作者通常能够自主设定目标和计划，并通过内在动机驱动自己的学习和工作。他们在面对生成式 AI 提供的海量信息时，能够有效地筛选和整合有用的信息，从而达到高效学习和工作的目的。生成式 AI 提供的个性化信息推荐系统，能够根据用户的需求和兴趣，提供高度相关的知识和资源，这对于场独立性认知风格的知识工作者来说，能够进一步增强他们的自主学习能力。

结构化思维是场独立性认知风格的重要特征之二。这种认知方式强调逻辑性和系统性，知识工作者在处理信息时，倾向于建立清晰的逻辑结构和分析框架。生成式 AI 通过其强大的数据处理和分析能力，能够提供结构化的信息和报告，帮助知识工作者更好地理解和分析复杂问题。例如，生成式 AI 可以根据不同的研究主题，生成系统性的文献综述和研究报告，为科研人员提供清晰的研究脉络和方向。这种结构化的信息呈现方式能够极大地提高场独立性认知风格知识工作者的工作效率和分析能力。

独立判断是场独立性认知风格的重要特征之三。具有这种认知风格的知识工作者在面对问题时，能够独立思考和判断，不受外界干扰。他们善于从多角度分析问题，提出创新性的解决方案。生成式 AI 提供的高质量信息和数据分析支持，能够为知识工作者的独立判断提供有力的依据。例如，在法律领域，律师可以利用生成式 AI 分析大量的法律文献和案例，形成自己的法律观点和辩护策略。这种基于可靠信息的独立判断，能够显著提升知识工作者的专业素养和工作表现。

综上所述，场独立性认知风格的知识工作者在处理生成式 AI 提供的信息时，具有显著的优势。他们的自我导向、结构化思维和独立判断能力，使他们能够高效地利用生成式 AI 的信息资源，从而提升工作效率和创新能力。这种认知风格与生成式 AI 的高质量信息形成了良好的互补，为知识工作者的持续发展提供了坚实的基础。

三、生成式 AI 信息可靠性与场独立性认知风格的交互影响

生成式 AI 的信息可靠性在场独立性认知风格知识工作者的工作中发挥着至关重要的作用。高可靠性的信息不仅能够为知识工作者提供准确和有用的知识，还能进一步增强其已有的认知能力。场独立性认知风格的知识工作者以其高度的自主性、结构化思维和独立判断能力著称，他们在处理复杂信息和作出决策时依赖于高质量的信息来源（Capraro 等，2024），如表 7-1 所示。

表 7-1 生成式 AI 信息可靠性与场独立性认知风格的交互影响

场独立性认知风格	生成式 AI 的信息可靠性	影响过程	作用机制
自我导向	减少信息处理时间和精力	知识工作者能够更有效地进行独立思考和分析	提供坚实的信息基础和支持
结构化思维	提供关键和相关的信息	知识工作者能够更全面地考虑问题和方案	增强信息的完整性和有用性
独立判断	提供准确和及时的信息	知识工作者能够更科学地做出决策和评估	提高信息的信度和时效性
创新能力	提供前沿和发现的信息	知识工作者能够更灵活地应用信息和产生新思路	促进信息的创新性和启发性

首先，高可靠性的信息能够为这些知识工作者提供一个坚实的基础，帮助他们更有效地进行独立思考和分析。生成式 AI 通过处理和筛选大量的数据，提取出最为关键和相关的信息，从而减少了知识工作者在信息处理过程中所需的时间和精力。这种信息的可靠性使得知识工作者能够更专注于分析和决策，而不是耗费过多时间在信息的验证和筛选上。例如，在科学研究领域，研究人员可以利用生成式 AI 分析文献和数据，从中获得高可信度的研究成果和数据支持，进而提出新的研究假设和理论。

其次，生成式 AI 的信息可靠性还能够促进场独立性认知风格知识工作者的创新能力。高质量的信息不仅提供了现有知识的积累，还能够揭示新的趋势和发现，激发知识工作者的创新思维。例如，在工程和技术领域，工程师可以利用生成式 AI 提供的前沿技术信息和案例分析，灵活应用这些信息进行产品设计和技术改进，从而推动技术创新和进步。

最后，生成式 AI 的信息可靠性还能够提升场独立性认知风格知识工作者的决策质量。通过提供准确和及时的信息，这些知识工作者能够在决策过程中综合考虑多种因素，做出更为科学和合理的判断。这种高质量的信息支持使得知识工作者在面对复杂和不确定性问题时，能够更具信心和把握。例如，在金融行业，

金融分析师可以利用生成式 AI 提供的市场数据和趋势分析，进行精准的风险评估和投资决策，从而提高投资回报率和风险管理水平（高永杰等，2023）。

综上所述，高可靠性的信息能够显著增强场独立性认知风格知识工作者的认知能力和工作效率。生成式 AI 通过提供高质量、准确的信息不仅为知识工作者提供了坚实的知识基础，还促进了他们的创新思维和科学决策能力。这种信息与认知风格的良好交互为知识工作者的持续发展和专业领域的进步提供了强有力支持。

四、实际应用场景分析

生成式 AI 在实际应用中的高可靠性信息对场独立性认知风格知识工作者的影响可以通过具体的专业领域实例来说明。以下将介绍几个关键领域的应用场景，以展示生成式 AI 可靠信息在这些知识工作者中的具体应用及其对工作效率和成果质量的影响（Korzynski 等，2023）。

在医疗领域，生成式 AI 通过分析海量的医疗数据和临床研究成果，为医生提供精准的诊断建议和治疗方案。例如，医生可以利用生成式 AI 分析患者的病历和基因数据，识别潜在的健康风险和疾病模式，从而制定个性化的治疗计划。这种高可靠性的信息不仅提高了医生的诊断准确性，还缩短了诊断时间，提高了患者的治疗效果和满意度。

在金融领域，生成式 AI 通过对市场数据的实时分析和预测，帮助金融分析师进行风险评估和投资决策。金融分析师可以利用生成式 AI 提供的市场趋势分析和风险预测，制定科学的投资策略和风险管理方案。例如，生成式 AI 可以通过分析历史交易数据和市场动态，预测股票价格的变化趋势，帮助分析师抓住投资机会，规避市场风险。这种高质量的信息支持不仅提高了投资决策的准确性，还显著提升了投资回报率和风险管理水平。

在工程和技术领域，生成式 AI 通过提供前沿技术信息和案例分析，帮助工程师进行创新设计和技术改进。工程师可以利用生成式 AI 分析最新的技术文献和专利数据，了解行业的最新发展和技术趋势，从而进行创新设计和技术应用。例如，生成式 AI 可以提供关于新材料和新工艺的详细信息，帮助工程师优化产品设计，提升产品性能和质量。这种高可靠性的信息支持不仅促进了技术创新，还提升了工程项目的整体质量和效率。

在科研领域，生成式 AI 通过对大量文献和实验数据的分析，为研究人员提供系统性和前瞻性的研究建议。研究人员可以利用生成式 AI 进行文献综述和数据分析，识别研究空白和前沿问题，提出新的研究假设和方法。例如，生成式 AI 可以通过分析相关领域的研究成果，提出潜在的研究方向和实验设计建议，帮助研究人员制定科学的研究计划。这种高质量的信息支持不仅推动了科研进展，还提升了研究成果的创新性和影响力（安子栋等，2023）。

综上所述，生成式 AI 的高可靠性信息在多个专业领域中发挥着重要作用，为场独立性认知风格知识工作者提供了强有力的支持。这些应用实例显示，生成式 AI 不仅提高了知识工作者的工作效率和决策质量，还促进了创新和技术进步。通过提供准确、及时和系统性的信息，生成式 AI 在提升知识工作者长期绩效方面展现了巨大的潜力和价值。

五、总结

生成式 AI 通过其高可靠性的信息显著增强了场独立性认知风格知识工作者的能力。这些知识工作者具有高度的自主性和结构化思维，能够有效地利用生成式 AI 提供的准确和全面的信息来提高他们的工作效率和决策质量。高质量的信息不仅为他们提供了坚实的知识基础，还促进了他们的创新思维和科学决策能力。

实际应用场景的分析进一步展示了生成式 AI 在各个专业领域中的广泛应用和深远影响。无论是在医疗、金融、工程领域还是在科研领域，生成式 AI 通过提供高质量的信息支持，显著提升了知识工作者的工作效率和成果质量。这些应用实例不仅体现了生成式 AI 在实际工作中的重要作用，还展示了其在提升知识工作者长期绩效方面的巨大潜力。

综上所述，生成式 AI 的高可靠性信息与场独立性认知风格知识工作者的良好交互，为专业领域的发展和进步提供了强有力的支持。未来，随着生成式 AI 技术的不断进步，其在提升知识工作者长期绩效方面的应用将会更加广泛和深入，从而进一步推动各个领域的创新和发展。这一过程不仅有助于提升知识工作者的个人能力，也将为社会的发展和进步作出重要贡献。

第二节　生成式 AI 的信息可靠与认知风格的场依存性的交互作用

在生成式 AI 驱动的认知赋能研究中，知识工作者的认知风格对技术的利用和效果有着深远的影响。场依存性认知风格的个体倾向于依赖外部环境和情境线索，这使得他们在面对复杂信息时，更需要高质量的外部信息支持。这种依赖性不仅体现在信息处理和决策过程中，也体现在创新能力的发挥上。生成式 AI 通过提供高可靠性的信息，为场依存性认知风格的知识工作者提供了坚实的支持，帮助他们更好地理解和解决问题。本节详细探讨场依存性认知风格的特点，生成式 AI 在这些知识工作者中的应用表现，以及高可靠性信息如何在具体专业领域中支持他们的工作。通过对这些方面的深入分析，揭示生成式 AI 在不同认知风格下的赋能机制和实际效果，从而为优化生成式 AI 的应用策略提供理论依据和实践指导。

一、场依存性认知风格的特点

场依存性认知风格描述了个体在信息处理过程中对外部环境和情境线索的依赖程度。场依存性认知风格的个体倾向于依赖外部提示，注重整体结构和情境背景，在复杂的环境中更容易感知整体而非分解细节。这种认知风格与个体在学习、决策和问题解决中的表现密切相关（Farmaki 等，2019）。

首先，场依存性认知风格的个体通常依赖于外部环境和社会情境中的线索。这种依赖性使得他们在处理信息时，更倾向于从整体上理解和分析问题，而不是将信息分解成独立的部分。这种特性在需要团队合作和集体决策的情境中尤为突出，因为场依存性个体能够更好地整合来自不同成员的意见和观点，从而达成一致的决策。

其次，场依存性认知风格的个体具有较强的合作导向性。他们在团队合作和人际互动中表现出色，能够通过与他人的交流和协作来获取信息和解决问题。这种合作导向性使得他们在处理复杂任务时，能够充分利用团队资源，提升整体工作效率和效果。例如，在教育领域，场依存性认知风格的教师能够通过与同事的合作，共同设计和实施教学计划，从而提高教学质量和学生的学习效果。

最后，场依存性认知风格的个体在思维方式上更倾向于整体思维。他们善于从整体上理解和处理信息，关注信息的情境和背景，而不是孤立地分析信息的细节。这种整体思维方式使得他们在面对复杂和模糊的信息时，能够更好地把握整体结构和关系，从而做出更全面和科学的判断。然而，这种依赖外部线索和整体思维的特性也可能导致他们在细节分析和独立判断上存在一定的局限性。

场依存性认知风格的特点在不同领域的应用中都有所体现。例如，在医疗领域，场依存性认知风格的医生在诊断和治疗过程中，倾向于从整体上考虑患者的病情和治疗方案，注重患者的全面健康状况和生活背景。在市场营销领域，场依存性认知风格的营销人员能够通过分析市场的整体趋势和消费者行为模式，制定更具整体性的营销策略，从而提升营销效果和品牌影响力。

二、生成式 AI 信息可靠性对场依存性认知风格的支持作用

生成式 AI 提供的可靠信息对于场依存性认知风格的知识工作者具有重要意义。这些知识工作者在处理信息时，依赖于外部环境和情境线索，因此高质量的信息对于他们的决策和问题解决至关重要。生成式 AI 通过其强大的信息处理能力，能够提供准确、全面和及时的信息，为场依存性认知风格的知识工作者提供了坚实的支持（Cheng，2023）。

首先，生成式 AI 提供的可靠信息能够增强场依存性认知风格知识工作者的团队合作能力。由于这些知识工作者依赖于外部提示和合作导向，他们在团队决策和协作中需要准确和全面的信息支持。生成式 AI 能够通过分析和整合多源数据，提供详细和结构化的信息，帮助团队成员在协作过程中达成一致意见和共同目标。例如，在项目管理中，生成式 AI 可以提供项目进度、资源分配和风险评估等信息，帮助团队成员更好地协调和合作，提升项目的整体效率和成功率。

其次，生成式 AI 的信息可靠性能够提高场依存性认知风格知识工作者的整体思维能力。这些知识工作者在处理复杂信息时，更注重整体结构和关系，而生成式 AI 能够通过其强大的数据分析和模式识别能力，提供全面和系统的信息支持，帮助他们更好地理解和处理复杂问题。例如，在市场分析中，生成式 AI 可以通过分析市场数据和消费者行为模式，提供市场趋势和竞争分析，帮助市场分析师从整体上把握市场动态，制定科学的市场策略。

再次，生成式 AI 的信息可靠性还能够增强场依存性认知风格知识工作者的决策质量。高质量的信息不仅提供了准确和及时的知识支持，还减少了信息筛选和验证的时间和精力投入，使知识工作者能够更专注于决策过程和问题解决。例如，在教育领域，教育工作者可以利用生成式 AI 分析学生的学习数据，提供个性化的教学建议和课程设计，帮助学生在学习过程中取得更好的成绩和发展。

最后，生成式 AI 通过其高效的信息处理能力，支持场依存性认知风格知识工作者在复杂环境中的信息管理和应用。由于这些知识工作者在处理信息时依赖于外部提示和情境线索，生成式 AI 提供的可靠信息能够帮助他们更好地应对复杂和多变的环境。例如，在医疗领域，生成式 AI 可以通过分析大量的临床数据和研究成果，提供科学的诊断和治疗建议，帮助医生在复杂的临床决策过程中做出更准确和科学的判断。

综上所述，生成式 AI 提供的可靠信息在场依存性认知风格知识工作者中的应用具有重要意义。通过提供高质量、全面和系统的信息，生成式 AI 不仅提升了这些知识工作者的团队合作和整体思维能力，还显著提高了他们的决策质量和工作效率。这种信息与认知风格的良好交互为专业领域的发展和进步提供了强有力的支持。

三、生成式 AI 信息可靠性与场依存性认知风格的交互影响

生成式 AI 提供的高可靠性信息在支持场依存性认知风格知识工作者的决策

和创新方面发挥着重要作用。场依存性认知风格的个体在处理信息时倾向于依赖外部环境和情境线索，因此，他们更容易受到信息质量的影响。当生成式 AI 提供的信息高度可靠时，场依存性知识工作者能够更有效地进行信息整合和应用，从而提升其决策质量和创新能力（Giancola 等，2023），如表 7-2 所示。

表 7-2　生成式 AI 信息可靠性与场依存性认知风格的交互影响

场依存性认知风格	生成式 AI 的信息可靠性	影响过程	作用机制
倾向于依赖外部环境和情境线索，难以区分主要和次要信息	提供准确和详细的环境线索，帮助识别和整合关键信息	更好地理解和把握复杂问题的整体结构	提高了信息处理效率和质量，促进了高层次认知能力的发展
倾向于合作导向，善于与他人沟通和协调	提供一致和详细的信息，帮助达成共识和协作	显著增强团队协作能力	提高了团队内的信任和沟通，促进了团队的凝聚力和创造力
倾向于利用现有信息和知识，缺乏创新思维	提供全面和准确的信息，揭示新的趋势和发现	激发创新思维	提高了信息的新颖性和多样性，促进了新的想法和解决方案的产生

首先，生成式 AI 的高质量信息能够为场依存性知识工作者提供准确和详细的环境线索，使他们能够更好地理解和把握复杂问题的整体结构。例如，在市场分析中，生成式 AI 通过对市场数据的全面分析，提供关于市场趋势和消费者行为的详细报告，这些信息对于场依存性分析师来说至关重要。他们能够利用这些报告，制定更为精准的市场策略，从而提升市场竞争力。

其次，生成式 AI 提供的高质量信息能够显著增强场依存性知识工作者的团队协作能力。由于场依存性个体依赖外部提示和合作导向，他们在团队决策和协作中需要可靠的信息支持。生成式 AI 通过其强大的数据处理能力，能够为团队成员提供一致和详细的信息，使他们在协作过程中达成共识，提高决策效率。例如，在项目管理中，生成式 AI 能够提供关于项目进度、资源分配和风险评估的准确数据，帮助团队成员更好地协调和合作，提升项目成功率。

最后，高可靠性的信息还能够激发场依存性知识工作者的创新思维。生成式 AI 通过提供全面和准确的信息，揭示新的趋势和发现，为场依存性个体提供了丰富的创新素材。这些知识工作者能够利用生成式 AI 提供的信息，提出新的想法和解决方案，从而推动创新发展。例如，在产品设计中，设计师可以利用生成式 AI 提供的市场分析和用户反馈，进行产品创新和改进，提高产品的市场竞争力和用户满意度。

总之，生成式 AI 提供的高质量信息在场依存性认知风格知识工作者的工作中发挥着关键作用。通过提供准确、全面和及时的信息，生成式 AI 不仅提升了这些知识工作者的决策质量和团队协作能力，还激发了他们的创新思维，为专业领域的发展和进步提供了强有力的支持。

四、实际应用场景分析

为了更好地理解生成式 AI 高可靠性信息对场依存性认知风格知识工作者的影响，以下将通过具体专业领域的应用实例进行详细分析（Stokel-Walker 等，2023）。

在医疗领域，生成式 AI 通过分析大量的医疗数据和临床研究成果，为医生提供科学的诊断和治疗建议。场依存性认知风格的医生在诊断和治疗过程中，更依赖于全面和准确的信息，以便从整体上把握患者的健康状况。例如，生成式 AI 可以分析患者的病历、基因数据和最新的临床研究，提供个性化的治疗方案，帮助医生制定科学的诊疗计划，提高患者的治疗效果和满意度（周涛、吴晓颖等，2024）。

在金融领域，生成式 AI 通过对市场数据的实时分析和预测，帮助金融分析师进行风险评估和投资决策。场依存性认知风格的分析师在进行投资决策时，更倾向于依赖详细的市场数据和趋势分析。生成式 AI 能够提供关于市场动态、风险因素和投资机会的全面报告，帮助分析师做出科学的投资决策，提高投资回报率和风险管理水平。例如，生成式 AI 可以通过分析历史交易数据和市场趋势，预测股票价格的变化，为分析师提供可靠的投资建议（周涛等，2024）。

在工程和技术领域，生成式 AI 通过提供前沿技术信息和案例分析，帮助工程师进行创新设计和技术改进。场依存性认知风格的工程师在处理技术问题时，更依赖于外部的技术信息和合作伙伴的意见。生成式 AI 能够提供最新的技术文献和研究成果，帮助工程师了解行业发展趋势和技术创新，从而进行产品设计和技术优化。例如，生成式 AI 可以提供关于新材料和新工艺的详细信息，帮助工程师优化产品设计，提升产品性能和质量（陈锐等，2024）。

在教育领域，生成式 AI 通过对学生学习数据的分析，为教师提供个性化的教学建议和课程设计。场依存性认知风格的教师在教学过程中，更依赖于学生的学习反馈和外部的教学资源。生成式 AI 能够分析学生的学习数据，提供关于学生学习进度、学习效果和改进建议的详细报告，帮助教师制定个性化的教学计划，提高教学质量和学生的学习效果。例如，生成式 AI 可以通过分析学生的学习行为和考试成绩，提供针对性的教学建议，帮助教师改进教学方法，提升学生的学习体验（黄蓓蓓等，2024）。

总之，生成式 AI 的高可靠性信息在各个专业领域中发挥着重要作用，为场依存性认知风格的知识工作者提供了强有力的支持。这些应用实例表明，生成式 AI 不仅提升了知识工作者的工作效率和决策质量，还促进了团队协作和创新发展。这种信息与认知风格的良好交互为专业领域的发展和进步提供了重要的推动力。

五、总结

生成式 AI 通过其高可靠性的信息，显著支持了场依存性认知风格知识工作者的决策和创新。这些知识工作者依赖外部提示和情境线索，而生成式 AI 能够提供准确、全面的信息，使他们能够更好地理解复杂问题的整体结构和背景。这种信息支持不仅提高了他们的决策质量，还增强了他们的创新能力。

具体应用场景分析进一步展示了生成式 AI 在不同专业领域中的重要作用。在医疗、金融、工程和技术及教育等领域，生成式 AI 通过提供高质量的信息，帮助场依存性认知风格的知识工作者进行科学的诊断、投资决策、技术创新和教学改进。这些应用实例表明，生成式 AI 不仅提升了知识工作者的工作效率和成果质量，还促进了团队协作和创新发展。

综上所述，生成式 AI 的高可靠性信息在支持场依存性认知风格知识工作者的工作中发挥着关键作用。通过提供准确、全面和及时的信息，生成式 AI 不仅增强了这些知识工作者的团队合作和整体思维能力，还显著提高了他们的决策质量和创新能力。

第三节 相关实证研究与案例分析

在探讨生成式 AI 的信息可靠性与知识工作者认知风格交互影响的过程中，实证研究和实际案例分析提供了宝贵的见解和数据支持。这些研究不仅揭示了生成式 AI 在不同领域的应用效果，还展示了其在提升知识工作者认知能力和工作效率方面的具体表现。本节通过汇总和分析现有文献，比较不同研究的结果和结论，并提供实际案例，展示生成式 AI 可靠信息在不同认知风格知识工作者中的应用效果，详细分析每个案例的背景、过程和结果。

一、实证研究综述

在探讨生成式 AI 的信息可靠性与知识工作者认知风格的交互影响时，已有大量实证研究揭示了其复杂的相互关系和影响机制。以下是对这些研究的汇总和详细分析（Stokel-Walker 等，2023）。

在教育领域，生成式 AI 已被广泛应用于个性化教学和学习效果提升的研究中。研究发现，生成式 AI 工具如 ChatGPT 能够显著提高学生的自我效能感和认知参与度，从而提升学习成就。Liang 等（2023）通过对 389 名参与者的问卷调查，发现学生与生成式 AI 工具的互动显著促进了他们的学习成果，且这种正向关系通过自我效能感和认知参与度的中介作用进一步加强。类似地，Chan 等（2023）发现 AI 工具在语言学习中的应用提高了学生的学习态度和动机。通过对日本学生使用 AI KAKU 工具进行英语写作训练的实证研究，发现这些工具不仅帮助学生表达思想，还增强了他们的语言掌握能力。这些研究表明，生成式 AI 在教育领域的应用不仅提高了学生的学习效果，还为教师提供了有力的教学辅助工具。

在医疗领域，生成式 AI 通过分析大量的医疗数据，为临床决策和诊断提供支持。研究显示，生成式 AI 在处理和分析复杂医疗数据方面表现出色，可以为医生提供精准的诊断建议和个性化治疗方案。该研究通过对不同医疗机构的病例数据进行分析，发现生成式 AI 的应用显著提高了诊断的准确性和治疗效果，减少了误诊率和医疗成本。此外，生成式 AI 在预测疾病暴发和公共卫生管理中也具有重要作用。对全球卫生数据的分析发现生成式 AI 能够有效预测疾病的流行趋势，为公共卫生决策提供科学依据。这些研究表明，生成式 AI 不仅在个体医疗中发挥重要作用，还在宏观公共卫生管理中展现出巨大潜力。

在金融领域，生成式 AI 被广泛应用于市场分析、风险评估和投资决策中。研究发现，生成式 AI 工具能够通过实时市场数据分析，为金融分析师提供精准的投资建议和风险评估。该研究通过对金融市场数据的分析，发现生成式 AI 能够预测市场趋势，帮助分析师制定科学的投资策略，显著提高投资回报率及降低风险。同时，有研究探讨了生成式 AI 在金融市场中的应用，发现其在提高金融市场透明度和信息对称性方面具有重要作用。通过对全球金融市场的分析，发现生成式 AI 能够快速处理和分析海量数据，为市场参与者提供实时的市场信息，从而提高市场效率和稳定性。

在工程和技术领域，生成式 AI 被用于创新设计和技术优化。有研究指出，生成式 AI 在技术研发和产品设计中，通过提供前沿技术信息和案例分析，帮助工程师进行创新设计和技术改进。该研究通过对技术文献和专利数据的分析，发现生成式 AI 能够提供最新的技术趋势和创新思路，显著提升了工程师的设计能力和产品质量。此外，研究表明，生成式 AI 在虚拟现实和在线学习环境中的应用，有助于实时预测学生的学习成果和行为模式。通过对虚拟现实课程的数据分析，发现生成式 AI 能够实时监测学生的学习状态，提供个性化的学习建议，提高学习效果。

综上所述，生成式 AI 在不同领域的实证研究中展现出显著的认知赋能效果。教育领域的研究表明，生成式 AI 能够提高学生的学习效果和动机；医疗领域的研究显示，生成式 AI 能够提升诊断准确性和治疗效果；金融领域的研究发现，生成式 AI 能够提高投资回报率和市场透明度；工程和技术领域的研究表明，生成式 AI 能够促进创新设计和技术优化。然而，这些研究也揭示了一些需要进一步探讨的问题。例如，生成式 AI 在实际应用中可能面临伦理和信任问题，如何在保证信息可靠性的同时，确保数据的隐私和安全，是未来研究的重点。此外，不同认知风格的知识工作者在使用生成式 AI 时，其效果可能存在差异，需要进一步研究其背后的机制和影响因素。

总体而言，现有研究一致认为生成式 AI 的信息可靠性对知识工作者的认知赋能具有积极作用，但其具体效果受到多个因素的影响，如个体的认知风格、信息质量和应用情境等。这些研究为理解生成式 AI 在不同领域的应用提供了重要的理论依据和实证支持，也为未来研究指出了新的方向。

二、典型案例分析

为了更好地理解生成式 AI 在实际应用中的效果，以下将提供若干实际案例，展示生成式 AI 可靠信息在不同认知风格知识工作者中的应用效果，并详细分析了每个案例的背景、过程和结果（Stokel-Walker 等，2023）。

案例一：医疗领域。生成式 AI 通过分析大量的医疗数据和临床研究成果，为医生提供科学的诊断和治疗建议。例如，在某医院的一项研究中，医生使用生成式 AI 分析患者的病历、基因数据和最新的临床研究，生成个性化的治疗方案。这些信息帮助医生从整体上把握患者的健康状况，提高了诊断准确性和治疗效果。具体而言，该研究的过程包括以下几个步骤：首先，医生将患者的病历数据输入生成式 AI 系统；其次，AI 系统分析这些数据，并结合最新的临床研究成果，生成详细的诊断报告和治疗建议；最终，医生根据 AI 提供的信息，制定个性化的治疗计划。研究结果显示，使用生成式 AI 后的诊断准确性得到了提高，治疗效果也显著改善。

案例二：金融领域。生成式 AI 通过对市场数据的实时分析和预测，帮助金融分析师进行风险评估和投资决策。例如，在某投资公司的研究中，分析师利用生成式 AI 提供的市场趋势分析和风险预测，制定科学的投资策略。这些信息不仅提高了投资回报率，还显著降低了投资风险。该案例的研究过程如下：分析师首先，将历史交易数据和市场动态输入生成式 AI 系统；其次，AI 系统对这些数据进行全面分析，生成市场趋势报告和风险评估建议；最后，分析师根据这些报告和建议，制定投资决策。结果显示，使用生成式 AI 后的投资回报率得到了提高，风险管理水平也有所提升。

案例三：教育领域。生成式 AI 通过对学生学习数据的分析，为教师提供个性化的教学建议和课程设计。例如，在某大学的研究中，教师使用生成式 AI 分析学生的学习行为和考试成绩，生成个性化的教学计划。研究结果表明，这种基于 AI 的教学方法显著提高了学生的学习效果和满意度。具体过程包括：教师首先将学生的学习数据输入生成式 AI 系统；然后，AI 系统分析这些数据，生成个性化的教学建议和课程设计方案。教师根据这些建议调整教学方法，提高了教学质量和学生的学习效果。

通过这些实际案例分析，可以看出生成式 AI 在不同专业领域中的广泛应用及其显著效果。无论是在医疗、金融领域还是在教育领域，生成式 AI 通过提供高质量的信息，帮助知识工作者提升决策质量和工作效率，促进了创新发展。这些案例表明，生成式 AI 不仅在理论上具有重要意义，在实际应用中也展示了巨大的潜力和价值。

三、研究发现与启示

通过对已有实证研究和案例分析的总结，可以提炼出以下几个关键发现，这些发现为未来研究和实际应用提供了重要启示：

首先，生成式 AI 的信息可靠性在各个领域均显著提升了知识工作者的认知能力和工作效率。在教育领域，生成式 AI 工具显著提高了学生的学习效果和自我效能感。研究表明，学生在使用生成式 AI 工具进行学习时，其学习成果显著提高。在医疗领域，生成式 AI 通过分析复杂的医疗数据，提供精准的诊断建议和个性化治疗方案，显著提高了诊断的准确性和治疗效果。在金融领域，生成式 AI 通过实时分析市场数据，为金融分析师提供精准的投资建议和风险评估，有效提升了投资回报率和风险管理水平。在工程和技术领域，生成式 AI 通过提供前沿技术信息和创新案例，帮助工程师进行技术改进和创新设计，显著提升了产品质量和技术水平。

其次，不同认知风格的知识工作者在使用生成式 AI 时，其效果存在显著差异。场独立性认知风格的知识工作者能够更好地利用生成式 AI 提供的详细和结构化的信息，从而提升其自主决策能力和创新思维。场依存性认知风格的知识工作者则更依赖于生成式 AI 的信息支持，以增强团队协作和整体思维能力。这种认知风格的差异表明，生成式 AI 在不同认知风格的知识工作者中具有不同的应用潜力和效果。

最后，生成式 AI 在不同应用情境下的效果也有所不同。在高度结构化和数据密集的领域，如金融和医疗领域，生成式 AI 的信息可靠性对决策和风险管理的提升尤为显著。而在需要创新和灵活应对的领域，如教育和工程技术，生成式 AI 通过提供前沿技术信息和个性化建议，显著促进了创新发展。

这些发现对未来研究和实际应用具有重要启示。首先，未来的研究应进一步探讨生成式 AI 信息可靠性对不同认知风格知识工作者的具体影响机制。通过深入分析信息质量、认知风格和应用情境之间的相互关系，可以为优化生成式 AI 的应用策略提供科学依据。其次，在实际应用中，应根据不同专业领域和认知风格的特点，制定相应的生成式 AI 应用方案，以最大限度地发挥其认知赋能作用。

四、未来研究方向

尽管现有研究揭示了生成式 AI 在认知赋能方面的积极作用，但仍存在一些局限性和未来研究方向值得探索。

首先，现有研究大多集中在生成式 AI 的正向影响，而对其潜在的负面效应，如信息误导、隐私问题和伦理挑战等，探讨较少。未来研究应更多关注生成式 AI 在实际应用中的风险和挑战，提出相应的解决方案。

其次，不同认知风格的知识工作者在使用生成式 AI 时，其效果可能存在显著差异。例如，场依存性认知风格的个体可能更依赖于生成式 AI 提供的外部信息，而场独立性认知风格的个体则可能更注重信息的结构化和逻辑性。未来研究应进一步探讨不同认知风格与生成式 AI 交互的具体机制，提出个性化的应用策略。

再次，生成式 AI 技术本身仍在不断发展，未来研究应关注其技术进步对专业应用的影响。例如，随着生成式 AI 算法和模型的不断优化，其在数据处理和分析能力方面将进一步提升，这将为专业领域的应用带来新的机遇和挑战。未来研究应及时跟进技术进展，探讨其在不同专业领域中的应用潜力和实际效果。

最后，生成式 AI 的应用需要跨学科的合作和综合研究。生成式 AI 涉及计算机科学、心理学、教育学、医学、金融学等多个领域，未来研究应加强不同学科之间的合作，综合运用多种研究方法，深入探讨生成式 AI 在各个领域的应用效果和优化策略。

综上所述，生成式 AI 在认知赋能方面具有重要的研究价值和应用潜力。通过深入研究其信息可靠性与知识工作者认知风格的交互影响，可以为优化生成式 AI 的应用策略提供理论依据和实践指导。未来研究应关注其潜在风险和挑战，探讨不同认知风格的个性化应用策略，及时跟进技术进展，并加强跨学科合作，以进一步提升生成式 AI 在专业领域的应用效果和价值。

五、总结

通过对现有实证研究和案例分析的汇总，可以得出若干关键发现和启示。首先，生成式 AI 的高可靠性信息对知识工作者的认知赋能具有显著的积极作用。这种影响不仅体现在个体的认知能力提升上，还促进了整体团队的协作和创新。具体来说，生成式 AI 在教育、医疗、金融和工程技术领域都展现了显著的应用效果，提升了知识工作者的工作效率和决策质量。

在未来研究方向方面，尽管现有研究揭示了生成式 AI 在认知赋能方面的积极作用，但仍存在一些局限性和需要进一步探讨的问题。首先，生成式 AI 在实际应用中可能面临伦理和信任问题，这些问题需要进一步研究和解决。其次，不同认知风格的知识工作者在使用生成式 AI 时的效果可能存在显著差异，需要进一步探讨其背后的机制和影响因素。最后，生成式 AI 技术本身仍在不断发展，未来研究应关注其技术进步对专业应用的影响，及时跟进技术进展，探讨其在不同专业领域中的应用潜力和实际效果。

综上所述，生成式 AI 在认知赋能方面具有重要的研究价值和应用潜力。通过深入研究其信息可靠性与知识工作者认知风格的交互影响，可以为优化生成式 AI 的应用策略提供理论依据和实践指导。未来研究应关注其潜在风险和挑战，探讨不同认知风格的个性化应用策略，及时跟进技术进展，并加强跨学科合作，以进一步提升生成式 AI 在专业领域的应用效果和价值。

第八章　认知局限：生成式AI信息失真与知识工作者认知风格的交互作用

在现代社会，生成式AI技术的快速发展不仅提升了信息生成和传播的效率，也引发了严重的信息失真问题。生成式AI生成的虚假信息具有高度的真实性和复杂性，这对依赖这些信息进行决策和工作的知识工作者提出了新的挑战。本章深入探讨生成式AI信息失真对不同认知风格知识工作者的影响，特别关注其在决策、问题解决和团队合作中的作用。第一节分析了生成式AI信息失真对场独立性认知风格知识工作者的认知局限。这些个体通常依赖逻辑分析和内部线索来处理信息，尽管具备较强的批判性思维能力，但在面对复杂和高度细节化的虚假信息时，仍可能受到干扰和误导。研究将揭示这种认知风格在信息失真面前的脆弱性及其应对挑战。第二节探讨了生成式AI信息失真对场依存性认知风格知识工作者的认知局限。这些个体依赖外部环境和社会情境进行信息处理，更容易在情境化的虚假信息面前被误导。研究将详细分析这种认知风格在信息失真面前的特殊挑战和脆弱点，揭示其在团队合作和决策中的表现。第三节通过实证研究和典型案例分析，综合讨论生成式AI信息失真对知识工作者认知风格的影响。实证研究综述将汇总和分析已有文献中的研究结果，比较不同研究的结论。典型案例分析将展示生成式AI失真信息在不同认知风格知识工作者中的应用效果，详细分析了每个案例的背景、过程和结果，并提出关键发现和未来研究方向。本章的研究不仅揭示了生成式AI信息失真对知识工作者的复杂影响，还为应对这些挑战提供了理论基础和实践指导。理解和应对生成式AI信息失真的交互影响，将有助于提升专业领域的工作效率和决策质量，确保信息的准确性和可靠性。

第一节　生成式 AI 的信息失真与认知风格的场独立性的交互作用

在探讨生成式 AI 对知识工作者的认知影响时，信息失真现象不可忽视。生成式 AI 因其广泛应用和强大能力，既能提供高效的辅助，也可能生成误导性的信息。场独立性认知风格的知识工作者，由于其主要依靠独立分析和构建自主的逻辑思维，因此其应对信息失真时面临独特的挑战。本节详细探讨生成式 AI 信息失真的类型及其成因，并分析这种现象对场独立性认知风格知识工作者的具体影响。

一、生成式 AI 信息失真现象

生成式 AI 的信息失真现象已成为一个复杂且普遍的问题，其类型和表现形式多种多样。首先，生成式 AI 可以生成虚假或误导性的信息，分为无意和有意两种。无意的信息失真通常源于模型训练数据的不足或偏差、算法局限性以及对上下文的误解。例如，生成式 AI 在回答医学问题时，如果训练数据中包含过时或错误的信息，就可能生成错误的诊断或治疗建议。有意的信息失真则是指生成式 AI 被恶意利用，用于制造和传播虚假信息。这类失真信息通常表现为假新闻、虚假广告以及虚假社交媒体内容。恶意行为者利用生成式 AI 生成高质量且看似可信的虚假内容，从而误导公众和操纵舆论。例如，生成式 AI 可以被用来制作所谓的"deepfake"视频，模拟名人的声音和形象进行误导性陈述（Loth 等，2024）。

生成式 AI 信息失真的成因多种多样。首先，生成式 AI 依赖于大量的数据进行训练，而这些数据往往包含错误或偏见。如果模型没有足够的机制来纠正这些偏差，就会在生成的内容中反映出来。其次，生成式 AI 的算法复杂且黑箱化，研究人员难以完全理解其内部工作机制，从而无法完全控制其输出质量。最后，恶意行为者有意识地操控生成式 AI，利用其生成虚假内容的能力，进一步加剧了信息失真现象（郭春镇，2023）。

信息失真的后果是多方面的。对于个体而言，错误的信息可能导致错误的决策，特别是在医疗、金融等关键领域。例如，患者可能根据生成式 AI 提供的错误医疗建议采取不适当的治疗措施，导致健康风险增加。在金融领域，投资者可能依据虚假市场信息做出错误的投资决策，导致经济损失。对于社会而言，信息失真破坏了公众对信息来源的信任，增加了社会的不确定性。

信息失真不仅在内容上对公众产生误导，还在情感和认知层面引发深远影响。此外，信息失真现象还带来了独特的伦理和法律问题。生成式 AI 的广泛应用使得隐私和数据安全问题更加突出。例如，生成式 AI 在没有获得用户同意的情况下，使用其个人数据进行训练和生成内容，这不仅侵犯了个人隐私权，还引发了广泛的伦理争议。同时，虚假信息的传播也引发了关于责任和归责的法律问题，特别是在生成式 AI 的输出导致实际损害的情况下，如何追究责任成为法律讨论的焦点。

二、场独立性认知风格应对信息失真的特点

场独立性认知风格的知识工作者在面对信息失真时具有一定的优势和不足。场独立性认知风格的个体通常具有较强的自我导向性和结构化思维，他们更依赖于内部线索和逻辑分析来处理信息，这使他们在面对复杂和模糊的信息时，能够保持独立判断和理性分析（Monteith 等，2024）。

首先，场独立性认知风格的知识工作者在辨别失真信息方面具有一定的优势。他们能够通过逻辑分析和验证机制，对生成式 AI 提供的信息进行批判性评估，从而识别出潜在的错误或不一致之处。例如，在科研领域，研究人员可以通过对比生成式 AI 提供的数据与已有的研究成果，来验证信息的准确性和可靠性。此外，这些知识工作者通常具有较强的批判性思维能力，能够识别出信息中的逻辑漏洞和矛盾，从而有效地应对信息失真。

然而，场独立性认知风格的知识工作者在应对信息失真时也存在一些不足。由于他们倾向于依赖自我导向的分析和判断，可能会忽视外部信息和社会情境的影响，这使他们在面对高度复杂和动态变化的信息环境时，可能会面临挑战。例如，在金融市场中，市场动态和参与者行为复杂多变，单纯依赖内部分析可能不足以全面理解市场趋势和风险。场独立性认知风格的知识工作者在面对生成式 AI 信息失真时，需要依赖其独立判断和逻辑分析能力。然而，由于生成式 AI 生成的信息常常具有高度的表面可信度，且能够模拟人类语言的复杂性和细腻性，这增加了辨别真伪的难度。即使是具有较强批判性思维能力的个体，在面对高度复杂和巧妙设计的虚假信息时，也可能难以完全避免被误导。

此外，场独立性认知风格的知识工作者在信息处理过程中，可能会过度依赖其自身的知识和经验，忽视了与其他领域专家或团队成员的协作。这种倾向在处理跨学科问题或需要综合多方信息时，可能会导致判断失误或信息理解的偏差。例如，在应对公共卫生危机时，单一领域的专业知识可能不足以全面理解问题的复杂性和多层次影响，需要跨学科的协作和信息整合来应对信息失真带来的挑战。

总之，生成式 AI 的信息失真现象对场独立性认知风格的知识工作者提出了新的挑战和要求。虽然他们在逻辑分析和批判性思维方面具有一定的优势，但面对高度复杂和动态变化的信息环境时，仍需要不断提升其信息甄别能力和跨学科协作水平。这不仅有助于提升他们的专业素养和工作绩效，也为社会的稳定和发展提供了保障。

三、生成式 AI 信息失真对场独立性认知风格的交互影响

生成式 AI 的信息失真对场独立性认知风格的知识工作者产生了多方面的影响，这种影响不仅体现在决策和问题解决能力上，还涉及信息处理和认知负荷的变化，如表 8-1 所示。

表 8-1　生成式 AI 信息失真对场独立性认知风格的交互影响

场独立性认知风格	生成式 AI 的信息失真性	影响过程	作用机制
依赖自我导向和逻辑分析，不受外部因素影响	提供的数据和分析看似合理且具有高度的表面可信度	决策质量和效率受到损害，可能产生错误和误判	信息失真与个体的决策模式和偏好相吻合，导致个体难以辨别真伪，从而影响决策的正确性和速度
具有较强的逻辑思维和结构化分析能力，能够独立思考并找到解决方案	提供的信息具有高度的复杂性和细腻性，能够模拟人类语言的多样性和变化性	问题解决过程受到干扰，增加认知负荷，影响效率	信息失真增加了个体在信息筛选和验证上的难度和成本，使个体在思考和寻找解决方案时需要更多的时间和精力，从而影响问题解决的效率

首先，信息失真会直接影响这些知识工作者的决策质量和效率。由于场独立性个体倾向于依赖自我导向和逻辑分析，他们在处理信息时可能更加依赖生成式 AI 提供的数据和分析。然而，当这些信息存在失真时，会导致决策的错误和误判。例如，医学领域的医生可能根据生成式 AI 提供的错误诊断信息，做出不当的治疗决策，从而影响患者的健康。

其次，信息失真对场独立性认知风格的另一个影响体现在问题解决过程中。场独立性个体通常具有较强的逻辑思维和结构化分析能力，这使他们在面对复杂问题时能够独立思考并找到解决方案。然而，生成式 AI 提供的失真信息会干扰他们的思维过程，增加认知负荷，导致他们在信息筛选和验证上花费更多的时间和精力，影响整体问题解决的效率。具体而言，生成式 AI 生成的失真信息通常具有高度的表面可信度，能够模拟人类语言的复杂性和细腻性，使其看起来非常真实和可靠。这种信息的特性增加了场独立性个体辨别真伪的难度，即使是具有

较强批判性思维能力的个体，在面对高度复杂和巧妙设计的虚假信息时，也可能难以完全避免被误导。

最后，信息失真还可能导致场独立性认知风格的知识工作者产生不必要的信任危机。当这些个体多次遇到生成式 AI 提供的错误信息时，他们可能会对这一技术的可靠性产生怀疑，进而影响其在工作中的应用和信任。这种信任危机不仅会降低生成式 AI 的使用效率，还可能导致对技术的抵触和拒绝，影响其在专业领域的推广和应用。

四、实际应用场景分析

在实际应用场景中，生成式 AI 的信息失真对场独立性认知风格知识工作者的影响尤为显著。以下将通过几个具体的专业领域案例进行详细分析，展示信息失真对工作成果和决策质量的具体影响（Gradon，2024）。

在医疗领域，生成式 AI 被广泛应用于临床决策支持系统。然而，当生成式 AI 提供的诊断信息失真时，会对医生的决策产生重大影响。例如，一项研究发现，某医院的医生在使用生成式 AI 进行癌症诊断时，由于 AI 系统使用的训练数据包含错误信息，导致部分患者被误诊为癌症，而实际上患者并不患有该疾病。这种误诊不仅给患者带来了不必要的心理压力和经济负担，还可能导致错误治疗甚至危及生命。此外，生成式 AI 在药物推荐方面的信息失真也可能导致严重后果。医生依赖 AI 系统推荐药物治疗方案，但如果 AI 系统提供的药物信息有误，可能导致患者用药不当，产生严重副作用甚至致命后果。这些案例表明，生成式 AI 在医疗领域的信息失真对场独立性认知风格的医生造成了重大挑战，影响了他们的决策质量和患者的治疗效果（赵浜等，2023）。

在金融领域，生成式 AI 被用于市场分析和投资决策。然而，当 AI 系统提供的市场信息失真时，会对金融分析师的决策产生显著影响。某投资公司的分析师依赖生成式 AI 提供的市场预测进行投资决策，但由于 AI 系统的数据源不准确，导致错误的市场预测，最终公司在投资中遭受了重大经济损失。这种错误决策不仅影响了公司的财务状况，还损害了分析师的职业信誉。金融市场的动态变化和复杂性要求分析师具备高效的信息处理和判断能力。然而，生成式 AI 提供的失真信息增加了分析师的认知负荷，使他们在信息筛选和验证过程中耗费更多的时间和精力，影响了整体决策效率。这些案例表明，生成式 AI 的信息失真对金融领域的场独立性认知风格知识工作者带来了严重挑战，影响了他们的工作成果和决策质量（喻国明等，2023）。

在教育领域，生成式 AI 被用于个性化教学和学生评估。然而，当 AI 系统提供的教育建议失真时，会对教师的教学决策产生负面影响。例如，某大学的教师依赖生成式 AI 系统为学生制定个性化学习计划，但由于 AI 系统的数据分析错误，导致部分学生的学习计划不适合其实际需求，影响了学生的学习效果。这种错误不仅影响了学生的学习体验，还可能导致教师对 AI 系统的信任度下降，影响其在教育中的进一步应用（王晓丽等，2024）。

总之，生成式 AI 的信息失真现象对场独立性认知风格知识工作者的决策和问题解决产生了多方面的负面影响。通过详细分析实际应用场景中的具体案例，可以看出，信息失真不仅增加了知识工作者的认知负荷，还影响了他们的决策质量和工作成果。这些影响进一步强调了在生成式 AI 技术应用中，必须重视信息的准确性和可靠性，以确保其能够真正为专业领域的发展和进步提供支持。

五、总结

生成式 AI 的信息失真现象对场独立性认知风格的知识工作者带来了显著的影响，尤其在决策和问题解决方面。场独立性知识工作者依赖其独立分析和逻辑思维能力，生成式 AI 提供的失真信息会直接干扰他们的判断，导致错误决策和效率低下。具体而言，在医疗、金融和教育等领域，生成式 AI 的信息失真已造成明显的负面后果，包括误诊、投资失误和教学效果不佳。

通过实际应用场景的分析，进一步揭示了生成式 AI 信息失真对场独立性认知风格知识工作者的具体影响。在医疗领域，错误的诊断信息导致误诊和不当治疗；在金融领域，错误的市场预测导致重大经济损失；在教育领域，错误的学习计划影响学生的学习效果。这些案例表明，生成式 AI 的信息失真现象不仅增加了知识工作者的认知负荷，还严重影响了他们的工作成果和决策质量。

综上所述，生成式 AI 的信息失真现象对场独立性认知风格的知识工作者提出了严峻的挑战。尽管他们在逻辑分析和批判性思维方面具有优势，但面对高度复杂和动态变化的信息环境时，仍需不断提升其信息甄别能力和跨学科协作水平。只有这样，才能在复杂的信息环境中保持高效和准确的决策能力，为专业领域的发展提供有力支持。

第二节　生成式 AI 的信息失真与认知风格的场依存性的交互作用

生成式 AI 技术的广泛应用带来了信息处理效率的提高，但也引发了信息失真问题。对于场依存性认知风格的知识工作者而言，这种信息失真现象带来了更严重的挑战。这些个体通常依赖外部线索和情境信息进行决策，当信息失真时，他们的判断和行动会受到显著影响。本节深入探讨生成式 AI 信息失真对场依存性认知风格知识工作者的挑战，分析其在团队合作中的脆弱点，以及这些失真信息对团队合作和整体效率的具体影响。

一、生成式 AI 信息失真对场依存性认知风格知识工作者的挑战

生成式 AI 的信息失真对场依存性认知风格知识工作者带来了严重挑战。这些个体通常依赖外部线索和社会情境进行信息处理，当生成式 AI 生成的虚假信息符合他们的情境依赖特性时，他们更容易被误导。这一现象可以通过多个维度来详细分析（Shin，2024）。

首先，场依存性认知风格的个体在处理信息时，通常高度依赖于外部线索和社会情境。例如，他们在面对复杂问题时，更倾向于参考他人意见和外部资源，而不是仅仅依赖自己的内部知识和逻辑推理。这种特性在生成式 AI 信息失真的情况下，成为一个显著的弱点。生成式 AI 生成的高质量虚假内容，如深度伪造视频和高度仿真的虚假新闻，利用了场依存性个体对外部线索的依赖性，使他们更容易接受这些虚假信息为真。例如，在社交媒体平台上广泛传播的虚假新闻，常常通过详细描述的情境和情感化的叙述，增强其可信度。场依存性个体在面对这些信息时，由于依赖外部的情境和细节，更容易被这些虚假内容所迷惑，从而误判信息的真实性（洪涛，2023）。

其次，场依存性认知风格的个体通常具有较强的情感依赖和社会互动倾向，他们在信息处理过程中，往往受到情感和社会压力的影响较大。生成式 AI 生成的虚假内容，常常通过情感操纵来增强其传播效果，如利用恐惧、愤怒等情绪引起受众的强烈反应，从而扩大虚假信息的传播范围。这些情感操纵策略对场依存性个体有特别强的影响。由于这些个体更倾向于在社会互动中寻找支持和验证，当虚假信息通过社交网络广泛传播并获得大量互动时，场依存性个体更容易接受这些信息，并进一步传播。这不仅增强了虚假信息的影响力，还破坏了公共讨论的理性基础（章诚豪等，2023）。

最后，场依存性认知风格的个体在面对大量复杂和快速变化的信息时，容易出现信息过载和认知疲劳。这种认知负荷的增加使得他们在信息筛选和验证上耗费更多时间和精力，进而降低了信息处理的效率和准确性。生成式 AI 生成的虚假信息通过大量重复和多渠道传播，加剧了信息过载现象。例如，在面对大量关于某一事件的不同报道时，场依存性个体需要花费大量时间去筛选和验证这些信息的真实性。而生成式 AI 生成的虚假信息往往以高度相似的形式反复出现，使得信息的筛选和验证变得更加困难。这种信息过载和认知疲劳不仅降低了他们的信息处理效率，还可能导致对真实信息的忽视和误判。

二、场依存性认知风格在信息失真面前的脆弱性

从上文可知，场依存性认知风格的个体在面对信息失真时，表现出明显的脆弱性，这些脆弱性主要体现在以下几个方面（Bontridder 等，2021），如表 8-2 所示。

表 8-2　生成式 AI 信息失真对场依存性认知风格的交互影响

场依存性认知风格	生成式 AI 的信息失真性	影响过程	作用机制
高度依赖外部情境	提供虚假的线索和背景信息	增加了受众的信任和接受度	利用社会认同、权威效应等心理因素，减少对信息的质疑和检验
易受情感和社会压力影响	利用情感操纵来增强传播效果	引起受众的强烈反应和共鸣	利用恐惧、愤怒等负面情绪，激发受众的行为动机，降低了对信息的理性分析
缺乏批判性思维和技术素养	利用先进的技术手段来制造真实感	降低了受众的辨别能力和意愿	利用视觉、听觉等感官刺激，模拟真实的情景和人物，增加了信息的可信度和吸引力

由于场依存性个体在信息处理过程中高度依赖外部情境，当生成式 AI 提供的外部线索和情境信息失真时，这些个体更容易被误导。例如，在新闻媒体中，虚假报道通过详细的背景信息和生动的叙述，使得受众相信其真实性，而场依存性个体更容易在这种情况下被误导（喻国明、苏芳等，2023）。

场依存性个体在信息处理过程中，往往受到情感和社会压力的影响较大。生成式 AI 生成的虚假内容通过情感操纵来增强其传播效果，这种策略对场依存性个体尤其有效。例如，虚假信息利用恐惧、愤怒等情绪引起受众的强烈反应，场依存性个体更容易在这种情感压力下接受和传播虚假信息。

场依存性个体在面对大量复杂和快速变化的信息时，往往缺乏足够的批判性思维能力和技术素养，难以独立验证信息的真实性。这种依赖性使得他们更容易受到虚假信息的影响，特别是在信息复杂性和动态变化较高的领域，如金融和政治领域。例如，在面对大量市场分析报告时，场依存性个体可能难以识别其中的虚假信息，从而做出错误的投资决策。

场依存性个体在社会互动中寻找支持和验证，这使得他们在面对广泛传播的虚假信息时更容易受到影响。当虚假信息通过社交网络广泛传播并获得大量互动时，场依存性个体更容易接受这些信息，并进一步传播。这不仅增强了虚假信息的影响力，还破坏了公共讨论的理性基础，也可能导致社会极化和对立情绪的加剧（蒋雪颖等，2023）。

综上所述，生成式 AI 的信息失真现象对场依存性认知风格的知识工作者提出了严峻的挑战和脆弱点。这些个体在信息处理和决策过程中，容易受到外部虚假信息的影响，增加了信息筛选和验证的难度，同时也更容易被情感操纵和社会互动所误导。因此，理解和应对这些挑战，对于提高知识工作者的信息处理能力和决策质量至关重要。通过详细分析生成式 AI 信息失真的类型、成因及其对场依存性认知风格知识工作者的影响，可以为制定有效的应对策略提供理论依据和实践指导。

三、生成式 AI 信息失真对场依存性团队合作的影响

生成式 AI 的信息失真不仅对个体产生影响，更对团队合作带来了复杂的挑战。场依存性认知风格的知识工作者在团队合作中通常依赖于外部线索和社会情境，这使得他们在面对信息失真时容易受到误导，进而影响整个团队的协作和沟通（Weidinger 等，2021）。

首先，生成式 AI 生成的虚假信息可以通过团队成员之间的互动和交流迅速传播。在团队合作中，场依存性个体往往依赖于团队领导或其他成员提供的信息和指导，当这些信息存在失真时，整个团队的决策和行动都可能受到负面影响。例如，虚假信息可能导致团队在项目规划和执行过程中做出错误的决策，进而影响项目的进度和质量。

其次，信息失真还可能导致团队成员之间的信任危机。团队合作依赖于成员之间的信任和协作，而生成式 AI 生成的虚假信息可能破坏这种信任。例如，当团队成员发现他们依赖的信息是错误的，可能会对信息提供者产生怀疑，进而影响团队的凝聚力和协作效率。

此外，生成式 AI 的信息失真还会增加团队的认知负荷和沟通成本。团队成员需要花费更多的时间和精力来验证和筛选信息的真实性，这不仅增加了工作负担，还可能导致沟通中的误解和信息传递的延迟。例如，在一个项目团队中，成员可能需要反复核对生成式 AI 提供的数据和分析报告，才能确定其可信度，这无形中延长了决策的时间和复杂性。

四、实际应用场景分析

为了更好地理解生成式 AI 信息失真对场依存性认知风格知识工作者的影响，可以通过具体的专业领域案例进行详细分析。这些案例将展示信息失真如何影响团队合作和整体效率（Meyrowitsch 等，2023）。

1. 医疗团队的影响

在医疗团队中，生成式 AI 被广泛用于诊断和治疗建议。然而，当 AI 系统提

供的医疗信息失真时，会对医疗团队的合作产生重大影响。例如，某医院的医生团队依赖生成式 AI 提供的诊断建议进行病例讨论和决策，如果这些信息有误，会导致错误的诊断和治疗方案，影响患者的健康和安全。医疗团队中的场依存性成员，如护士和辅助人员，通常依赖医生的指导，当医生依赖的 AI 信息失真时，整个医疗团队的工作效率和协作质量都会受到影响。

2. 金融分析团队的影响

在金融分析团队中，生成式 AI 用于市场分析和投资决策。当 AI 系统提供的市场信息失真时，会对团队的分析和决策产生负面影响。例如，某投资公司的分析团队依赖生成式 AI 提供的市场预测进行投资策略讨论和决策，如果这些信息不准确，会导致错误的投资决策和经济损失。金融分析团队中的场依存性成员，如数据分析师和投资顾问，通常依赖团队领导或核心成员提供的信息和指导，当这些信息存在失真时，整个团队的决策效率和投资效果都会受到影响。

3. 工程项目团队的影响

在工程项目团队中，生成式 AI 用于设计优化和项目管理。当 AI 系统提供的设计建议和项目数据失真时，会对团队的合作和项目进度产生重大影响。例如，某工程公司的项目团队依赖生成式 AI 提供的设计优化方案和进度管理建议，如果这些信息有误，会导致设计错误和项目延误。工程项目团队中的场依存性成员，如项目经理和设计师，通常依赖 AI 提供的数据和分析，当这些信息存在失真时，整个团队的工作效率和项目质量都会受到影响（喻国明、李钒，2024）。

综上所述，生成式 AI 的信息失真对团队合作带来了复杂的挑战，尤其对场依存性认知风格的知识工作者影响显著。这些个体在团队合作中依赖外部信息和社会情境，当生成式 AI 提供的信息失真时，不仅影响个体的判断和决策，还会影响整个团队的协作效率和工作成果。理解这些影响并采取有效的应对策略，对于提高团队的工作效率和决策质量至关重要。

五、总结

生成式 AI 的信息失真对场依存性认知风格知识工作者的影响是多方面的。

首先，依赖外部线索的特点使这些个体在面对虚假信息时更容易受到误导。生成式 AI 生成的高质量虚假内容，通过模拟真实情境和细节，极大地增强了其可信度，使场依存性个体难以辨别真伪。

其次，情感依赖和社会互动的倾向使得这些个体在面对情感化操纵时更容易受影响。生成式 AI 生成的虚假信息常常利用情感操纵来增强其传播效果，利用恐惧、愤怒等情绪引发受众的强烈反应，进而扩大虚假信息的传播范围。

最后，信息失真对团队合作的影响尤为显著。生成式 AI 生成的虚假信息通过团队成员之间的互动和交流迅速传播，影响整个团队的决策和行动。此外，信息失真还可能导致团队成员之间的信任危机，增加认知负荷和沟通成本，进而影响团队的工作效率和协作质量。

通过对这些影响的详细分析可以看出，生成式 AI 信息失真对场依存性认知风格知识工作者带来了复杂的挑战。这些个体在信息处理和决策过程中，容易受到外部虚假信息的影响，增加了信息筛选和验证的难度，同时也更容易被情感操纵和社会互动所误导。理解和应对这些挑战，对于提高知识工作者的信息处理能力和决策质量至关重要。

第三节　相关实证研究与案例分析

本节旨在通过实证研究和案例分析，探讨生成式 AI 信息失真对知识工作者认知风格的影响。首先，汇总和分析已有文献中关于生成式 AI 信息失真与知识工作者认知风格交互影响的研究，比较不同研究的结果和结论。其次，通过典型案例展示生成式 AI 失真信息在不同认知风格知识工作者中的应用效果，详细分析每个案例的背景、过程和结果，以揭示信息失真对不同认知风格的具体影响。

一、实证研究综述

近年来，关于生成式 AI 信息失真与知识工作者认知风格交互影响的研究越来越多。这些研究揭示了生成式 AI 在信息生成和传播中的复杂作用，以及这种信息失真对不同认知风格知识工作者的影响（Meyrowitsch 等，2023）。

首先，多项研究表明，生成式 AI 通过生成高质量且看似真实的虚假信息，极大地增加了信息失真的风险。AI 技术不仅能够生成虚假文本，还能创建高度逼真的图像、音频和视频内容，这些内容常常被用于误导和操纵公众。例如，生成式 AI 生成的深度伪造视频可以模拟真实人物的声音和表情，使受众难以辨别其真实性。有研究还指出，生成式 AI 的信息失真对不同认知风格的个体产生了不同的影响。场独立性认知风格的知识工作者通常依赖于逻辑分析和内部线索，因此在面对复杂和模糊的信息时，能够保持一定的独立判断和理性分析。然而，当生成式 AI 提供的信息存在失真时，即使是这些具有较强批判性思维能力的个体，也可能难以避免被误导（喻国明等，2024）。

其次，场依存性认知风格的知识工作者更依赖外部环境和社会情境进行信息处理。当生成式 AI 生成的虚假信息符合他们的情境依赖特性时，他们更容易被误导。例如，虚假新闻通过详细的背景信息和情感化的叙述，使场依存性个体感到信息真实可信，从而接受这些虚假信息为真。

最后，一些研究还探讨了生成式 AI 信息失真的传播机制。生成式 AI 不仅能够生成虚假内容，还能通过社交媒体和其他在线平台快速传播这些内容。这种信息传播方式使得虚假信息能够在短时间内覆盖大量受众，极大地增加了信息筛选和验证的难度（严驰，2024）。

二、典型案例分析

为了更好地理解生成式 AI 信息失真对不同认知风格知识工作者的影响，可以通过实际案例进行分析（Bontridder 等，2021）。

案例一：新闻领域。生成式 AI 在新闻编辑领域中，因其快速生成和筛选新闻素材的能力而备受青睐。对于场依存性认知风格的编辑者，他们在工作中更倾向于依赖外部线索和整体情境来判断和筛选新闻信息。当生成式 AI 在素材筛选中出现信息失真，如提供带有偏见的新闻报道或错误时间线，场依存性编辑者容易受到这些表面信息的影响，特别是在其依赖 AI 生成内容进行决策时。长此以往，他们可能逐渐失去独立判断能力，并对生成式 AI 的输出产生过度依赖，进而放大偏见和失真的传播风险。

与此相反，场独立性认知风格的编辑者更倾向于独立地审视和分析 AI 生成的素材。他们不会过分依赖外部情境，通常能够保持一定的批判性思维，从中发现和质疑潜在的失真问题。这种独立性使得他们有能力深入解析和验证生成内容的真实性。然而，这种特性也可能带来新的问题，即当 AI 生成的素材量巨大或复杂性较高时，场独立性编辑可能会过度关注局部细节的纠正和调整，忽视新闻的整体结构和更广泛的情境需求，从而影响新闻内容的连贯性和社会价值。

案例二：市场分析。生成式 AI 在市场研究中的趋势分析能力是提升效率的重要手段。对于场依存性认知风格的市场研究人员，他们更依赖外部情境和整体数据趋势来进行分析和判断。当 AI 的预测结果存在失真或偏差时，如在某类产品市场需求的误判，这类研究人员往往容易受到 AI 的引导而失去质疑能力，进而在市场战略决策中做出错误判断。随着生成式 AI 的应用广泛化，这种过度依赖可能削弱他们的独立分析和判断能力，使 AI 生成的偏差进一步扩大化。

反之，场独立性认知风格的市场研究人员更注重独立分析和自我判断。当生成式 AI 提供的趋势分析存在误导性时，他们更倾向于自主验证和探究，通常表现出更高的批判性思维能力。然而，这种对细节和独立分析的高度关注也可能使他们在应对生成式 AI 的复杂数据输出时，陷入"过度解析"的陷阱，消耗大量时间和资源在纠正细节偏差上，忽略了市场的整体趋势和外部变化（张娟，

2024b）。

案例三：在教育领域中，生成式 AI 被广泛用于生成个性化课程和教学内容。对于场依存性认知风格的教师，他们倾向于使用外部线索和整体结构设计课程，因此 AI 生成的内容通常会对其课程设计产生较大的影响。当生成内容存在失真、文化偏见或知识错误时，这些教师往往难以全面验证信息的准确性，并可能直接将不准确的内容融入教学中，进而影响教学质量和学生的知识吸收。

另外，场独立性认知风格的教师更倾向于以自我参照为中心，对生成式 AI 的输出进行独立筛选和修改。他们能够较好地甄别和调整失真的内容，从而提高课程的准确性和有效性。然而，过于独立的分析可能会使他们在面对大量生成内容时，花费过多精力在细节验证上，延误整体课程的设计与实施。同时，这也可能导致他们忽视生成式 AI 的潜在优势，影响整体教学效率的提升（陈华明等，2024）。

通过这些实际案例分析可以看出，生成式 AI 信息失真对不同认知风格知识工作者的影响是多方面的。信息失真不仅增加了知识工作者的信息筛选和验证难度，还可能导致错误的决策和负面的工作成果。理解这些影响并采取有效的应对策略，对于提高知识工作者的信息处理能力和决策质量至关重要。

三、研究发现与启示

通过对生成式 AI 信息失真与知识工作者认知风格交互影响的实证研究和案例分析，可以总结出几个关键的发现和启示。

首先，生成式 AI 生成的虚假信息具有高度的真实性和复杂性，增加了知识工作者辨别真伪的难度。童建军等（2024）的研究表明，生成式 AI 不仅能够生成虚假文本，还能创建高度逼真的图像、音频和视频内容，这些内容常常被用于误导和操纵公众。

其次，不同认知风格的知识工作者在面对生成式 AI 信息失真时表现出不同的脆弱性。场独立性认知风格的知识工作者依赖逻辑分析和内部线索，尽管在面对复杂信息时能保持一定的独立判断，但生成式 AI 的虚假信息仍可能干扰他们的决策和问题解决能力。相反，场依存性认知风格的知识工作者更依赖外部环境和社会情境进行信息处理，因此在虚假信息符合其情境依赖特性时，更容易被误导。

最后，生成式 AI 的信息失真还对团队合作产生了负面影响。虚假信息通过团队成员之间的互动和交流迅速传播，不仅影响团队的决策，还可能破坏成员之间的信任，增加沟通成本和认知负荷。这些影响强调了需要提高知识工作者的信息处理能力和对生成式 AI 技术的理解。

具体来说，以下是研究中的一些关键发现：①信息真实性的挑战：生成式AI 生成的虚假信息常常通过详细的背景信息和情感化的叙述，使其看起来极为真实和可信，增加了辨别的难度。②认知风格的影响：场独立性个体虽然依赖逻辑分析，但在面对高复杂度和高细节的虚假信息时，仍然可能受到干扰。而场依存性个体由于依赖外部线索，更容易在情境化的虚假信息面前被误导。③团队合作的困境：虚假信息在团队中传播，可能导致成员间的不信任和决策的混乱，进而影响团队整体的效率和协作质量（Preiksaitis 等，2023）。

四、未来研究方向

尽管已有研究揭示了生成式 AI 信息失真对知识工作者的负面影响，但仍存在一些局限性和未来研究方向。

首先，现有研究多集中于生成式 AI 的技术性能和信息失真的传播机制，而对其在具体应用场景中的长期影响研究较少。例如，如何在实际工作环境中长期监测和应对生成式 AI 的信息失真，仍需进一步探索。

其次，不同认知风格知识工作者在应对生成式 AI 信息失真时的具体策略和效果尚未充分研究。未来研究应关注如何为不同认知风格的知识工作者制定个性化的应对策略，提高他们的信息甄别能力和决策质量。例如，针对场独立性个体，可以开发更为复杂和多层次的信息验证工具，而针对场依存性个体，则可以加强情境分析和情感管理的培训。

最后，生成式 AI 的信息失真现象还引发了广泛的伦理和法律问题，如隐私保护、责任归属和数据安全等。这些问题不仅涉及技术本身的改进，也需要在政策和法律层面进行规范和管理。未来研究应加强跨学科合作，综合考虑技术、伦理和法律因素，为应对生成式 AI 信息失真提供全面的解决方案。

在具体研究方法方面，可以考虑以下几个方面：①长期跟踪研究：对不同专业领域中生成式 AI 的应用进行长期跟踪，观察其信息失真对工作效率和决策质量的持续影响。②跨学科合作：结合心理学、信息科学、法律和伦理学等多学科的方法，综合研究生成式 AI 信息失真的全貌和解决方案。③个性化应对策略：开发针对不同认知风格的个性化信息验证和决策支持工具，提高知识工作者在面对复杂信息环境时的适应能力。

综上所述，生成式 AI 的信息失真现象对知识工作者的认知和决策产生了深远影响。通过总结现有研究和案例分析，可以为未来研究和实际应用提供重要的启示。进一步探索生成式 AI 信息失真和知识工作者认知风格交互影响的方法，将有助于提升专业领域的工作效率和决策质量。

五、总结

通过对生成式 AI 信息失真与知识工作者认知风格交互影响的实证研究和案例分析，可以得出以下几个关键发现。

首先，生成式 AI 生成的虚假信息具有高度的真实性和复杂性，增加了知识工作者辨别真伪的难度。这些信息常常通过详细的背景和情感化的叙述，使其看起来极为真实和可信，从而误导知识工作者。

其次，不同认知风格的知识工作者在面对生成式 AI 信息失真时表现出不同的脆弱性。场独立性认知风格的知识工作者虽然依赖逻辑分析，但在面对高度复杂和细节丰富的虚假信息时，仍然可能会受到干扰。而场依存性认知风格的知识工作者由于依赖外部环境和社会情境，更容易在情境化的虚假信息面前被误导。这种差异性表明，在制定应对策略时，需要针对不同认知风格采取个性化的措施。

最后，生成式 AI 的信息失真还对团队合作产生了负面影响。虚假信息通过团队成员之间的互动和交流迅速传播，不仅影响团队的决策，还可能破坏成员之间的信任，增加沟通成本和认知负荷。这些影响强调了需要提高团队成员的信息处理能力和对生成式 AI 技术的理解，以保障团队合作的效率和质量。

通过这些发现，可以为未来研究和实际应用提供重要的启示。进一步探索生成式 AI 信息失真和知识工作者认知风格交互影响的方法，将有助于提升专业领域的工作效率和决策质量。在未来的研究中建议采用长期跟踪研究、跨学科合作以及开发个性化应对策略等方法，以更全面地理解和应对生成式 AI 信息失真的挑战。

第九章 其他条件：AI 技术特征、用户个人特征和工作情境特征的影响

在现代工作环境中，生成式 AI 技术的应用正在迅速扩展，其对知识工作者的认知感应产生了广泛而深远的影响。然而，要全面理解这些影响，不仅需要考虑 AI 技术本身的特征，还必须关注用户个人特征和工作情境特征的作用。本章深入探讨这些多样因素如何交互影响知识工作者对生成式 AI 信息的认知赋能和认知局限状态。第一节探讨 AI 技术的多样性特征。除了信息可靠性和信息失真，生成式 AI 还具有多模态生成、自适应学习、交互性和实时响应等特征，这些特征如何在不同条件下增强或限制知识工作者的认知感应将是关注的重点。通过详细分析这些技术特征，可以更好地理解如何优化 AI 系统的设计和应用。第二节分析用户个人特征对生成式 AI 信息认知感应的影响。个性特征如自信心、开放性和适应能力，以及职业经验和背景，如何在知识工作者的认知赋能和认知局限状态中发挥作用。学习能力和适应能力在不同认知风格中的表现，如何影响知识工作者对 AI 技术的接纳和应用，将通过具体的职业场景进行阐述。第三节重点讨论工作情境特征的影响。工作任务的复杂性和多样性、组织环境和文化，以及团队结构与合作方式，如何在实际应用中影响知识工作者的认知感应。通过分析这些因素，可以更好地理解如何在不同工作情境中优化生成式 AI 的应用，提升工作效率和团队协作。本章的目的是通过多维度的分析，为生成式 AI 在专业领域的应用提供全面的理论基础和实践指导，从而提升知识工作者的工作效率和决策质量。

第一节 其他 AI 技术特征对知识工作者双重认知感应的影响

在探讨生成式 AI 对知识工作者认知感应的影响时，除了信息可靠性和信息

失真两个主要维度，AI 技术的其他特征也发挥着重要作用。本节详细分析生成式 AI 的多样性特征及其对知识工作者认知赋能状态和认知偏差状态的影响。首先，描述生成式 AI 技术的多模态生成、自适应学习、交互性和实时响应等特征。其次，探讨这些特征之间的交互作用及其对知识工作者认知感应的影响，具体分析其在增强认知赋能和引发认知局限方面的表现和机制。

一、生成式 AI 技术特征的多样性

生成式 AI 技术除了信息可靠性和信息失真两个维度，还有许多其他特征能够影响知识工作者的认知赋能状态或认知偏差状态（Stokel‑Walker 等，2023；Korteling 等，2023）。首先，生成式 AI 的多模态生成能力是一个重要特征。多模态生成指的是 AI 能够生成不同类型的数据，如文本、图像、音频和视频。这种能力允许生成式 AI 在各种情境下提供多种形式的信息，使其应用范围更广泛。例如，在教育领域，AI 可以生成互动式教材和多媒体学习资源，提高学生的学习效果。

自适应学习能力也是生成式 AI 的一个显著特征。自适应学习指的是 AI 能够根据用户的反馈和行为不断调整和优化其输出。这种特性使得 AI 系统能够提供更个性化和精确的信息服务，从而提高用户的满意度和使用效果。在医疗领域，生成式 AI 可以根据医生的诊断习惯和患者的个体差异，提供定制化的治疗方案，提升诊断的准确性和治疗效果。

生成式 AI 的交互性和实时响应能力也是关键特征。交互性指的是 AI 系统能够与用户进行自然语言对话，并在对话过程中提供即时的反馈和建议。这种特性使得 AI 能够在实时决策和问题解决过程中发挥重要作用。例如，在金融分析中，AI 可以实时处理市场数据并提供投资建议，帮助分析师做出快速而准确的决策。

生成式 AI 技术特征的多样性不仅能够带来认知赋能，还可能引发认知局限。例如，多模态生成能力虽然能够提供丰富的信息资源，但也可能带来信息过载，使知识工作者在信息筛选和处理上耗费更多的时间和精力，增加认知负荷。自适应学习能力虽然能够提供个性化服务，但如果训练数据存在偏差，AI 系统可能会强化用户的认知偏差，使其难以接触到全面和客观的信息。交互性和实时响应能力则可能导致用户过度依赖 AI 系统，削弱其自主判断和批判性思维能力。

二、不同生成式 AI 技术特征的交互作用

不同 AI 技术特征之间的交互作用对知识工作者的认知赋能状态和认知局限状态有着重要影响（Korteling 等，2023）。首先，多模态生成和自适应学习能力的结合，可以显著提高信息的多样性和个性化。这种结合不仅能够提供更丰富的

学习和工作资源,还能够根据用户的反馈不断优化和调整信息的呈现方式,提升用户的认知效果。例如,在企业培训中,AI 系统可以生成多媒体培训材料,并根据员工的学习进度和反馈进行动态调整,从而提高培训的效果和效率。然而,多模态生成和自适应学习能力的结合也可能引发认知局限。生成式 AI 系统在生成多模态信息时,如果未能有效过滤和验证信息来源,可能会生成大量不准确或误导性的信息,增加用户的认知负担和偏差风险。此外,自适应学习能力虽然能够根据用户反馈不断优化,但如果用户反馈存在偏差,AI 系统可能会强化这些偏差,进一步影响用户的决策质量和认知判断。

交互性和实时响应能力的结合可以增强用户的决策支持和问题解决能力。当 AI 系统能够与用户进行实时互动并提供即时反馈时,用户在面对复杂问题时可以获得更全面和及时的信息支持,从而做出更明智的决策。例如,在应急管理中,AI 系统可以实时分析灾害数据并提供应急响应建议,帮助决策者迅速制定和实施应对措施,减少灾害损失。然而,这种特性的结合也可能导致用户过度依赖 AI 系统,削弱其自主判断和批判性思维能力,增加认知局限风险。

此外,多模态生成、交互性和自适应学习能力的综合应用,可以创建更具沉浸感和互动性的工作环境,增强用户的学习和工作体验。这种综合应用不仅可以提供多样化和个性化的信息服务,还能够通过自然语言对话和实时反馈,提升用户的参与度和满意度。例如,在虚拟现实培训中,AI 系统可以生成高度逼真的虚拟场景,并根据用户的操作和反馈进行实时调整,使用户获得更加真实和有效的培训体验。然而,这种综合应用也可能带来新的认知偏差风险。高度沉浸和互动的虚拟环境可能导致用户过度依赖 AI 系统,忽视自身的判断和分析能力,增加认知偏差和决策失误的可能性。此外,实时反馈和动态调整虽然能够提高用户体验,但如果未能有效控制信息的准确性和客观性,也可能导致用户接收到偏差信息,从而影响其决策质量和认知效果。

综上所述,生成式 AI 技术的多样性和不同特征之间的交互作用,对知识工作者的认知赋能状态和认知偏差状态产生了深远影响。通过深入理解这些特征及其相互作用机制,可以为优化 AI 系统的设计和应用提供理论依据和实践指导,从而提升专业领域的工作效率和决策质量。

三、生成式 AI 技术特征对认知状态的赋能与限制

生成式 AI 技术特征的多样性不仅在特定条件下能够增强知识工作者的认知感应,还可能在其他情况下限制其认知发展。具体来说,以下几个特征在不同条件下对认知感应的影响尤为显著(Walter,2024),如表 9-1 所示。

表 9-1　生成式 AI 技术特征对认知状态的赋能与限制机制

生成式 AI 技术特征	认知赋能状态	认知局限状态	作用机制
多模态生成能力	信息传播效果提升	信息过载导致认知负荷增加	AI 系统能够生成不同类型的数据，增加用户的信息获取渠道和选择范围
自适应学习能力	匹配度和满意度提高	训练数据偏差导致认知偏差增加	AI 系统能够根据用户的反馈和行为不断调整和优化其输出，使其更符合用户的需求和偏好
交互性和实时响应能力	决策支持和问题解决能力提高	过度依赖导致自主判断和批判性思维能力降低	AI 系统能够与用户进行实时的交流和反馈，为用户提供有效的建议和解决方案

　　首先，多模态生成能力指的是 AI 系统能够生成不同类型的数据，如文本、图像、音频和视频。这一特性在信息传播和教育领域有着重要应用。例如，在教育领域，AI 可以生成互动式教材和多媒体学习资源，提高学生的学习效果。然而，这一特性也可能带来信息过载问题，增加用户的认知负荷。信息过载使知识工作者在信息筛选和处理上耗费更多时间和精力，可能会导致认知疲劳。

　　其次，自适应学习能力使得 AI 系统能够根据用户的反馈和行为不断调整和优化其输出。这一特性在医疗和个性化服务领域具有显著优势。例如，生成式 AI 可以根据医生的诊断习惯和患者的个体差异，提供定制化的治疗方案，提升诊断的准确性和治疗效果。然而，如果训练数据存在偏差，AI 系统可能会强化用户的认知偏差，使其难以接触到全面和客观的信息，从而影响决策质量。

　　再次，AI 系统的交互性和实时响应能力可以增强用户的决策支持和问题解决能力。例如，在金融分析中，AI 可以实时处理市场数据并提供投资建议，帮助分析师做出快速而准确的决策。然而，这种特性也可能导致用户过度依赖 AI 系统，削弱其自主判断和批判性思维能力，增加认知偏差的风险。用户在面对复杂问题时，可能倾向于依赖 AI 提供的即时反馈，而不是进行深入分析和独立思考。

　　最后，AI 系统的透明性和可解释性也是关键特征。透明性指的是 AI 系统在决策过程中的开放性和可追溯性，可解释性则是指 AI 系统能够提供易于理解的决策理由。这一特性在增强用户信任和提高决策质量方面具有重要作用。例如，在医疗领域，透明和可解释的 AI 系统可以帮助医生理解诊断建议的依据，从而增强其信任度和使用效果。然而，如果 AI 系统缺乏透明性和可解释性，用户可能对其决策产生怀疑，影响其应用效果。

四、实际应用场景分析

　　为了更好地理解不同 AI 技术特征对知识工作者认知感应的影响，可以通过实际应用场景进行分析（Stokel-Walker 等，2023）。

在医疗领域，生成式 AI 被广泛应用于诊断和治疗建议。多模态生成能力使得 AI 可以整合不同类型的医疗数据，如电子病历、影像数据和基因信息，为医生提供全面的诊断建议。然而，信息过载和数据整合中的错误可能导致医生在处理大量信息时出现认知疲劳，从而影响诊断质量。自适应学习能力使 AI 系统能够根据医生的诊断习惯提供个性化建议，但如果训练数据存在偏差，可能会导致误导性的治疗方案。

在金融分析中，生成式 AI 的交互性和实时响应能力尤为重要。AI 系统可以实时处理市场数据并提供投资建议，帮助分析师迅速应对市场变化。然而，过度依赖 AI 系统可能导致分析师忽视自身的分析能力，增加决策失误的风险。此外，AI 系统的透明性和可解释性也对分析师的决策信心产生重要影响。透明和可解释的 AI 系统可以增强分析师对 AI 建议的信任，从而提高决策质量。

在教育领域，生成式 AI 的多模态生成能力和自适应学习能力可以显著提高教学效果。AI 系统可以生成互动式教材和个性化学习计划，帮助学生根据自身需求进行学习。然而，信息过载和偏差数据可能影响学生的学习效果。透明和可解释的 AI 系统可以帮助教师和学生理解学习建议的依据，增强信任度和使用效果。

在应急管理中，生成式 AI 的交互性和实时响应能力可以显著提高决策效率和应对效果。AI 系统可以实时分析灾害数据并提供应急响应建议，帮助决策者迅速制定和实施应对措施。然而，过度依赖 AI 系统可能导致决策者忽视自身的分析能力，增加认知偏差的风险。透明和可解释的 AI 系统可以增强决策者对 AI 建议的信任，提高应急响应的准确性和及时性。

综上所述，生成式 AI 技术特征的多样性和不同特征之间的交互作用，对知识工作者的认知赋能状态和认知偏差状态产生了深远影响。通过深入理解这些特征及其相互作用机制，可以为优化 AI 系统的设计和应用提供理论依据和实践指导，从而提升专业领域的工作效率和决策质量。

五、总结

通过对生成式 AI 技术特征的多样性及其交互作用的详细分析，可以看出这些特征在不同条件下对知识工作者的认知感应有显著影响。首先，多模态生成能力、自适应学习、交互性和实时响应能力不仅能够提供丰富的学习和工作资源，还能够根据用户的反馈不断优化和调整信息的呈现方式，提升用户的认知效果。例如，在企业培训中，生成式 AI 可以生成多媒体培训材料，并根据员工的学习进度和反馈进行动态调整，从而提高培训的效果和效率。

然而，这些技术特征也可能引发认知偏差。例如，多模态生成能力虽然能够提供多样化的信息服务，但也可能导致信息过载，使用户在信息筛选和处理上耗费更多的时间和精力，增加了认知负荷。自适应学习能力虽然能够提供个性化服务，但如果训练数据存在偏差，AI 系统可能会强化用户的认知偏差，使其难以接触到全面和客观的信息，从而影响决策质量。交互性和实时响应能力虽然能够增强用户的决策支持和问题解决能力，但也可能导致用户过度依赖 AI 系统，削弱其自主判断和批判性思维能力，增加认知偏差的风险。

在实际应用中，不同 AI 技术特征对知识工作者的认知感应有着深远影响。例如，在医疗领域，生成式 AI 可以通过多模态生成和自适应学习提供全面的诊断建议，但信息过载和数据偏差可能导致医生在处理大量信息时出现认知疲劳和误判。在金融领域，交互性和实时响应能力能够帮助分析师迅速应对市场变化，但过度依赖 AI 系统可能导致决策失误。通过理解这些技术特征及其相互作用机制，可以为优化 AI 系统的设计和应用提供理论依据和实践指导，从而提升专业领域的工作效率和决策质量。

第二节 其他用户个人特征对知识工作者双重认知感应的影响

在探讨生成式 AI 对知识工作者认知感应的影响时，不仅需要关注 AI 技术的特征，还必须考虑用户个人特征的作用。本节深入分析知识工作者的个性特征和职业经验如何影响他们对生成式 AI 信息的接纳和应用。首先，讨论个性特征如自信心、开放性和适应能力对认知赋能和认知局限状态的影响。其次，探讨职业经验和背景在处理 AI 信息时的作用，比较经验丰富的知识工作者与新手在应对 AI 技术时的差异。最后，分析学习能力和适应能力对知识工作者接纳和应用生成式 AI 信息的影响，并通过具体专业领域的应用场景进行详细阐述。

一、用户个性特征

知识工作者的个性特征在很大程度上影响其对生成式 AI 信息的认知感应，这些特征包括自信心、开放性和适应能力（Riedl，2022）。

自信心是一个关键的个性特征，对认知赋能和认知局限状态都有重要影响。高自信心的个体通常更愿意接受和依赖 AI 提供的信息，视其为有价值的辅助工具。这种态度有助于他们在处理复杂任务时更有效地利用 AI 技术，从而增强认知赋能状态。例如，自信心高的医生在使用 AI 辅助诊断时，能够更积极地参考 AI 建议，提升诊断准确性和效率。然而，过高的自信心也可能导致认知局限状态的增加。过度依赖 AI 系统可能使这些个体忽视自身的专业判断，增加决策失误的风险。例如，一些自信心过高的金融分析师可能完全依赖 AI 提供的投资建议，而不进行独立分析，导致投资决策失误。

开放性是另一个重要的个性特征。开放性高的个体通常更愿意尝试新技术，对 AI 技术持积极态度，并能够更好地利用 AI 提供的多样化信息资源，这有助于提高其认知赋能状态。例如，开放性高的工程师在设计复杂系统时，更愿意利用 AI 提供的多种设计方案，提升设计的创新性和效率。然而，开放性高的个体在面对 AI 信息失真时，也更容易受到影响，从而增加认知局限状态的风险。这些个体可能由于缺乏批判性思维而未能识别出错误信息，导致做出错误决策。例如，一些开放性高的医生可能会盲目接受 AI 推荐的治疗方案，而不进行充分验证，从而影响患者的治疗效果。

适应能力也是影响知识工作者认知感应的重要因素。适应能力强的个体能够更快地适应 AI 技术带来的变化，迅速掌握新技能，并利用 AI 提高工作效率。例如，在快速变化的市场环境中，适应能力强的金融分析师能够灵活应用 AI 技术，及时调整投资策略，从而提高投资回报。然而，适应能力较差的个体可能在面对 AI 技术时感到压力和焦虑，从而影响其认知能力和决策质量。适应能力较差的个体在处理 AI 生成的复杂信息时，可能表现出认知过载和决策疲劳，从而增加认知局限状态的风险。

二、职业经验与背景

职业经验和背景对知识工作者的认知感应有显著影响。经验丰富的知识工作者通常具备更强的知识基础和技能，能够更有效地利用 AI 技术进行问题解决和决策。他们在处理 AI 生成的信息时，能够结合自身经验进行验证和判断，从而提高认知赋能状态。例如，一名经验丰富的医生在使用 AI 辅助诊断时，可以通过自己的专业知识来判断 AI 的建议是否合理，从而提高诊断的准确性（Sinder-mann 等，2022）。

然而，职业经验也可能带来固有的偏见和成见。经验丰富的知识工作者可能对某些信息源或技术有既定的信任或不信任，这种偏见可能会影响他们对 AI 信息的接受和使用。例如，一些资深医生可能对 AI 辅助诊断持怀疑态度，认为其无法替代自身的专业判断，从而影响 AI 技术的应用效果。在这种情况下，他们的认知局限状态可能因为对新技术的不信任而增加，影响整体工作效率和决策质量。相反，新手在面对生成式 AI 信息时，可能表现出不同的认知感应。他们通常更愿意接受和依赖AI技术，因为他们缺乏丰富的经验和知识储备，AI技术可以弥补其不足。例如，一名刚入职的金融分析师可能会依赖AI系统提供的市场分析和投资建议，因为他缺乏足够的市场经验。然而，由于缺乏批判性思维和验证能力，新手更容易被AI生成的错误信息误导，导致认知偏差。

新手在接受和利用AI技术时，可能会表现出较高的认知赋能状态，因为他们愿意学习和应用新工具来提高工作效率和决策质量。然而，他们的认知局限状态也较高，因为缺乏经验和判断力，他们更容易受到AI信息失真的影响，从而做出错误的决策。例如，一名新手医生可能会依赖AI提供的诊断建议，而忽视自身的医学判断，导致误诊。

综上所述，用户个性特征和职业经验对知识工作者的认知感应有着深远的影响。通过理解这些特性和经验背景的作用，可以为优化AI系统的设计和应用提供重要的理论依据和实践指导，从而提升专业领域的工作效率和决策质量。

三、学习和适应能力

学习能力和适应能力是影响知识工作者如何接纳和应用生成式AI信息的关键因素。它们不仅决定了知识工作者能否快速掌握和使用AI技术，还影响他们在使用过程中如何处理信息，提高工作效率和决策质量（Gerlich，2023）。

首先，学习能力指的是个体理解和掌握新知识和技能的能力。高学习能力的知识工作者在面对生成式AI技术时，能够迅速掌握其操作方法和应用技巧。这种快速掌握新工具的能力，使他们能够更有效地利用AI技术，提高认知赋能状态。例如，在医疗领域，学习能力强的医生可以迅速学习并应用AI辅助诊断工具，从而提高诊断的准确性和效率。然而，学习能力也有其局限性。尽管高学习能力的个体能够快速掌握新技术，但在面对大量复杂信息时，他们仍可能面临信息过载的问题。这种信息过载可能导致认知负荷增加，进而影响决策质量。例如，当医生需要处理大量由AI生成的医学影像和诊断数据时，尽管他们能够理解和应用这些信息，但仍可能因为信息过载而感到认知疲劳，从而影响其诊断决策。

适应能力则是指个体在面对变化和新环境时的应对能力。高适应能力的知识工作者能够灵活应对AI技术带来的变化，迅速调整自己的工作方式以适应新工具的应用。例如，在金融领域，适应能力强的分析师能够灵活调整投资策略，利用AI技术实时分析市场数据，从而提高投资回报。适应能力的影响机制可以进一步从以下几个方面进行分析（Stein等，2024）：

第一，应对变化的灵活性。适应能力强的个体在面对快速变化的环境时，能够灵活调整自己的行为和策略。这种灵活性使他们能够迅速应用AI技术，提高工作效率和决策质量。例如，在应急管理中，适应能力强的决策者能够根据 AI 提供的实时数据，快速调整应急响应策略，从而减少灾害损失。

第二，情绪管理。适应能力强的个体在面对变化时，通常能够更好地管理自己的情绪，保持冷静和理性。这种情绪管理能力有助于他们在面对大量复杂信息时，避免因压力和焦虑而影响决策质量。例如，在医疗领域，适应能力强的医生能够冷静处理由 AI 生成的复杂诊断数据，从而做出更准确的诊断决策。

第三，持续学习和更新。适应能力强的个体通常具备持续学习的意愿和能力。他们不仅能够快速掌握新技术，还能够不断地更新自己的知识和技能，以适应技术发展的最新动态。这种持续学习的能力使他们能够在面对不断更新的 AI 技术时，始终保持较高的认知赋能状态。例如，在教育领域，适应能力强的教师能够持续学习和应用最新的 AI 教学工具，从而提高教学效果。

然而，适应能力较差的个体在面对 AI 技术时，可能表现出较高的压力和焦虑，从而影响其认知能力和决策质量。他们可能因为对新技术的恐惧或抵触，而无法充分利用 AI 带来的优势。在这种情况下，他们的认知局限状态可能增加，从而影响整体工作效率和决策质量。

四、实际应用场景分析

为了更好地理解学习能力和适应能力对生成式 AI 信息认知感应的影响，可以通过具体的专业领域进行详细分析。

在医疗领域，医生的学习能力和适应能力对 AI 技术的应用效果有显著影响。学习能力强的医生能够快速掌握 AI 辅助诊断工具的使用方法，并通过这些工具提高诊断的准确性。例如，AI 可以帮助医生分析大量医学影像数据，从中发现细微的病变，提高早期诊断的准确性。然而，信息过载可能导致医生在处理大量数据时感到认知疲劳，影响决策质量。适应能力强的医生能够更好地应对 AI 技术带来的变化，迅速调整自己的工作流程以整合 AI 工具。例如，适应能力强的医生能够利用 AI 提供的实时数据分析来调整治疗方案，从而提高治疗效果。相反，适应能力较差的医生可能在面对新技术时感到不安和抵触，从而无法充分利用 AI 工具（Dahri 等，2024）。

在金融分析中，分析师的学习能力和适应能力也起着重要作用。学习能力强的分析师能够快速掌握 AI 系统的操作，并通过这些系统提供的数据和分析进行投资决策。例如，AI 可以实时处理市场数据并提供投资建议，帮助分析师迅速应对市场变化。然而，信息过载和对 AI 系统的过度依赖可能导致分析师忽视自身的分析能力，增加决策失误的风险。适应能力强的分析师能够灵活应对市场的动态变化，利用 AI 技术及时调整投资策略，从而提高投资回报。相反，适应能力较差的分析师可能在市场波动时表现出较高的压力和焦虑，从而影响其决策质量（Farrelly 等，2023）。

在教育领域，教师的学习能力和适应能力决定了他们能否有效利用 AI 技术提高教学效果。学习能力强的教师能够迅速掌握 AI 辅助教学工具的使用方法，并将这些工具整合到日常教学中。例如，AI 可以生成个性化的学习计划，帮助学生根据自身需求进行学习。然而，信息过载可能导致教师在处理大量教学数据时感到认知疲劳，影响教学质量。适应能力强的教师能够更好地应对 AI 技术带来的教学方式的变化，灵活调整教学策略以提高学生的学习效果。相反，适应能力较差的教师可能在面对新技术时感到不安和抵触，从而无法充分利用 AI 工具（Ait Baha 等，2024）。

在应急管理中，决策者的学习能力和适应能力对 AI 技术的应用效果有显著影响。学习能力强的决策者能够迅速掌握 AI 系统的操作，并通过这些系统提供的数据和分析进行应急决策。例如，AI 可以实时分析灾害数据并提供应急响应建议，帮助决策者迅速制定和实施应对措施。然而，信息过载可能导致决策者在处理大量数据时感到认知疲劳，影响决策质量。适应能力强的决策者能够灵活应对灾害情况的变化，利用 AI 技术实时调整应急响应策略，从而减少灾害损失。相反，适应能力较差的决策者可能在面对突发事件时表现出较高的压力和焦虑，从而影响其决策质量。

综上所述，学习能力和适应能力对知识工作者的认知感应有着深远的影响。通过理解这些能力在不同认知风格中的表现，可以为优化 AI 系统的设计和应用提供重要的理论依据和实践指导，从而提升专业领域的工作效率和决策质量。

五、总结

通过分析用户个性特征、职业经验与背景以及学习和适应能力，可以得出以下关键结论，如表 9-2 所示。

表 9-2　用户个人特征对其使用生成式 AI 时认知赋能与局限状态的影响

用户个人特征	认知赋能状态	认知局限状态	作用机制
自信心	提高对 AI 技术的信任度和使用效率	增加对 AI 系统的过度依赖和认知偏差	影响用户对 AI 技术的期待和接受程度
开放性	增加对新技术的接纳和尝试	降低对 AI 信息失真的警觉和抵抗	影响用户对 AI 技术的态度和评价
适应能力	提高工作方式的灵活性和创新性	减少工作压力和焦虑感	影响用户对 AI 技术带来的变化的应对和调整

续表

用户个人特征	认知赋能状态	认知局限状态	作用机制
职业经验	提高对 AI 信息的验证和判断	增加对 AI 技术的怀疑和抵制	影响用户对 AI 技术的理解和运用
学习能力	提高对 AI 技术的掌握和利用	增加信息过载和认知疲劳	影响用户对 AI 技术的学习和更新

首先，用户个性特征对认知赋能和认知局限状态有显著影响。自信心高的个体在使用 AI 技术时，能够更有效地利用 AI 提供的信息，提升认知赋能状态。然而，过高的自信心也可能导致过度依赖 AI 系统，增加认知偏差的风险。开放性高的个体更愿意尝试新技术，但在面对 AI 信息失真时容易受到影响，导致认知局限状态的增加。适应能力强的个体能够灵活应对 AI 技术带来的变化，迅速调整工作方式，从而提升工作效率和决策质量。

其次，职业经验和背景对知识工作者的认知感应有显著影响。经验丰富的知识工作者能够结合自身经验进行验证和判断，提高认知赋能状态。然而，他们也可能因为固有的偏见和成见，对 AI 技术持怀疑态度，从而影响 AI 技术的应用效果。新手虽然更愿意接受和依赖 AI 技术，但由于缺乏经验和判断力，更容易受到 AI 信息失真的影响，增加认知局限状态。

最后，学习能力和适应能力对知识工作者接纳和应用生成式 AI 信息的影响深远。学习能力强的个体能够快速掌握 AI 技术，提高认知赋能状态，但在面对大量复杂信息时可能出现信息过载，导致认知疲劳。适应能力强的个体能够灵活应对变化，调整工作方式，进而提高决策质量和工作效率。相反，适应能力较差的个体可能在面对新技术时感到压力和焦虑，从而影响认知能力和决策质量。通过理解用户个人特征对生成式 AI 信息认知感应的影响，可以为优化 AI 系统的设计和应用提供重要的理论依据和实践指导，从而提升专业领域的工作效率和决策质量。

第三节　工作情境特征对知识工作者双重认知感应的影响

在理解生成式 AI 对知识工作者认知感应的影响时，除了技术特征和个性特征，工作任务的复杂性和多样性、组织环境和文化、团队结构与合作方式等因素也起着至关重要的作用。本节详细探讨这些工作情境特征如何影响知识工作者对生成式 AI 信息的认知赋能状态和认知局限状态。首先，分析工作任务的复杂性和多样性对知识工作者的影响。其次，探讨组织环境和文化如何塑造知识工作者的技术应用的态度和效果。最后，通过团队结构与合作方式的角度，进一步理解生成式 AI 在实际工作中的应用挑战和表现。

一、工作任务的复杂性和多样性

工作任务的复杂性和多样性是影响知识工作者对生成式 AI 信息认知感应的重要因素。这些任务特征不仅决定了知识工作者在使用 AI 技术时的工作效率和决策质量，还会影响他们的认知赋能状态和认知局限状态（Kong 等，2024）。

复杂性较高的任务通常涉及多个相互关联的元素，需要知识工作者同时处理和整合大量信息。这种内在复杂性增加了认知负荷。例如，解决复杂的数学方程需要理解和处理多个步骤和变量，而这些步骤和变量之间的关系使得任务的内在复杂性较高。在这种情况下，生成式 AI 可以提供实时分析和建议，帮助知识工作者减少认知负荷，提高任务完成效率。然而，高复杂性任务也可能导致信息过载，使知识工作者难以处理和筛选所有相关的信息，从而影响决策质量。

此外，任务的多样性也是影响认知感应的重要因素。多样性指的是任务的种类和变化频率。例如，在医疗领域，医生需要处理不同类型的病例和医疗数据，包括病历、影像和实验室结果等。这种任务多样性要求医生具备广泛的知识和灵活的应对能力。生成式 AI 可以通过整合和分析多种数据源，提供综合性诊断和治疗建议，从而提高医生的工作效率和决策质量。然而，当任务多样性过高时，知识工作者可能难以充分利用 AI 提供的所有信息，导致认知负荷增加和决策失误的风险。

复杂性和多样性对认知赋能和认知局限状态的影响显著。高复杂性和多样性的任务虽然能够通过 AI 技术提升认知赋能，但增加了认知局限的风险。这表明在设计和应用 AI 系统时，需要平衡任务的复杂性和多样性，以优化知识工作者的认知感应效果。

二、组织环境和文化

组织环境和文化对知识工作者的认知感应有着深远的影响。一个支持创新和技术应用的组织环境通常能够更好地促进生成式 AI 技术的应用和推广。例如，一个开放和包容的组织文化鼓励员工尝试新技术，并在失败中学习，从而提高整体创新能力和技术应用水平（Chen Z，2023b）。

在一个技术友好的组织环境中，知识工作者更有可能积极接受和应用生成式 AI 技术。例如，科技公司通常拥有较强的技术支持和培训资源，员工可以通过不断地学习和实践，掌握 AI 技术并将其应用到日常工作中。这种环境不仅有助于提高员工的认知赋能状态，还能够减少因对新技术的不熟悉而导致的认知偏差。相反，一个保守和抗拒变化的组织文化可能会限制生成式 AI 技术的应用效果。在这种环境中，员工可能对新技术持怀疑态度，缺乏足够的动机去学习和应用 AI 技术，从而影响其认知赋能状态。例如，一些传统行业的公司可能更倾向于依赖已有的工作流程和技术，对生成式 AI 技术的应用持保留态度。在这种情况下，员工在面对 AI 提供的信息时，可能因为缺乏信任和支持而增加认知偏差。

此外，组织文化对认知局限状态的影响也不容忽视。在支持创新的文化中，员工更愿意尝试新方法和新工具，减少了因习惯性思维和固定观念导致的认知局限。然而，在保守的组织环境中，员工可能更依赖传统方法，增加了认知局限的可能性。这种环境可能阻碍员工利用 AI 技术进行创新和优化，限制了 AI 技术的潜在效益。

综上所述，工作任务的复杂性和多样性以及组织环境和文化对知识工作者的认知感应有着显著影响。通过理解这些因素的作用，可以为优化 AI 系统的设计和应用提供理论依据和实践指导，从而提升专业领域的工作效率和决策质量。

三、团队结构与合作方式

团队结构和合作方式对知识工作者如何感应和应用生成式 AI 信息有着深远的影响。团队结构可以分为高度集中的团队和去中心化的团队，而合作方式则可以是面对面合作、虚拟合作或混合合作（Yu 等，2023）。

首先，高度集中的团队结构通常有明确的层级和角色分工。这种结构有利于快速决策和高效执行，但可能限制团队成员的自主性和创新能力。在高度集中的团队中，生成式 AI 可以通过提供决策支持和自动化任务来提高效率，但由于决策权集中，个别决策者对 AI 的依赖可能导致认知偏差。例如，在金融行业，一个集中化的分析团队可能会依赖 AI 进行市场预测和投资决策，但如果决策者过度依赖 AI，忽视自身判断，可能会导致投资失误。

其次，相对而言，去中心化的团队结构更注重团队成员之间的协作和信息共享。这种结构有利于创新和灵活应对复杂问题。在去中心化的团队中，生成式 AI 可以通过提供多样化的信息和分析工具，促进团队成员之间的协作和知识共享，提升认知赋能状态。例如，在研发团队中，AI 可以帮助团队成员快速获取和整合大量的科研数据，支持创新研究和开发。

最后，合作方式也是影响团队认知感应的重要因素。面对面合作有利于即时沟通和反馈，团队成员可以通过直接交流来解决问题和分享信息。然而，面对面合作在处理复杂和大量信息时可能受到空间和时间的限制。生成式 AI 可以在面对面合作中提供实时的数据分析和可视化工具，帮助团队成员更高效地处理信息和做出决策。虚拟合作则依赖于数字通信工具和平台，团队成员可以在不同地点和时间进行协作。虚拟合作有助于跨地域和跨时区的协作，但也面临着沟通不畅和信息滞后的挑战。在虚拟合作中，生成式 AI 可以通过提供智能协作工具和自动化任务，帮助团队成员更高效地管理时间和任务，提高工作效率和决策质量。

四、实际应用场景分析

为了更好地理解团队结构和合作方式对知识工作者认知感应的影响，以下是几个实际应用场景的分析（Stokel-Walker 等，2023）：

在医疗领域，团队结构和合作方式对医生如何应用生成式 AI 信息有显著影响。在一个高度集中的医疗团队中，生成式 AI 可以通过提供实时的诊断支持和治疗建议，提高诊断效率和准确性。然而，决策者对 AI 的过度依赖可能导致诊断失误。例如，一个集中化的放射科团队可能依赖 AI 进行影像分析，但如果缺乏独立的专业判断，可能会错过重要的诊断细节。在去中心化的医疗团队中，医生之间的协作和信息共享更加频繁。生成式 AI 可以通过整合多种医疗数据，支持团队成员之间的协作和讨论，提高诊断准确性和治疗效果。例如，在多学科治疗团队中，AI 可以提供全面的患者数据和治疗方案建议，帮助团队成员共同制定最佳治疗方案。

在金融分析中，团队结构和合作方式对分析师如何应用生成式 AI 信息也有重要影响。在一个高度集中的投资团队中，生成式 AI 可以通过提供市场预测和投资建议，支持快速决策和执行。然而，集中化的决策权可能导致分析师对 AI 过度依赖，忽视自身的分析能力，增加投资失误的风险。在去中心化的金融团队中，分析师之间的协作和信息共享更加灵活。生成式 AI 可以通过提供多样化的市场数据和分析工具，支持团队成员之间的协作和讨论，提升投资决策的准确性和创新性。例如，在一个分布式的投研团队中，AI 可以帮助分析师快速获取和整合全球市场数据，支持团队成员共同制定投资策略。

在教育领域，教师团队的结构和合作方式对 AI 技术的应用效果有显著影响。在高度集中的教学团队中，生成式 AI 可以通过提供个性化的教学建议和自动化评分来支持教师的教学工作。然而，集中化的教学决策可能导致教师对 AI 的过度依赖，忽视自身的教学经验和学生的个体差异。在去中心化的教师团队中，教师之间的协作和信息共享更加频繁。生成式 AI 可以通过提供多样化的教学资源和工具，支持教师之间的协作和讨论，提升教学效果和学生的学习体验。例如，在一个协作式的教学团队中，AI 可以帮助教师快速获取和整合各种教学资源，支持教师共同设计和实施个性化的教学计划。

综上所述，团队结构和合作方式对知识工作者的认知感应有着深远的影响。通过理解这些特质对认知赋能状态和认知局限状态的影响，可以为优化 AI 系统的设计和应用提供重要的理论依据和实践指导，从而提升专业领域的工作效率和决策质量。

五、总结

通过对工作任务复杂性和多样性、组织环境和文化、团队结构与合作方式的详细分析，可以得出以下关键结论，如表9-3所示。

表9-3　工作情境特征对用户使用生成式 AI 时认知赋能与局限状态的影响

工作情境特征	认知赋能状态	认知局限状态	作用机制
高复杂性任务	生成式 AI 能够提供多维度、深层次的数据分析，帮助知识工作者提升理解力和判断力	信息过载可能会导致知识工作者陷入认知困惑或焦虑，难以有效利用生成式 AI 的输出结果	复杂性增加了对数据量和质量的要求，生成式 AI 能够应对这些要求，但也给用户带来了额外的认知负荷
多样化任务	生成式 AI 能够整合多源数据，提供综合分析，支持知识工作者处理不同类型的问题	任务多样性过高时，可能超出生成式 AI 的适应范围，造成输出结果的失效或错误	多样性增加了对数据的相关性和一致性的要求，生成式 AI 能够在一定程度上满足这些要求，但也面临着泛化能力的挑战
创新型组织文化	知识工作者更愿意接受和尝试生成式 AI 技术，积极探索其潜能和价值	知识工作者可能过度依赖生成式 AI 技术，忽视其局限性和不确定性	组织文化影响了知识工作者对生成式 AI 技术的态度和信心，从而影响了其认知赋能状态的强度和稳定性
保守型组织文化	知识工作者更倾向于审慎和谨慎地使用生成式 AI 技术，避免盲目跟从或冒险尝试	知识工作者可能抵制或拒绝生成式 AI 技术，失去其带来的认知赋能机会	组织文化影响了知识工作者对生成式 AI 技术的态度和信心，从而影响了其认知局限状态的强度和稳定性
集中型团队结构	知识工作者能够快速获取生成式 AI 的输出结果，提高决策效率和执行力	知识工作者可能缺乏对生成式 AI 的输出结果的理解和评估，增加认知偏差的风险	团队结构影响了知识工作者与生成式 AI 的交互方式和频率，从而影响了其对生成式 AI 的依赖程度和信任水平
去中心化团队结构	知识工作者能够充分利用生成式 AI 的输出结果，提高协作质量和创新能力	知识工作者可能面临生成式 AI 的输出结果的不一致或冲突，增加协调成本和沟通障碍	团队结构影响了知识工作者与生成式 AI 的交互方式和频率，从而影响了其对生成式 AI 的理解程度和评价标准

首先，工作任务的复杂性和多样性显著影响了知识工作者的认知感应状态。高复杂性任务虽然能够通过生成式 AI 技术提升认知赋能，但增加了信息过载的

风险，导致认知局限状态的加剧。多样化任务要求知识工作者具备广泛的知识和灵活的应对能力，生成式 AI 在整合多源数据和提供综合分析方面可以有效地支持这些需求。然而，当任务多样性过高时，也可能导致认知负荷增加，影响决策质量。

其次，组织环境和文化对生成式 AI 的应用效果有深远影响。支持创新和技术应用的组织文化能够促进 AI 技术的推广和应用，提升员工的认知赋能状态。在这种环境中，员工更愿意尝试和学习新技术，减少了因对新技术的不熟悉而导致的认知偏差。相反，一个保守和抗拒变化的组织文化可能限制生成式 AI 的应用效果，增加员工的认知局限状态。

最后，团队结构和合作方式在生成式 AI 的应用中起着关键作用。高度集中的团队结构有利于快速决策和高效执行，但可能限制团队成员的自主性和创新能力，导致认知偏差的增加。去中心化的团队结构和灵活的合作方式则有助于提高团队成员之间的协作和信息共享，提升认知赋能状态。生成式 AI 在不同团队结构和合作方式中的应用表现和挑战，需要通过实际案例进行详细分析，以优化 AI 系统的设计和应用。

通过理解这些工作情境特征对知识工作者认知感应的影响，可以为优化生成式 AI 系统的设计和应用提供重要的理论依据和实践指导，从而提升专业领域的工作效率和决策质量。

第四篇

透明与多元：生成式 AI 提升知识工作者
长期绩效的干预策略与应用实践

本篇重点探讨生成式 AI 在提升知识工作者长期绩效中的干预策略与应用实践。本篇共分为三章，分别讲述常规生成式 AI 干预方法的局限、增强内容可解释性以提升信息质量的策略以及通过认知反馈促使认知风格转变的策略。第十章回顾常规生成式 AI 干预方法的局限。虽然生成式 AI 在许多领域取得了显著进展，但其在实际应用中的局限性仍然明显。一些常规的干预生成式 AI 不利影响的方法，如改善生成式 AI 的算法精确性、知识工作者的数字素养以及人机交互环境，都面临着不同程度的挑战。第十一章介绍增强生成式 AI 内容可解释性的方法，探讨如何通过提高信息透明度和标注信息来源，来提升知识工作者对生成式 AI 生成内容的理解和信任。通过具体的策略和实践案例，提供增强内容可解释性的方法论，旨在提升信息质量，从而更好地服务于知识工作者的工作需求。第十二章提出通过增强生成式 AI 的认知反馈，促使认知风格转变的策略。生成式 AI 不仅是信息提供者，还是认知伙伴。通过交互式内容探索和多角度信息暴露，生成式 AI 可以帮助知识工作者更全面地理解和掌握相关知识，提升其认知深度和广度。本篇旨在通过系统性地探讨和实践生成式 AI 的干预策略，为知识工作者提供具体的应用指导，帮助他们在信息爆炸的时代背景下，更加有效地利用 AI 技术提升自身的长期绩效。

第十章　力有不逮："常规"生成式 AI 不良影响干预方法的局限

　　在探索生成式 AI 技术应用中的挑战和改进策略时，有必要深入理解"常规"的干预方法，也即改善 AI 的算法精确性、知识工作者的数字素养以及人机交互环境方面所面临的问题。本章分三个主要部分详细探讨这些方面的内容。第一节分析生成式 AI 在算法复杂性、数据管理和获取、工作环境的动态变化以及企业资源和技术能力限制等方面的瓶颈，这些因素直接影响模型的精确性和广泛应用，使得企业在优化与推广中面临诸多困难。第二节聚焦于提升知识工作者数字素养的过程中，如何应对员工背景与技术水平的差异。具体而言，资源和时间的限制、教育背景差异及培训效果的评估与反馈机制是关键的挑战点。第三节探讨生成式 AI 在人机交互环境改进中的技术熟悉度差异、个人偏好与工作背景的影响，以及如何在技术创新与用户体验之间找到平衡。同时，资源投入与实际效果评估对交互环境的制约也进一步凸显了企业在推动 AI 技术应用中所需的持续努力和创新策略。本章认为，只有通过综合应对这些挑战，生成式 AI 才能实现更高效、更广泛的应用，为企业和用户带来真正的价值。

第一节　提升生成式 AI 的算法精确性及其挑战

　　生成式 AI 在各个领域的应用愈发广泛，但其算法精确性依然面临着诸多挑战。技术复杂性、数据管理、工作环境的动态变化以及企业资源和技术能力的限制，都是影响生成式 AI 算法精确性的关键因素。首先，深度学习模型的复杂性和不断发展的技术需求使得算法优化过程充满困难。其次，高质量数据的获取和管理成为提升算法性能的瓶颈，而数据管理不善则可能导致算法表现不佳。再次，动态变化的工作环境要求生成式 AI 模型具备高度的适应性，以应对实时数据和业务需求的变化。最后，中小企业在资源和技术投入方面的局限性限制了其在 AI 技术上的发展。本节将详细探讨这些问题，并提出应对策略，以期为企业和研究机构提供参考和借鉴。

一、技术复杂性与创新瓶颈

在提升生成式 AI 算法精确性的过程中，技术复杂性和创新瓶颈是主要的挑战之一。随着生成式 AI 应用的广泛推广，企业和研究机构面临着如何持续改进算法以提高其精确性的难题。当前，深度学习模型，如卷积神经网络（CNN）和递归神经网络（RNN），已经在多种任务中取得显著成果。然而，这些模型在处理特定任务时仍存在显著局限，如无法有效捕捉特定特征或处理长序列数据（Talaei Khoei 等，2023）。同时研究显示，尽管学术界和工业界在算法优化方面取得了一些突破，但实际应用中仍然存在许多未解决的问题。例如，在自然语言处理（NLP）领域，尽管大规模预训练模型如 GPT-3 已经展示了其强大的生成能力，但其在实际应用中的表现仍然受到训练数据质量和模型复杂性的限制。此外，生成对抗网络（GANs）虽然在图像生成方面表现出色，但其训练过程中的不稳定性和模型收敛问题仍然是主要挑战。

当前，提升生成式 AI 的算法精确性需要应对多个技术挑战。首先，深度学习模型的复杂性使得算法的优化过程变得极为困难。例如，CNN 在图像处理方面表现优异，但其对特定特征的捕捉能力有限，这需要进一步的模型调整和优化。此外，RNN 虽然在处理时序数据上有其优势，但其训练过程容易出现梯度消失或爆炸的问题，限制了其在长序列数据中的应用。

企业在改进算法过程中面临的实际困难主要体现在资源和技术两方面。高质量的算法优化需要大量的计算资源和专业人才，这对于许多中小企业来说是巨大的负担。例如，训练一个高精度的生成式 AI 模型需要大量的 GPU 计算资源和大规模的数据集，这不仅增加了成本，还对数据的获取和管理提出了更高的要求。一个典型的案例是某医疗企业在尝试优化其用于诊断成像的 AI 模型时，因缺乏足够的计算资源和专业知识，导致模型性能无法达到预期。

二、数据管理与获取的困难

高质量数据的获取和维护是提升生成式 AI 算法精确性的另一大挑战。生成式 AI 模型的训练依赖于大量的高质量数据，而这些数据的获取和管理在实际操作中面临着诸多困难。数据的不完整、不一致和不准确都会影响模型的训练效果，进而降低算法的精确性（Talaei Khoei 等，2023）。

数据管理在算法提升中的关键作用不可忽视。高质量的数据管理不仅包括数据的采集和存储，还包括数据的清洗、标注和更新。企业在数据管理中经常面临数据清洗和预处理的挑战。例如，自动化数据清洗工具如 AlphaClean 和 MissForest，虽然在理论上能够提高数据质量，但在实际应用中仍需不断调整和优化，以适应不同的数据集和应用场景。

首先，在企业实际操作中，数据获取的困难主要表现为数据来源的局限性、数据的质量参差不齐和数据量不足等方面。许多企业在发展生成式 AI 应用时，常常发现其数据来源有限，这种局限性会直接限制 AI 模型的泛化能力。数据来源的单一性使得生成式 AI 模型无法充分学习和掌握多样化的特征，从而难以处理复杂和多变的实际场景。例如，企业可能依赖于特定的内部数据，导致 AI 模型的训练受限于该数据集的特性和约束，无法反映真实世界中更广泛的变化和需求。此外，即使在获取外部数据时，企业往往也面临着获取成本高、法律和隐私合规性要求严格的障碍。许多数据受到严格的访问限制或需要满足复杂的授权条件，这在实践中成为数据获取的阻碍因素。

其次，数据的质量参差不齐也是一个显著的问题。企业数据在不同来源之间可能存在较大的差异，包括数据的格式、准确性、完整性和一致性，这些都直接影响 AI 模型的表现。例如，同一个数据集中的数据条目可能存在重复、缺失或错误的数据点，导致模型训练过程中产生噪声，进而影响结果的精确性。此外，数据的时间敏感性也影响生成式 AI 模型的性能——随着市场环境、用户需求或其他因素的变化，过时的数据可能会降低模型的实际应用效果。数据在采集、输入和处理的过程中会不可避免地受到人为错误和技术误差的影响，因此企业需要耗费大量时间和资源在数据验证和整理上，这显著提高了数据管理的难度。

最后，数据量不足的问题也对生成式 AI 的表现构成了严重挑战。生成式 AI 模型通常需要大量的训练数据来实现其复杂的预测和生成能力。当数据量不足时，模型无法充分学习数据中的规律和特征，从而容易导致欠拟合现象，使得模型在面对新数据时的表现不稳定或难以预测。企业在获取大规模数据集时，经常需要面对采集成本高昂、数据整合困难等问题。例如，中小型企业可能没有足够的资源和能力来构建大规模的数据基础设施，也难以与更大的行业数据源竞争。此外，即使有大量的数据，若这些数据的分布不平衡，模型也可能会在特定类别或样本上过度拟合，而在其他类别上表现不佳。这进一步加剧了数据管理的挑战，使得生成式 AI 在具体应用中难以真正发挥其潜力。

三、工作环境的动态变化

工作环境的动态变化对生成式 AI 算法的精确性有着显著影响。随着业务流程和市场需求的不断变化，生成式 AI 模型必须不断更新和调整，以适应新的环境和需求。例如，在制造业中，生产线的调整和新产品的引入可能需要对现有的

AI 模型进行重新训练和优化，以确保其能够准确预测和检测新产品的质量问题（Deranty 等，2024）。

工作环境的动态变化对生成式 AI 算法的精确性带来了显著挑战。在许多行业中，随着业务流程的不断调整和市场需求的变化，企业面临着不得不频繁更新和调整 AI 模型的问题。例如，在制造业中，生产线的优化、设备的更新换代，或者新产品的推出，都会导致现有 AI 模型在生产质量检测、预测分析等方面的精确性下降。在这种情况下，企业通常需要对生成式 AI 模型进行重新训练和优化，以确保它们能够应对新的环境和需求。然而，这一过程常常面临着诸多困难。一方面，重新训练模型需要大量的计算资源和高质量数据，这对于很多企业来说，既是技术上的挑战，也是成本上的负担。另一方面，企业可能没有足够的灵活性和技术能力来及时调整和优化 AI 模型，特别是在快速变化的市场环境中，这往往会导致模型未能及时适应新变化，从而影响到决策和业务流程的精准性。

此外，工作环境变化带来的挑战也体现在实时数据处理的难度上。虽然实时数据处理技术理论上可以帮助企业快速调整 AI 模型，但在实际应用中，这一技术的实施常常遇到数据的时效性和准确性问题。企业在面对实时数据流时，常常会遭遇数据延迟、错误或数据不完整等问题，这使得实时更新 AI 模型变得更加复杂和不可靠。例如，在物流行业，尽管公司引入了新的配送路线和仓储布局，并尝试通过实时数据处理优化配送路径规划系统，但由于数据处理的及时性和准确性问题，AI 模型未能在短时间内适应变化，从而影响了配送效率和准确性。而且，实时数据处理通常需要强大的计算能力和高效的数据架构，这对于中小企业而言可能是一笔沉重的投资。在这种情况下，企业常常难以应对高频繁和大规模的数据更新需求，导致 AI 模型的适应性和精确性无法及时提升。由于实时数据处理和动态调整模型的复杂性，企业在面对不断变化的工作环境时，往往难以做到迅速而有效的调整，影响了生成式 AI 在实际应用中的效果和可持续性。

四、企业资源与技术能力的限制

普通企业在技术投入上的局限性是提升生成式 AI 算法精确性的另一个障碍。尽管大型科技公司和研究机构可以投入大量资源进行 AI 技术的研发和优化，但对于许多中小企业而言，这种高投入是难以承受的。普通企业在技术投入上的局限性主要体现在计算资源的不足、专业人才的缺乏以及技术研发和维护成本的高昂上（Deranty 等，2024）。

首先，普通企业在技术投入上的局限性，对生成式 AI 算法精确性的提升构成了显著障碍。与拥有充足资源的大型科技公司和研究机构相比，中小企业往往面临着资金紧缺的问题，这限制了它们在 AI 技术上的投入。生成式 AI 模型的开发和优化需要大量的计算资源，如高性能计算设备、大规模存储系统和云计算平台，这些资源是支持海量数据处理、复杂算法训练和实时更新的基础。然而，中小企业难以负担这些高额的基础设施和维护成本，导致它们的 AI 模型在训练规模、复杂度和优化效果上受限。此外，计算资源的不足也使得中小企业无法应对生成式 AI 模型在实际应用中遇到的各种变化和新需求，影响了模型的泛化能力和应用效果。这种局限性使得许多中小企业在竞争激烈的市场中处于劣势，无法充分利用 AI 技术来提升业务表现。

其次，除了计算资源的限制，普通企业在专业技术人员的培养与招聘方面也面临严重挑战。AI 技术的应用和优化需要高度专业化的技能，数据科学家、机器学习工程师和领域专家是必不可少的。然而，中小企业通常难以提供与大型企业和科研机构相比的薪资待遇、职业发展机会和技术支持环境，这导致它们在吸引和留住专业人才方面面临困境。即便企业有意愿发展生成式 AI，缺乏内部技术团队和专业技能支持也会严重限制其应用能力和创新能力。技术人员的不足使得生成式 AI 模型的开发、优化和维护往往需要更多的时间，且效果难以与技术资源充足的企业相比。这种情况使得许多中小企业在生成式 AI 的探索上止步不前，难以真正实现 AI 驱动的业务优化。

最后，生成式 AI 的应用和优化涉及高昂的研发和维护成本，这对普通企业来说是一个难以逾越的障碍。生成式 AI 模型需要不断进行优化、调整和维护，以应对业务环境和市场需求的变化。无论是数据的更新和清洗，还是模型的参数调整和性能提升，背后都涉及复杂的技术操作和大量的资源投入。中小企业通常无法承担这种高昂的持续成本，这使得它们的 AI 模型无法保持良好的表现。在实际应用中，许多企业可能因为资源不足而被迫停滞 AI 项目的发展，或是依赖于较为基础和低效的模型，这极大地限制了 AI 的潜力发挥。技术和资源的瓶颈不仅影响生成式 AI 的广泛应用，还加剧了普通企业与大企业之间在技术能力上的差距，进一步削弱了它们的市场竞争力和创新能力。

五、总结

提升生成式 AI 的算法精确性是一个复杂且多维度的挑战，需要在技术创新和数据管理上进行全面优化。本节的核心思想如表 10-1 所示。

表 10-1　提升生成式 AI 的算法精确性所面临的挑战

挑战	原因	影响
技术复杂性与创新瓶颈	深度学习模型的局限性和特定任务的高难度	算法优化过程变得困难，模型的泛化能力不足

续表

挑战	原因	影响
数据管理与获取的困难	数据的完整性、一致性和准确性受到挑战，数据来源有限	数据质量低下，影响模型的训练效果和精确性
工作环境的动态变化	工作场景和需求经常变化，增加了模型适应性的要求	模型的鲁棒性不强，难以应对环境变化
企业资源与技术能力的限制	中小企业在技术投入和人才储备上相对较弱	技术创新和应用受到限制，缺乏竞争力

生成式 AI 的广泛应用和提升其算法精确性面临诸多挑战，主要包括技术复杂性、数据管理和获取困难、工作环境的动态变化以及企业资源与技术能力的限制。首先，生成式 AI 算法的技术复杂性和创新瓶颈使得企业在优化算法和提升模型性能时面临极大的挑战。深度学习模型的复杂性、训练过程中的技术难点以及特定任务上的局限性，阻碍了模型的广泛应用和性能提升。在数据管理方面，生成式 AI 对高质量数据的依赖性极高，而数据的不完整、不一致和获取的困难，使得企业在实际操作中难以有效支持模型的训练和优化。数据来源的局限性、数据质量参差不齐以及数据处理过程中的问题，进一步加剧了模型性能的不稳定性和不可靠性。此外，工作环境的动态变化需要生成式 AI 模型不断地调整和适应，这对企业的灵活性和资源配置提出了更高的要求，但许多企业因缺乏计算资源和技术能力，难以应对复杂的变化环境。企业资源和技术能力的限制是另一个重要瓶颈。中小企业在 AI 技术投入、计算资源获取和专业人才吸引方面，面临巨大挑战。高昂的计算资源需求和高质量专业人才的匮乏，使得许多中小企业难以在生成式 AI 领域取得突破。模型的开发、优化和维护涉及持续的高成本投入，企业往往难以承受，从而制约了生成式 AI 的广泛应用和长期优化。

总的来看，尽管生成式 AI 技术展示了巨大的潜力，但企业在应用中需要面对一系列资源和技术方面的障碍，这不仅影响了模型的精确性和适应性，还加剧了中小企业与大型企业之间在技术创新和应用能力上的差距。解决这些问题需要在技术研发、资源共享和数据管理方面采取全面的策略，以促进生成式 AI 在各行业的稳健发展。

第二节　提升知识工作者的数字素养及其挑战

在提升知识工作者的数字素养过程中，企业面临着诸多挑战，包括教育与培训的系统性需求、员工背景与技术水平的差异、培训资源与时间的限制以及培训效果的评估与反馈。这些因素相互交织，影响着培训项目的设计、实施和效果评估。持续教育与系统培训的必要性在于确保员工能够跟上快速变化的技术步伐，而员工背景与技术水平的差异则要求培训方案具备灵活性和针对性。此外，有限的培训资源和时间约束使得企业必须寻找高效且经济的培训方法。最后，科学的培训效果评估与反馈机制是保证培训项目成功和持续改进的关键。

一、教育与培训系统性需求的挑战

提升知识工作者的数字素养对于企业在当今快速发展的数字化时代中取得成功至关重要。数字素养不仅是对技术的基本理解，更包括对复杂技术环境的适应能力、批判性思维以及有效利用数字工具进行创新的能力。然而，实现这一目标面临诸多挑战，特别是在教育和培训的系统性需求及员工背景和技术水平的差异方面。持续教育与系统培训对于提升知识工作者的数字素养是必不可少的。数字素养的提升需要一个持续的教育和培训体系，这不仅包括基本的技术培训，还涉及高级技能的培养和应用。例如，许多企业通过实施系统性的培训计划，帮助员工掌握最新的数字工具和技术（Gottschalk 等，2023）。

然而，这些培训计划的设计和实施存在许多难点。不同企业的培训方法和效果有所不同。一些企业采用内部培训，由经验丰富的员工或外部专家提供指导，而另一些企业则依赖在线学习平台和外部培训机构。案例研究显示，采用多种培训方法并结合实际工作场景的培训效果最佳。例如，在一家技术公司中，通过将在线课程和实际项目相结合，员工不仅能够快速掌握新技术，还能在实际工作中应用所学知识，提高整体工作效率和创新能力（张鹏、汪旸等，2024）。

教育内容和方法的设计是另一个关键挑战。设计出能够满足不同员工需求且有效的培训内容并不容易。特别是在快速变化的技术环境中，培训内容需要不断更新，以确保员工掌握最新的知识和技能。此外，不同层次的员工对于培训内容的需求也不同，高级管理人员需要了解战略层面的数字技术应用，而技术人员则需要深入掌握具体的技术操作（王雯等，2024）。

二、员工背景与技术水平的差异

员工的背景和技术水平差异对数字素养培训的效果有着重要影响。不同员工在教育背景、工作经验和技术熟练度方面存在显著差异，这使得统一的培训方案难以满足所有员工的需求。例如，一些员工可能具备较高的技术基础，能够快速掌握新技能，而另一些员工则可能需要更多的基础培训来适应新的数字工具和技术（Wei，2023）。

员工背景与技术水平的差异在提升知识工作者的数字素养时，构成了显著挑战。首先，不同员工在教育背景和职业经历上的差异往往导致其在接受新技术和数字工具时的起点不同。具备技术相关学科背景的员工通常更容易掌握和理解新技术，他们在使用数字工具时更加得心应手。而缺乏这类教育背景的员工可能需要更长的时间进行学习和适应。对于知识工作者来说，这种差异在数字素养培训过程中可能会导致部分员工进展迅速，而其他人则面临阻碍，从而拉大了培训效果的差距。统一的培训方案难以有效平衡不同背景的需求，从而降低了整体数字素养提升的效果。

其次，员工在工作经验上的差异也会对数字素养培训效果产生重要影响。经验丰富的员工可能习惯于传统的工作流程和操作方式，在面对新的数字化工具和技术变革时，可能会感到不适应甚至产生抵触情绪。相比之下，较为年轻的员工或在技术环境中成长的知识工作者，通常更具适应力和接受度，能够较快融入新的数字化工作模式。由于这种经验层面的差异，培训机构或企业在进行数字素养提升时，往往需要兼顾不同群体的接受能力。未能充分考虑员工的职业经历和适应性，会导致培训内容难以普及，效果不如预期，甚至造成部分员工对新技术的抵触和挫败感。

最后，员工的技术熟练度和技能水平差异在数字素养提升过程中也形成了重要障碍。一些知识工作者可能已经具备较高的数字化技能水平，他们在面对复杂的数据分析工具、生成式 AI 或自动化流程时，可以迅速上手并发挥作用。而对于技术熟练度较低的员工来说，他们需要从基本的技能培训开始，逐步提高数字素养。这种技术熟练度上的差异使得在提升整体数字素养时，企业的培训成本和时间投入大大增加。对于企业来说，如何有效平衡不同技能水平员工的培训需求，提供个性化和针对性的辅导，是实现全体员工数字素养提升的关键挑战。未能有效解决这一问题，将会导致整体培训资源分散，数字素养提升的效果受到制约。

三、培训资源与时间的限制

企业在提升知识工作者数字素养的过程中，培训资源与时间的限制是一个关键挑战。尽管大型企业能够投入大量资源用于员工培训，但中小企业往往面临着资金和时间上的约束。高质量的培训项目需要大量的资金投入，包括聘请专家、开发培训材料和提供合适的学习环境。此外，员工的工作时间有限，如何在不影响正常工作流程的情况下进行有效培训也是一大难题（Buchan 等，2024）。

培训资源和时间的限制对企业提升知识工作者数字素养构成了巨大挑战，尤其是对于中小企业而言。高质量的数字素养培训通常需要大量资源投入，包括聘请具备专业知识和丰富经验的培训专家、定制培训课程和开发高质量的学习材料。然而，对于资金有限的中小企业来说，这种大规模投入通常难以承受。因此，企业可能不得不选择较为基础或通用的培训方案，无法满足员工的个性化需求和特定技能提升需求，从而限制了培训的实际效果。此外，一些中小企业可能仅能提供短期、有限的培训，而这种短时间的培训很难真正提升员工的技能水平和数字素养，导致培训效果有限，不能很好地帮助员工适应快速变化的数字化工作环境（孙诚钰等，2024）。

时间的限制也是数字素养培训中不可忽视的障碍。员工通常需要在繁忙的工作日程中挤出时间参加培训，而这可能导致他们难以集中精力学习新的技能。在许多行业中，知识工作者的任务繁重，工作时间安排紧张，企业很难找到合适的时间进行系统性培训。即使安排了培训，也可能因员工无法脱离日常工作而导致培训效果大打折扣。例如，一些员工可能需要在培训和日常工作之间切换，使得他们的注意力和学习效果受到影响。此外，为了减轻对工作进度的影响，企业往往选择将培训时间安排在非工作时间，这种安排可能会对员工的身心状态造成负担，进而影响学习效率和效果。

资源和时间的限制使得企业在设计和执行培训项目时面临两难选择。一方面，企业希望快速提升员工的数字素养，助力业务创新和技术转型；另一方面，时间和资源的不足又让企业难以提供高效、系统的培训支持。因此，如何在有限的资源和时间内最大化培训效果，成为企业的核心难题。无论是短期的培训还是灵活的学习模式，都需要权衡员工的学习需求和企业的运营目标，进而找到最适合的方案。否则，受限于资源和时间的培训可能流于形式，无法实现对知识工作者数字素养的真正提升。

四、培训效果评估与反馈的挑战

培训效果的评估与反馈是确保培训项目成功的重要环节。通过有效的评估，企业可以了解培训的实际效果，发现存在的问题，并及时进行调整和改进。评估培训效果的标准和方法多种多样，包括定量评估和定性评估两种方式（Farias-Gaytan 等，2023）。案例研究显示，企业在培训效果评估中采用了多种方法。例如，一家信息技术公司在进行新员工培训后，通过在线测试和绩效指标等定量评估工具来评估员工的学习效果。同时，通过员工反馈和培训后的工作表现等定性评估方法，进一步了解培训的实际效果和员工的满意度。这种综合评估方法可以全面反映培训效果，帮助企业进行科学的决策和改进（郑永红等，2024）。

然而，培训效果的评估与反馈在提升知识工作者数字素养过程中面临着重要挑战。尽管有效的评估能够帮助企业识别培训项目的实际效果并做出及时调整，但在实际操作中，这一过程往往受到多种因素的制约。首先，确定合适的评估标准和方法本身就是一个复杂的过程。定量评估通常通过数据收集、技能测试或任务绩效指标来衡量员工在培训后能力的提升程度。然而，这种方法可能忽略了学习的深度和实践应用的效果。其次，定性评估如员工反馈、案例分析和行为观察等，虽然能更好地捕捉培训带来的态度和技能转变，但其主观性较强，容易受到评估者的偏见或个体差异的影响。因此，如何在多样化的评估方法之间找到平衡点，确保评估结果的客观性和全面性，是企业面临的一大挑战。

另一个显著的挑战在于如何有效地利用评估反馈来优化培训项目。即使企业成功地收集到关于培训效果的数据和反馈，如何将这些信息转化为实际的改进措施，仍是一个难点。许多企业在培训结束后，可能仅仅将评估结果作为数据存档，而没有系统性地分析和反思问题所在，进而调整培训内容和策略。例如，如果反馈表明某个技能模块在实际工作中的应用效果不佳，企业可能需要重新设计培训课程或引入更多的实践案例。然而，由于缺乏专业的评估和分析团队，许多企业无法迅速将反馈转化为具体行动，导致后续培训项目可能重复过去的不足，无法有效提升员工的数字素养。

此外，评估和反馈机制的实施还需要克服时间和资源的限制。全面的评估过程通常需要耗费大量的时间和资源，尤其是涉及员工的实际工作表现观察、长期跟踪等环节时，其难度更大。企业在制订和执行培训评估计划时，可能受到日常工作任务的干扰，无法充分投入资源进行持续的跟踪评估。同时，部分员工可能因时间紧张而对评估反馈环节不够重视，甚至出现不配合或不真实反馈的现象，从而影响评估的准确性和有效性。这种反馈失真的情况使企业难以全面掌握培训效果，阻碍后续改进的针对性和有效性。综上所述，如何建立一个高效、全面和动态的培训效果评估与反馈机制，成为提升知识工作者数字素养的关键挑战之一。

五、总结

通过持续教育与系统培训，企业能够帮助员工不断提升数字素养，从而在快速变化的技术环境中保持竞争力和创新力。然而，该方法在实践中面临不少挑战，如表 10-2 所示。

表 10-2　提升知识工作者数字素养面临的挑战

挑战类型	具体表现	影响因素
教育与培训的系统性挑战	培训内容与方法缺乏科学性和一致性，不符合市场需求和技术变化	培训规划和设计的不足，缺乏有效的管理和监督机制

续表

挑战类型	具体表现	影响因素
员工背景与技术水平的差异	员工对数字技能的认识和需求各不相同，导致培训效果不均衡	员工的年龄、教育程度、职业发展等因素
培训资源与时间的限制	培训的成本和投入与企业的预算和利益不匹配，导致培训的质量和数量不足	企业的规模、性质、经济状况等因素
培训效果的评估与反馈挑战	培训效果的评估标准和方法不明确，导致培训效果难以衡量和改进	培训项目的目标、内容、方法等因素

　　提升知识工作者的数字素养在当今数字化时代对企业至关重要，但这一过程面临着一系列系统性挑战。一方面，员工教育与培训的系统性需求复杂，员工的教育背景、技术水平和经验差异大，导致单一的培训方案难以满足不同需求。此外，培训资源和时间的限制也使得企业难以提供持续且高质量的培训，特别是中小企业在财力和时间上承受压力，难以维持长期培训的效果。员工的背景差异进一步加剧了这一问题，一些具备技术基础的员工能够快速适应新工具，而其他员工则需要更多的时间进行基础培训，这种差距导致整体数字素养的提升效果参差不齐。

　　另一方面，培训效果的评估与反馈环节也面临着诸多障碍。有效的评估对于培训项目的持续改进至关重要，但定量评估和定性评估的选择、执行难度以及反馈转化为改进措施的复杂性，往往导致企业难以高效利用培训结果来优化项目。同时，全面的评估和反馈需要大量时间和资源，企业在面临工作任务和资源限制时，常常无法进行深入跟踪和观察，影响了评估的全面性和准确性。

　　综上所述，员工教育背景差异、资源和时间的不足以及有效评估和反馈的难度，使得企业在提升知识工作者数字素养时面临多重挑战，亟需多层次的培训策略和高效的评估反馈机制，以提高数字素养培训的质量和效果。

第三节　改善人机交互环境及其挑战

　　在人机交互环境的优化过程中，技术创新与用户体验之间的平衡至关重要。技术熟悉度与用户体验、个人偏好与工作背景、技术创新与交互平衡、资源投入与实际效果的评估，构成了这一复杂领域的四大关键因素。用户技术熟悉度直接影响他们与 AI 系统的交互体验，而个人偏好和工作背景则决定了用户对系统的需求和期望。此外，企业在技术创新中必须在先进性和实用性之间找到最佳平衡点，以确保新技术能够有效提升用户体验。同时，科学的资源投入和效果评估策略能够帮助企业实现技术投资的最大化。这一节将深入探讨这些因素及其相互作用，以此提供全面的优化策略。

一、技术熟悉度与用户体验的挑战

改善人机交互环境是提升生成式 AI 应用效果的重要方面。随着技术的不断进步，用户与 AI 系统的交互变得越来越复杂，用户体验的好坏直接影响 AI 系统的使用效果和普及率。用户技术熟悉度是影响人机交互体验的关键因素之一。不同技术水平的用户在使用生成式 AI 系统时会有不同的体验和反馈。例如，技术熟练的用户能够快速理解和操作复杂的 AI 系统，而技术水平较低的用户则可能在使用过程中遇到困难和挫折（Audrin 等，2022）。

随着生成式 AI 技术的不断进步，用户与 AI 系统的交互变得日益复杂，需要用户掌握更多的技能和知识来充分发挥系统的功能。对于技术熟练的用户而言，他们通常能够快速适应和操作 AI 系统，从而更好地利用 AI 工具提升工作效率和解决复杂问题。这些用户能够迅速理解系统的功能设置，并利用 AI 生成的内容进行优化和定制，获得较好的使用体验和满意度。然而，这种情况对技术水平较低的用户来说却并不相同。他们可能在使用 AI 系统时面临较高的学习曲线和操作障碍，容易因为系统的复杂性而感到困惑和挫败。这种负面体验可能降低他们的使用意愿和频率，甚至会导致他们对生成式 AI 产生抵触情绪，从而影响系统的推广和普及效果。

此外，技术熟悉度的差异使得企业和系统开发者在设计生成式 AI 系统的用户界面和交互方式时面临挑战。为了满足不同用户群体的需求，开发者需要在界面设计上做到兼顾复杂功能的深度操作和简单易用的基础操作。这种平衡并非易事，如果系统过于复杂而未能提供有效的指导和支持，技术水平较低的用户将难以接受；如果系统过于简化，可能无法满足专业用户的需求，限制他们的操作自由和灵活性。因此，设计一个包容性强的人机交互界面，并根据不同用户的技术熟悉度提供个性化的使用引导和帮助，是提升用户体验的关键。未能有效解决这一挑战，将可能导致生成式 AI 系统在实际应用中效果不佳，难以在广泛的用户群体中得到真正的普及和认可。

二、个人偏好与工作背景影响的挑战

个人偏好和工作背景对人机交互设计产生了重要影响，决定着用户在使用生成式 AI 系统时的需求、体验和期望。不同的工作环境和文化背景使得用户在面

对 AI 系统时，表现出各自独特的需求和偏好。例如，在创意产业中，用户更倾向于依赖 AI 系统进行创意发散和灵感探索。他们需要一个灵活且能提供多种可能性的工具，以帮助他们激发创新思维。这种需求对 AI 系统提出了较高的灵活性和适应性要求，使其能够不断生成新颖的内容并支持多样化的创意尝试。然而，如果 AI 系统缺乏灵活性、过于僵化或限制用户的创造力，这将会降低用户的满意度和使用频率，影响系统在创意行业中的普及和应用效果（Tinmaz 等，2023）。

与此不同，在金融行业中，用户通常更关注生成式 AI 系统的精确性和安全性。金融工作者需要依赖 AI 系统进行数据分析、风险预测和市场评估等任务，因此系统的准确性和稳定性至关重要。用户对系统的要求主要体现在数据处理的准确性、模型的可靠性以及信息的安全性上。如果 AI 系统在这些方面表现不足，可能会导致较大的财务风险或数据泄露问题，从而降低用户对系统的信任和依赖程度。因此，人机交互设计在面对不同工作背景时，需要根据用户的具体需求，定制功能和交互方式。未能满足金融行业用户的精确性和安全性需求，可能会让 AI 系统显得"华而不实"，也难以真正融入其工作流程中（Ding 等，2024）。

个人偏好和工作背景的多样性对生成式 AI 的设计和推广也带来了额外的挑战。不同用户在文化背景、职业角色和工作习惯上的差异，影响着他们对 AI 系统的期望和使用模式。例如，某些文化背景的用户可能偏好更加结构化的交互方式，而另一些用户可能更倾向于灵活多样的操作方式。用户在工作中的个人偏好也可能决定了他们对系统界面、功能布局和交互细节的需求。为了满足广泛用户的需求，AI 系统的设计需要考虑到文化差异、个体偏好以及多样化的工作背景。然而，如果系统设计未能充分满足这些需求，将导致用户的使用体验不佳，甚至引发用户对 AI 系统的不满或排斥。如何在多样化的用户需求中寻求平衡，是人机交互设计中的一大难题，直接影响到生成式 AI 技术的普及和应用效果。

三、技术创新与交互平衡的挑战

技术创新在交互环境中的应用确实带来了深刻变革，但也提出了如何平衡用户体验和技术复杂性之间的挑战。随着人机交互（HCI）技术的快速发展，诸多基于生成式 AI 的虚拟现实（VR）和增强现实（AR）等新技术逐渐被应用于多个领域。这些技术凭借其高效的功能和沉浸式的体验，为用户带来了全新的交互方式。然而，技术的先进性并不意味着一定能够满足用户的实际需求。在现实应用中，如果设计者过于强调技术的复杂性和创新性，可能会忽略用户在使用时的具体需求和体验。用户可能会感到过于复杂和难以适应，从而导致技术的应用效果不佳。例如，一个过于复杂的交互系统可能需要用户花费大量的时间学习和适应，而其实际带来的效益可能无法与所需投入成正比，从而影响用户对系统的接受度和满意度（Kreiterling，2023）。

此外，新技术在实际应用中还需要考虑用户的多样性需求以及交互场景的具体限制。例如，基于生成式 AI 的 VR 和 AR 技术虽然在娱乐、教育和培训等领域表现出色，但在许多实际场景中，这些技术可能存在硬件成本高、操作复杂、环境受限等问题。用户在交互过程中可能会因为设备的沉重、操作不便或适应不良而放弃使用，从而降低技术的应用价值。因此，设计人员必须在创新技术的引入和用户实际需求之间找到一个平衡点，以确保技术不仅具有创新性，还能为用户带来便捷和舒适的交互体验。只有通过降低技术门槛和提升用户的整体体验，新技术才能真正融入用户的日常工作和生活中，并发挥其真正的价值。

同时，技术创新与用户体验之间的平衡问题也涉及多方的利益和目标协调。对于开发者而言，技术创新通常代表着产品的核心竞争力，而对于用户来说，易用性和功能性才是最重要的考虑因素。这种需求上的差异可能导致产品的设计和开发方向有所偏离。为了实现技术的真正普及和应用，开发者需要深度倾听用户的需求，并在技术复杂性和用户体验之间做出合理的取舍。例如，在引入复杂 AI 算法的同时，开发者需要确保系统的操作界面简单易懂，能够快速满足用户的核心需求。否则，即使技术本身非常先进，也可能因为用户体验不佳而失去市场竞争力。因此，如何在技术创新与交互设计之间找到平衡，是新一代交互技术成功应用的关键（刘晓春，2024）。

四、资源投入与实际效果评估的挑战

交互环境改进的成本与效益分析是企业进行技术投资决策的重要依据。改进人机交互环境需要大量的资源投入，包括资金、时间和人力资源。然而，企业需要评估这些投入能否带来相应的效益，从而实现投资的最大化。在实际中，资源投入与实际效果评估在交互环境改进中构成了重要挑战，尤其是在企业需要权衡技术投资的成本与效益时。企业可能需要投入高额成本来开发和优化新的交互技术，如升级硬件设备、开发新的交互界面或引入人工智能驱动的辅助系统。然而，这些投入是否能够真正带来显著的效益并不总是明确的。企业在做出投资决策时，需要评估资源投入的回报是否能够显著提升用户的体验和生产效率。许多企业可能面临资源投入过高但效果不明显的问题，使得改进交互环境的项目难以持续（Tegegne 等，2023）。

此外，评估资源投入带来的实际效果是一个复杂过程，涉及多个维度的衡量。单纯依靠短期的经济回报可能不足以全面反映交互环境改进的效益。改进交互环境可能会提升用户的工作效率、满意度和系统使用频率，从而间接提升企业的综合效益，但这些效益难以通过简单的财务数据直接反映出来。企业需要建立全面的评估机制，包括定量和定性评估结合的方法，如通过用户反馈、生产效率提升数据和系统使用情况等多方面衡量改进的效果。然而，建立这种全面的评估体系本身也需要投入大量资源，可能与企业的资源紧张状况形成矛盾，进一步加大了决策难度。

同时，资源投入与效果评估中的挑战还表现在技术改进的持续性和适应性上。人机交互环境的改进往往需要不断迭代和优化，以适应不断变化的用户需求和技术发展。如果企业的资源投入主要集中在初期阶段，后续的维护和改进难以为继，可能会导致整体项目的成效无法长久维持。企业需要权衡如何在有限的资源下实现持续的技术改进，同时保证效益的最大化。此外，技术的改进可能面临使用效果的差异化表现。对于某些用户群体来说，技术改进可能显著提高他们的效率和满意度，而对于其他用户群体来说，其改进效果可能并不明显。企业需要考虑如何通过资源的合理分配，确保资源投入能实现全面而均衡的效益提升，避免浪费和低效的投入。

五、总结

改善人机交互环境需要全面考虑用户技术熟悉度、个人偏好与工作背景的影响。然而，这一实践面临着诸多挑战，如表 10-3 所示。

表 10-3　改善人机交互环境面临的挑战

类型	主要问题	影响范围
技术熟悉度与用户体验的挑战	不同技术水平的用户对 AI 系统的使用能力和满意度存在差异	影响用户的工作效率、信任度、满意度等指标
个人偏好与工作背景影响的挑战	不同用户的个性化需求和工作场景导致对 AI 系统的功能和界面有不同的期望	影响用户的使用意愿、适应性、忠诚度等指标
技术创新与交互平衡的挑战	技术的先进性与实用性之间存在一定的矛盾	影响产品的市场竞争力、品牌形象、用户口碑等指标
资源投入与实际效果评估的挑战	技术开发和维护的成本较高，而实际效果的评估难度较大	影响企业的投资回报、风险管理、创新动力等指标

总结来看，生成式 AI 在人机交互环境中的应用与改进面临诸多挑战，涉及技术熟悉度、个人偏好、技术创新与资源投入等多个方面。首先，用户的技术熟悉度在很大程度上影响了交互体验的效果。技术水平较高的用户通常能够快速适应复杂的生成式 AI 系统，从而充分利用其功能，提高生产效率。然而，对于技术水平较低的用户而言，系统的复杂性可能会带来较大的学习障碍和挫败感，从

而降低其使用意愿和频率。这对企业和系统开发者提出了要求，即在设计人机交互界面时，既要满足复杂功能操作的需求，又要简化用户体验，为不同技术水平的用户提供有效的引导和支持。

其次，个人偏好和工作背景也会影响用户对 AI 系统的需求和期望。不同职业和文化背景的用户对灵活性、安全性、准确性等功能的侧重点各不相同，要求系统设计在多样化需求之间找到平衡点，以提升用户满意度和系统适用性。

最后，技术创新与用户体验之间的平衡、资源投入与效果评估也是生成式 AI 发展的核心挑战。新技术的引入往往需要大量资源投入，包括硬件升级、交互界面优化和持续的技术改进，但是否能带来预期的效益并不总是确定。企业在技术投资时需要审慎评估成本与收益的平衡，确保资源投入能够真正提高用户体验和生产效率。同时，资源投入的效果评估也是一个复杂的过程，涉及定量和定性多方面的衡量。简单的经济回报可能无法全面反映技术改进带来的综合效益，企业需要通过全面的评估机制来持续跟踪和优化交互环境。然而，由于资源和时间限制，这一过程可能充满挑战。企业需要在有限的资源下实现持续改进，同时考虑不同用户群体的需求和效果差异，以确保技术投资的全面效益。

总之，生成式 AI 在交互环境改进中的挑战需要在多方因素之间寻求动态平衡，以实现更广泛和深远的应用效果。

第十一章 信息透明：增强生成式 AI 的内容可解释性以促进信息质量提升

本章重点探讨如何通过增强生成式 AI 的内容可解释性，以提升信息质量，从而促进知识工作者的长期绩效发展。本章共分为三节，分别是内容可解释性在知识工作者与生成式 AI 互动中的重要性、信息来源标注策略及其实践思路以及答案构成透明策略及其实践思路。第一节探讨内容可解释性的重要性。随着生成式 AI 在各领域的广泛应用，知识工作者需要理解和信任 AI 生成的信息。可解释性的提高不仅有助于知识工作者更好地利用 AI 技术，还能增强他们对 AI 生成内容的信任和依赖，从而在实际工作中获得更高效的支持。第二节介绍信息来源标注策略及其实践思路。通过明确标注信息的来源，可以提高信息的透明度和可信度，使知识工作者能够更好地判断信息的可靠性。这种策略对于提升知识工作者的信息素养和决策能力具有重要意义。第三节讨论答案构成透明策略及其实践思路。通过详细展示生成式 AI 生成答案的过程和依据，可以增强知识工作者对 AI 决策过程的理解和掌控。这不仅提高了信息的透明度，还能帮助知识工作者更好地利用 AI 技术进行创新和优化工作流程。本章旨在通过系统性地探讨增强生成式 AI 内容可解释性的策略，为知识工作者提供具体的实践指导，帮助他们在信息爆炸的时代背景下，更加有效地利用 AI 技术提升自身的长期绩效。

第一节 内容可解释性在知识工作者与生成式 AI 互动中的重要性

在生成式 AI 的应用过程中，内容可解释性对知识工作者的学习、创新和协作能力具有深远影响。理解 AI 系统的决策过程不仅能够提高用户对系统的信任和接受度，还能促进知识共享和跨学科合作。内容可解释性的提升方法和面临的挑战也是值得深入探讨的课题。本节详细分析生成式 AI 的内容可解释性如何影响学习能力、创新能力和协作能力，并探讨提升内容可解释性的方法与面临的挑战。

一、生成式 AI 的内容可解释性对学习能力的影响

生成式 AI 的内容可解释性对于提升知识工作者的学习能力具有重要意义。内容可解释性帮助用户理解 AI 系统的决策过程，从而增强对系统的信任和接受度。通过提供明确的解释，用户能够更好地掌握系统的工作原理，进而提升学习效果。例如，在教育领域，教师和学生可以通过分析 AI 提供的解释，更深入地了解知识点和学习路径，从而优化教学策略和学习方法（吴坚豪等，2024）。

生成式 AI 的可解释性能够通过降低认知负荷来增强学习能力。认知负荷理论指出，当信息处理任务的复杂性超出个体的认知资源时，会影响学习效果。解释性 AI 可以通过提供清晰、简洁的解释，帮助用户更有效地处理和理解信息，从而减轻认知负荷，提升学习效果。方海光等（2024）研究发现，通过提供可解释的 AI 建议，学生在解决复杂问题时的表现显著提高。

此外，生成式 AI 的可解释性能够促进元认知技能的发展，即对自己认知过程的意识和调节能力。通过理解 AI 的解释，用户可以反思自己的思维过程，调整学习策略，从而提高学习效果。例如，在医学教育中，学生可以通过理解 AI 系统的诊断解释，反思和改进自己的诊断思维过程，提升专业技能（宛平等，2024）。

二、生成式 AI 的内容可解释性对创新能力的影响

生成式 AI 的内容可解释性对知识工作者的创新能力有着显著影响。通过理解 AI 系统的决策过程，用户可以发现和利用新的知识和方法来推动创新。例如，在科学研究中，研究人员可以通过分析 AI 系统的解释，发现新的研究方向和问题，从而促进学术创新和技术进步（程萧潇等，2024）。

生成式 AI 的可解释性能够促进跨学科合作和知识共享。透明的 AI 系统能够帮助不同领域的专家理解和应用 AI 技术，从而促进多学科的协作和创新。例如，在生物医学领域，生物学家、数据科学家和医生可以通过共享和分析 AI 系统的解释，发现新的生物标志物和治疗方法，从而推动医学研究的进展（董子铭等，2024）。

通过提供明确的解释，生成式 AI 的可解释性还能够提高用户在创新过程中的自主性和信心。用户可以通过理解 AI 的决策过程，探索新的应用领域和创新方法。例如，在产品开发中，设计师可以通过分析 AI 生成的设计方案，发现新的设计思路和灵感，从而创造出更具创新性的产品。

三、生成式 AI 的内容可解释性对协作能力的影响

生成式 AI 的内容可解释性在提升知识工作者的协作能力方面发挥着关键作用。通过提供清晰的解释，AI 系统可以促进团队成员之间的理解和沟通，从而提高协作效率和效果。例如，在软件开发团队中，透明的 AI 系统可以帮助开发人员理解代码生成和错误检测的过程，从而更好地协作解决问题（王帅杰等，2024）。

生成式 AI 的可解释性能够增强团队的决策过程。通过提供详细的决策依据和解释，团队成员可以更好地理解和评估不同的决策选项，从而做出更为科学和合理的决策。例如，在金融领域，分析师团队可以通过理解 AI 系统的投资建议和风险评估，更准确地制定投资策略和管理风险（王正青等，2024）。

此外，生成式 AI 的可解释性有助于跨部门和跨组织的合作。透明的 AI 系统能够提供明确的决策依据和操作步骤，帮助不同部门和组织之间建立信任和协作。例如，在供应链管理中，各个环节的合作伙伴可以通过共享 AI 系统的解释，优化供应链流程和管理策略，从而提高整体效率和效益。

通过上述详细分析可以看到，生成式 AI 的内容可解释性在提升知识工作者的学习能力、创新能力和协作能力方面具有重要意义。未来，进一步优化和推广解释性 AI 方法，将有助于在更多领域实现其广泛应用和最大化效益。

四、提升生成式 AI 内容可解释性的方法与挑战

提升生成式 AI 内容可解释性的方法多种多样，主要包括模型内方法、模型外方法和混合方法。模型内方法是指在模型构建过程中内嵌可解释性特性，如决策树、线性回归和逻辑回归模型，这些模型天然具备较高的可解释性。模型内方法强调从模型的设计阶段就考虑其可解释性。例如，决策树模型通过树状结构展示决策路径，使用户可以清晰地看到每一步的决策依据。线性回归模型通过展示回归系数，直观地反映每个特征对最终结果的影响。这样的模型内方法不仅提高了模型的透明度，还便于用户理解和验证模型的工作原理（Linardatos 等，2020）。

模型外方法则是在模型构建完成后，通过额外的技术手段对模型的决策过程进行解释，如 LIME（Local Interpretable Model‑agnostic Explanations）和 SHAP（SHapley Additive exPlanations）。模型外方法在模型训练完成后，通过额外的技术手段来解释模型的决策过程。LIME 是一种常用的模型外方法，它通过构建局部线性模型来近似复杂模型在某个数据点附近的行为，从而提供具体数据点的可解释性。SHAP 通过博弈论的 Shapley 值方法，量化每个特征对模型预测的贡献，从而提供全局和局部的可解释性。

混合方法结合了模型内方法和模型外方法的优点，既在模型设计阶段考虑可

解释性，又在模型训练后通过技术手段增强其可解释性。例如，在训练深度学习模型时，可以通过可解释性层（如注意力机制）增强模型的透明度，同时使用 LIME 或 SHAP 对模型进行进一步解释。

尽管提升生成式 AI 内容可解释性的方法多种多样，但在实际应用中仍面临着诸多挑战。这些挑战主要包括用户难以掌握复杂的 AI 运行机理、解释性方法的技术瓶颈以及如何在保证模型性能的同时增强其可解释性。首先，生成式 AI 模型（如深度学习模型）通常具有高度的复杂性，其决策过程涉及大量的计算和非线性变换。用户在理解这些复杂机理时常常感到困难，即使提供了详细的解释，仍然可能难以完全掌握。例如，深度神经网络中的权重和激活函数对于非技术背景的用户来说几乎是难以理解的黑盒。其次，目前的解释性方法在处理高维数据和复杂模型时仍然存在一定的技术瓶颈。尽管 LIME 和 SHAP 等方法在一定程度上提供了模型的可解释性，但它们在面对大规模数据集和复杂模型时计算成本高且效率低下。例如，SHAP 值计算需要对每个特征进行大量的模型调用，这在处理大型深度学习模型时可能非常耗时。最后，在提升模型可解释性的同时，如何保证其性能不受影响也是一个重要挑战。许多高性能的生成式 AI 模型（如深度神经网络）在优化预测准确性时牺牲了可解释性。虽然通过引入可解释性层和使用混合方法可以在一定程度上解决这一问题，但在实际应用中仍需仔细权衡模型的性能和可解释性。例如，过度强调可解释性可能导致模型复杂度降低，从而影响其预测能力（Clement 等，2023）。

综上所述，提升生成式 AI 内容可解释性的方法多种多样，但在实际应用中仍面临诸多挑战。通过不断优化和创新解释性方法，增强用户的技术素养和理解能力，有望在未来实现 AI 技术的高性能和高可解释性双赢，为更多领域的广泛应用和发展提供有力支持。

五、总结

生成式 AI 的内容可解释性在提升知识工作者的能力方面的作用，如表 11-1 所示。

表 11-1　生成式 AI 的内容可解释性在提升知识工作者的能力方面的作用

增强生成式 AI 内容可解释性带来的益处	作用机制
提升学习能力	通过提供反馈、解释和评估，帮助知识工作者掌握新知识、新技能和新方法，从而提高学习效率和效果
提升创新能力	通过提供启发、理由和建议，激发知识工作者的思维活跃度、创造力和问题解决能力，从而支持创新的发现和实施

续表

增强生成式 AI 内容可解释性带来的益处	作用机制
提升协作能力	通过提供沟通、理解和信任，促进知识工作者之间的信息共享、知识转移和协同工作，从而提高协作的效率和效果

　　生成式 AI 的内容可解释性在提升知识工作者的学习能力方面起到了关键作用。通过提供清晰的解释，用户能够更好地理解 AI 系统的决策过程，从而增强学习效果和技术掌握。尤其在教育和医学等领域，内容可解释性帮助学生和专业人士优化学习路径和诊断思维，显著提高了他们的专业技能。

　　在创新能力方面，内容可解释性同样发挥着重要作用。透明的 AI 系统能够帮助研究人员和工程师发现新的研究方向和技术应用，推动学术和技术创新。通过理解 AI 的决策逻辑，用户可以更有效地进行知识共享和跨学科合作，促进多领域的融合与创新。

　　内容可解释性对于提升协作能力也具有重要意义。通过提供明确的解释，AI 系统可以促进团队成员之间的理解和沟通，提高协作效率和决策质量。尤其在复杂项目和跨部门合作中，内容可解释性帮助各方建立信任和协调，共同优化工作流程和管理策略。

　　提升生成式 AI 内容可解释性的方法多种多样，但也面临着诸多挑战。在模型内和模型外方法的应用中，需要在确保模型性能的同时提高其透明度。用户难以掌握复杂的 AI 运行机理和解释性方法的技术瓶颈是当前的主要障碍。然而，通过特征重要性分析、可视化技术、模型简化以及用户培训和教育等策略，能够逐步提高生成式 AI 的内容可解释性，为更多领域的广泛应用和发展提供支持。

　　综上所述，生成式 AI 的内容可解释性在提升知识工作者的学习、创新和协作能力方面具有重要意义。未来的研究和实践应继续探索和优化可解释性方法，克服技术瓶颈和用户理解的挑战，实现 AI 技术的高性能和高可解释性双赢，为各领域的广泛应用和发展提供有力支持。

第二节　信息来源标注策略及其实践思路

　　在生成式 AI 的应用过程中，信息来源标注策略对于提升生成内容的可解释性具有重要意义。通过明确标注信息来源，不仅可以增强用户对生成内容的信任，还能提高信息的准确性和可靠性。本节从四个方面探讨信息来源标注策略及其实践思路，帮助用户在实际操作中更好地应用这些策略。首先讨论信息来源标注的重要性，展示其在不同领域的实际应用效果。接着详细介绍如何通过优化用户指令（Prompt）以包含信息来源，提高生成内容的透明度。随后指导用户如何提高信息来源标注的精确性，确保引用信息的准确性和权威性。最后讨论在实际应用中常见的问题及其解决方案，为用户提供实用的指导和建议。

一、明确信息来源标注的重要性

在增强生成式 AI 内容可解释性的过程中，明确标注信息来源至关重要。这不仅能提升信息的透明度和可信度，还能帮助用户更好地理解和验证生成的信息。在多个领域，如学术、新闻和商业领域，信息来源标注都是确保内容可靠性的关键措施（左敏等，2024）。

首先，在学术领域，引用准确的信息来源不仅是学术诚信的体现，还能增强研究的可信度和影响力。学术界强调引用的准确性，以确保研究成果的可验证性和重复性。例如，当研究人员在其论文中引用其他学者的工作时，准确的引用能够展示他们对相关领域的深刻理解，并使读者能够追溯研究的原始来源，从而验证信息的真实性和可靠性。

在新闻领域，随着假新闻和虚假信息的泛滥，标注信息来源变得尤为重要。新闻机构通过引用可靠的消息来源，可以增强报道的公信力，使读者能够信任所提供的信息。例如，当记者撰写关于某一事件的报道时，引用官方声明或目击者证词，可以显著提高报道的可信度，使读者相信信息的准确性。

在商业领域，企业通过标注信息来源，可以展示其商业报告和市场分析的专业性和可信度。这对于投资者和利益相关者来说尤为重要，因为他们需要基于可靠的信息做出决策。例如，当企业发布年度报告时，引用市场研究数据和行业报告，可以增加报告的说服力和权威性。

二、优化 Prompt 以包含信息来源

为了确保生成式 AI 能够生成包含详细信息来源的内容，优化 prompt（提示词）至关重要。以下是一些具体的示例和提示词设计技巧，帮助用户更有效地引导 AI 生成具有高可信度的内容：

首先，在提示词中明确要求 AI 提供信息来源。例如，可以使用以下提示词："请注明所有引用的来源"，或"请在回答中包含详细的参考文献"。这种明确的指示可以帮助 AI 理解用户的需求，并在生成内容时自动附上相关的来源信息。

其次，设计有效的提示词时，应该尽量具体和详细。例如，如果用户需要 AI 生成一篇关于气候变化的文章，可以使用类似"请提供气候变化相关的最新

研究，并注明每个研究的出处"的提示词。这不仅能引导 AI 检索相关的高质量信息，还能确保生成内容的可信度和准确性。

另外，为了进一步提高信息来源的标注质量，用户可以在提示词中加入对来源类型的具体要求。例如，"请引用 2023 年发表在著名学术期刊上的论文"或"请提供来自政府和权威机构的统计数据"。这种方式可以帮助 AI 筛选出更权威和可靠的信息来源，从而提升生成内容的整体质量。

在实践中，以下是一些提示词设计的实际应用案例和效果分析。在新闻写作中，记者在撰写新闻报道时，可以使用提示词"请提供关于某事件的详细报道，并注明消息来源"。这种提示词不仅能帮助 AI 生成准确的新闻报道，还能增强报道的可信度。在学术研究中，研究人员在撰写论文时，可以使用提示词"请提供关于某一研究主题的最新文献综述，并附上所有参考文献"。这种提示词可以确保生成的文献综述内容翔实，并包含详细的引用信息，有助于读者进一步研究。在商业报告中，市场分析师在撰写商业报告时，可以使用提示词"请提供市场趋势分析，并引用相关的市场研究报告和统计数据"。这种提示词可以帮助 AI 生成专业且可信的市场分析报告，增强报告的说服力。

通过优化提示词，用户可以显著提升生成式 AI 内容的透明度和可信度，使其更符合实际应用需求，满足不同领域的专业要求。信息来源标注不仅是对生成内容的补充，更是提升其可信度和公信力的有效手段。

三、提高信息来源标注的精确性

在生成式 AI 的应用中，提高信息来源标注的精确性是确保内容可信度和用户信任度的关键。为了实现这一目标，用户在设计 Prompt 时需要详细描述所需信息的来源类型和细节要求。这不仅有助于 AI 生成高质量的内容，还能确保引用信息的准确性和权威性。

用户在 Prompt 中应明确指出所需信息的具体来源类型。例如，如果需要引用学术论文，可以在提示词中加入"请引用最近 3 年发表在顶级学术期刊上的论文"。这种明确的指示能够帮助 AI 筛选出高质量的学术资料，确保生成内容的权威性和可信度。同样，如果需要市场数据，可以使用类似"请提供来自政府或知名市场研究机构的统计数据"的提示词，以确保引用数据的可靠性和权威性。

此外，用户还可以在 Prompt 中详细描述引用信息的细节要求。例如，可以指定需要的统计数据的具体年份或地域范围，或者要求引用的文献必须包含特定的研究方法或结论。这种详细的描述能够帮助 AI 更加精准地检索和引用相关信息，避免因信息模糊或不准确而影响内容的质量。

为了帮助用户更好地理解和应用这一策略，以下是一些多样化的标注实例：

在撰写关于气候变化的学术文章时，用户可以使用提示词"请提供 2019 年至 2023 年间发表在《自然》《科学》等顶级期刊上的气候变化研究论文，并详细标注出处"。这种提示词能够帮助 AI 引用最新的研究成果，确保文章的学术性和前沿性。

在编写市场分析报告时，用户可以使用提示词"请引用 2022 年发布的世界银行和国际货币基金组织的全球经济数据，并注明具体来源"。这种提示词不仅能确保引用数据的权威性，还能提高报告的说服力和可信度。

在新闻写作中，用户可以使用提示词"请引用《纽约时报》《华盛顿邮报》等知名媒体关于某事件的报道，并详细标注出处"。这种提示词能够帮助 AI 生成具有高可信度的新闻报道，提升读者的信任感。

通过详细描述需求和提供多样化的标注实例，用户可以显著提高生成内容的信息来源标注的精确性，确保生成内容的可靠性和权威性。

四、常见问题及解决方案

在实际应用中，信息来源标注虽然能显著提高内容的透明度和可信度，但也面临着一些常见问题。这些问题可能影响生成内容的质量和用户体验，因此需要找到有效的解决方案。

一个常见问题是信息来源的准确性。有时，生成式 AI 可能会引用错误或过时的信息，这会严重影响内容的可信度和准确性。为了解决这一问题，用户在设计 Prompt 时应明确要求 AI 引用最新和最权威的来源。例如，可以使用"请引用最新发布的权威机构数据"或"请提供最近 5 年内的学术研究成果"等提示词，确保引用信息的时效性和可靠性。此外，用户还可以通过交叉验证不同来源的信息，提高引用数据的准确性。例如，在引用统计数据时，可以要求 AI 同时提供来自多个权威机构的数据，以此进行比较和验证（王欢妮等，2024）。

另一个常见问题是信息来源的全面性。生成式 AI 在生成内容时，有时可能会忽略一些重要的信息来源，导致内容不够全面和系统。为了避免这一问题，用户在设计 Prompt 时应要求 AI 提供多角度、多来源的信息。例如，可以使用"请从不同视角分析某一问题，并引用相关的多篇研究论文"或"请提供多个权威机构的数据和报告"等提示词，确保生成内容的全面性和多样性。此外，用户还可以在 Prompt 中要求 AI 提供详细的引用列表，并附上每个引用来源的简要说明，以便用户进一步核实和补充信息（张玉洁，2024）。

在实际操作中，用户还可能遇到信息标注格式不统一的问题。这会影响内容的阅读体验和信息的查找效率。为了解决这一问题，用户可以在 Prompt 中明确规定引用格式。例如，"请按照 APA 格式标注所有引用来源"或"请提供详细的参考文献列表，包括作者、出版年份、文献标题和出处"。这种明确的格式要求能够帮助 AI 生成统一规范的引用标注，提升内容的专业性和可读性。

通过针对这些常见问题设计有效的解决方案，用户可以显著提升生成式 AI 内容的信息来源标注质量，确保内容的准确性、全面性和规范性，从而增强用户对生成内容的信任和依赖。

五、总结

在生成式 AI 的实际应用中，信息来源标注的重要性不容忽视。通过明确标注信息来源，可以显著提升生成内容的透明度和可信度。这不仅能帮助用户更好地理解和验证生成的信息，还能增强内容的专业性和可靠性。在学术、新闻和商业等多个领域，信息来源标注都是确保内容可靠性的关键措施。例如，学术研究中通过准确引用文献，可以展示研究的深度和广度。在新闻报道中，通过引用权威来源，可以增强报道的可信度和公信力。如表 11-2 所示。

表 11-2　增强生成式 AI 可解释性的信息来源标注策略及其实践思路

具体领域	Prompt 优化示例	作用机制	常见问题及解决
文献综述	不好的 Prompt：列出人工智能在医学中的应用 好的 Prompt：详细列出近 5 年人工智能在医学影像分析中的主要应用，并提供每个应用的具体实例和相关研究文献引用	通过具体化和限定时间范围，使得生成内容更为精确和有针对性，便于用户快速获取所需信息	问题：生成内容不具体或不相关 解决：提供更详细的背景信息和要求，如时间范围、特定应用领域等
案例分析	不好的 Prompt：分享一个成功的营销案例 好的 Prompt：分享一个最近 3 年内运用 AI 技术的成功营销案例，包含背景介绍、应用的 AI 技术、实施过程、结果以及从中学到的关键经验	提供详细的背景信息和具体要求，使生成的案例更具参考价值和实际应用性	问题：案例描述过于宽泛或不切实际 解决：明确要求包括背景、技术、过程和结果等关键细节
行业调研	不好的 Prompt：总结当前 AI 在制造业中的发展趋势 好的 Prompt：总结当前 AI 在制造业中提高生产效率的主要发展趋势，并引用最新的市场调研报告和统计数据	通过限定具体内容和引用来源，确保生成的信息有据可依，增加可信度和实用性	问题：信息来源不准确或缺乏权威性 解决：要求生成内容时引用具体的报告或统计数据
实证研究跟踪	不好的 Prompt：介绍有关 AI 对教育的影响的实证研究 好的 Prompt：介绍近 3 年关于 AI 对高等教育学习效果影响的实证研究，包括研究方法、样本、主要发现和引用的文献	限定研究时间范围和具体研究内容，使得生成的内容更符合实际需求和研究背景	问题：生成的研究介绍不全面或缺乏细节 解决：提供明确的研究内容要求，如方法、样本和主要发现等

为了确保生成内容的质量，用户在设计 Prompt 时需要详细描述所需信息的来源类型和细节要求。通过明确要求 AI 引用最新和最权威的来源，可以提高信息的准确性和权威性。此外，用户可以通过交叉验证不同来源的信息，进一步提高引用数据的准确性和可靠性。详细描述需求和提供多样化的标注实例，不仅能帮助 AI 生成高质量的内容，还能确保引用信息的准确性和全面性。

尽管信息来源标注可以显著提高内容的透明度和可信度，但在实际应用中仍然存在一些常见问题，如信息来源的准确性、全面性和格式不统一等。通过设计有效的 Prompt 并明确引用格式要求，用户可以显著提升生成内容的信息来源标注质量。解决这些常见问题，能够确保内容的准确性、全面性和规范性，从而增强用户对生成内容的信任和依赖。在未来的应用中，持续优化和改进信息来源标注策略，将有助于进一步提升生成式 AI 内容的质量和用户体验。

第三节　答案构成透明策略及其实践思路

在提升生成式 AI 的可解释性中，答案构成透明性至关重要。通过明确和优化提示词，用户可以引导 AI 生成具有逻辑清晰、结构合理的答案，从而增强用户的理解和信任。本节详细探讨如何通过优化提示词以明确答案结构，提高答案透明度的策略，以及解决常见问题的方法。首先介绍如何在提示词中明确要求 AI 详细解释其答案的构成和逻辑。接着指导用户如何详细描述需要 AI 解释的步骤或逻辑链，并提供分步骤解释的示例。最后讨论在实际应用中可能遇到的常见问题及其解决方案，以确保生成式 AI 系统能够提供高质量、透明的答案。

一、答案构成透明的重要性

在生成式 AI 回答问题时，保持答案构成透明至关重要。透明性不仅能增强用户对 AI 生成内容的理解，还能提高对生成内容的信任度。随着 AI 技术的不断进步，透明性的问题变得更加突出，尤其是在教育、客户服务和医疗等关键领域（姚志伟，2024）。

透明性在生成式 AI 系统中的作用可以从多个角度来理解。首先，透明性有助于用户理解 AI 生成内容的来源和逻辑。例如，当 AI 提供某个医疗建议时，如果能够清晰地解释其依据的文献或数据来源，用户就能更好地评估建议的可靠性和准确性。这种透明性不仅增加了内容的可信度，还提升了用户对 AI 系统的信任。其次，透明性在法律和伦理层面也具有重要意义。随着 AI 在各行各业中的应用越来越广泛，确保 AI 系统的透明性已成为监管机构和研究者关注的焦点。透明性有助于确保 AI 系统的公平性和责任性，避免因为信息不透明而引发的伦理问题和法律纠纷。

在教育领域，透明性可以显著提升教学效果。例如，AI 可以根据学生的学习情况生成个性化的学习建议。如果 AI 能够解释其建议背后的逻辑和依据，学生和教师就能更好地理解和接受这些建议，从而提高教学的有效性。刘彧晗等（2024）的研究表明，透明的 AI 系统在教育中的应用，不仅能够帮助学生更好地理解学习内容，还能够提高他们的学习积极性和主动性。

在客户服务领域，透明性同样具有重要作用。例如，许多企业已经开始使用 AI 客服来处理客户的咨询和投诉。如果 AI 能够清晰地解释其回答的依据，客户就能更好地理解和接受 AI 的回答，从而提高客户满意度。一项研究指出，透明的 AI 客服系统能够显著提升客户对企业的信任和忠诚度。

在医疗领域，透明性尤为重要。医疗 AI 系统经常被用来辅助医生进行诊断和治疗决策。如果 AI 能够解释其诊断和治疗建议的依据，医生和患者就能更好地评估其可靠性和有效性，从而提高医疗决策的质量。一项研究显示，透明的医疗 AI 系统不仅能够提高医生的诊断准确性，还能增强患者对治疗方案的信任和接受度（黄时进，2024）。

综上所述，答案构成透明性在生成式 AI 中的应用具有广泛而深远的意义。通过提高透明性，可以增强用户对 AI 系统的理解和信任，从而提高 AI 系统的应用效果和用户体验。

二、优化 Prompt 以明确答案结构

在生成式 AI 回答问题时，优化提示词（Prompt）以明确要求 AI 详细解释其答案的构成和逻辑，是提升透明度和用户理解的重要方法之一。通过这种方式，用户可以更清楚地了解 AI 生成答案的过程和依据，从而增强对 AI 系统的信任和依赖。为了实现这一目标，用户在设计 Prompt 时，可以具体要求 AI 提供详细的解释和逻辑推理。例如，当用户希望 AI 解释某个复杂的科学概念时，可以使用类似"请详细解释该概念的组成部分及其相互关系"的提示词。这种明确的指示可以引导 AI 生成具有清晰结构和逻辑的答案，帮助用户更好地理解相关内容。

例如，在金融分析中，用户可能需要 AI 解释某个经济指标的变化原因。此时，可以使用提示词"请详细解释最近 GDP 增长的主要驱动因素，包括消费、投资、政府支出和净出口的变化"。这种提示词能够引导 AI 提供全面的分析，并清楚地展示每个驱动因素对 GDP 增长的贡献，从而帮助用户更全面地理解经济变化的原因。

在教育领域，教师可以利用优化的 Prompt 帮助学生理解复杂的数学问题。例如，当学生遇到某个难题时，教师可以使用提示词"请分步骤解释如何解答这个数学问题，包括每一步的逻辑推导和公式应用"。这种提示词能够帮助 AI 生成清晰的解题步骤，使学生能够逐步跟随并理解每一步的推理过程，从而提升学习效果。

为了设计有效的提示词，用户应注意以下几点：首先，明确提示词。提示词应当具体明确，避免模糊和笼统的含义。例如，与其使用"解释一下"，不如使用"请详细解释你的答案并提供每一步的推理过程"。然后，逐步引导。提示词可以分步引导 AI 回答。例如，"首先解释基本概念，然后描述详细步骤，最后总结结果"。这种分步提示有助于生成结构清晰的答案。最后，强调逻辑链。提示词应强调需要 AI 展示逻辑推理过程。例如，"请提供详细步骤说明，每一步都要解释清楚其逻辑依据"。通过这些技巧，用户可以设计出更有效的提示词，引导 AI 生成透明且结构清晰的答案。

三、提高答案透明度的策略

提高答案透明度的策略在于详细描述需求和提供分步骤解释的示例。通过这种方式，用户可以更清楚地了解 AI 生成答案的过程和依据，从而增强对 AI 系统的信任和依赖。其具体策略包括：

详细描述需求：为了确保 AI 能够生成透明的答案，用户在提示词中需要详细描述需要 AI 解释的步骤或逻辑链。例如，当用户希望 AI 解释某个复杂的法律问题时，可以使用提示词"请详细描述解决该法律问题的每一步，包括适用的法律条款、相关案例分析以及最终裁定的依据"。这种详细描述的提示词可以帮助 AI 提供清晰且逻辑严谨的解释，使用户能够全面地了解问题的解决过程。

分步骤示例：为了进一步提升答案透明度，用户可以在提示词中要求 AI 分步骤解释其答案。例如，在医疗领域，医生可能希望 AI 解释某个治疗方案的选择过程。此时，可以使用提示词"请分步骤解释选择该治疗方案的原因，包括患者的病史、诊断结果、治疗选项的比较以及最终决定的依据"。这种提示词能够引导 AI 提供详细的解释，使医生能够全面了解治疗方案的选择过程，从而提高医疗决策的质量。

实践中的应用示例包括：在法律咨询中，律师可以使用提示词"请详细解释该案例的法律依据，包括适用的法律条款和相关案例分析"来引导 AI 提供全面的法律解释。这种方式不仅能够提高法律咨询的质量，还能增强客户对律师服务的信任。在教育辅导中，教师可以使用提示词"请分步骤解释如何解答这个物理问题，包括每一步的逻辑推导和公式应用"来帮助学生理解复杂的物理问题。这种分步骤提示能够引导 AI 生成清晰的解题步骤，提升学生的学习效果。在金融分析中，分析师可以使用提示词"请详细解释最近股市波动的原因，包括市场趋势分析、公司财务报告和外部经济因素的影响"来引导 AI 提供全面的金融分析。这种详细描述的提示词能够帮助 AI 生成结构清晰的答案，使用户能够更全面地了解市场动态。

通过详细描述需求和提供分步骤解释的示例，用户可以显著提高 AI 生成答案的透明度，使其内容更具逻辑性和可靠性，从而增强用户对 AI 系统的信任和依赖。

四、常见问题及解决方案

在实际应用中，生成式 AI 在提供答案时可能会遇到一些常见问题，如答案逻辑不清晰和解释不足。这些问题不仅会影响用户对 AI 系统的信任度，还可能导致错误决策和误导信息。以下是这些常见问题的详细讨论及其解决方案。

生成式 AI 在提供答案时，逻辑不清晰是一个常见问题。这通常表现为答案缺乏连贯性、逻辑跳跃或未能提供完整的推理链。逻辑不清晰的问题不仅使用户难以理解 AI 的回答，还可能导致错误的理解和应用。解决这一问题的关键在于优化 Prompt，使其更具体和详细。用户在设计 Prompt 时，可以明确要求 AI 提供逻辑清晰的答案，并逐步解释每一步的推理过程。例如，使用提示词"请分步骤详细解释你的答案，每一步都要包含明确的逻辑推理和依据"，可以有效引导 AI 生成连贯的答案。此外，用户可以在 Prompt 中要求 AI 提供逻辑链的可视化展示，如流程图或表格。这种方式不仅能帮助 AI 组织其回答的结构，还能使用户更直观地理解 AI 的推理过程。例如，在金融分析中，使用提示词"请提供详细的经济指标变化分析，并以图表形式展示逻辑链"，可以帮助 AI 生成更清晰的答案。

解释不足是另一个常见问题，即 AI 在回答问题时，未能提供足够的背景信息和详细解释。这通常表现为回答过于简略，缺乏支持性的证据和详细的逻辑推理。解释不足的问题会使用户对答案的可靠性产生怀疑，影响其对 AI 系统的信任。为了解决这一问题，用户在设计 Prompt 时，可以明确要求 AI 提供详细和全面的解释。例如，使用提示词"请详细解释你的答案，包括相关背景信息、支持性证据和详细的逻辑推理"，可以引导 AI 生成更丰富的回答内容。此外，用户还可以在 Prompt 中要求 AI 引用相关的权威文献和数据，以增强答案的可靠性和说服力。例如，在医学咨询中，使用提示词"请提供该治疗方案的详细解释，并引用相关的医学文献和临床数据"，可以帮助 AI 生成更全面和权威的答案。

在某些情况下，AI 生成的答案可能包含大量冗余信息，使用户难以找到关键点。这种问题通常出现在 AI 未能有效筛选和组织信息的情况下。信息冗余不仅降低了回答的效率，还可能混淆用户的理解。为了解决这一问题，用户在设计 Prompt 时可以明确要求 AI 重点突出地回答问题。例如，使用提示词"请简洁回答问题，并突出关键点"，可以引导 AI 生成更简明扼要的答案。此外，用户还可以在 Prompt 中指定回答的字数限制或要求分段回答，以避免信息冗余。例如，在客户服务中，使用提示词"请在 200 字以内回答问题，并分段解释关键点"，可以帮助 AI 生成更高效和易于理解的答案。

生成式 AI 在提供答案时，有时会因为缺乏对问题上下文的理解而生成不相关或不准确的回答。这通常发生在 Prompt 未能提供足够的上下文信息时。缺乏上下文理解的问题会导致回答偏离主题，无法满足用户的实际需求。为了解决这一问题，用户在设计 Prompt 时，应提供尽可能多的上下文信息，并明确指出问题的背景和具体需求。例如，使用提示词"请在以下背景下回答问题，并详细解释相关内容……"，可以帮助 AI 更好地理解问题的上下文，从而生成更相关和准确的答案。

通过以上方法，用户可以有效解决生成式 AI 在提供答案时遇到的常见问题，提高答案的逻辑性、全面性和相关性，从而增强对 AI 系统的信任和依赖。

五、总结

在优化提示词以明确答案结构的过程中，用户需要详细而具体地描述其需求。通过设计有效的提示词，如"请详细解释你的答案"或"请提供步骤说明"，用户可以引导 AI 生成逻辑清晰、结构合理的答案。这不仅有助于增强用户对生成内容的理解，还能提高 AI 系统的透明度和可靠性。例如，在金融分析中，使用具体提示词可以帮助 AI 生成全面的市场分析报告，使用户能够更好地理解和应用这些信息。如表 11-3 所示。

表 11-3　增强生成式 AI 可解释性的答案构成透明策略及其实践思路

具体领域	Prompt 优化示例	作用机制	常见问题及解决
数据分析	不好的 Prompt：解释数据分析结果 好的 Prompt：详细解释客户购买行为数据分析的结果，包括所用算法、数据处理方法、关键指标的含义及其背后的原因	提供具体的要求和背景信息，使生成的解释更全面，帮助用户理解数据分析的全过程和结果	问题：解释不充分或缺乏细节 解决：提供更多背景信息，明确要求解释的各个方面，如算法、数据处理方法和关键指标等
医学诊断	不好的 Prompt：解释 AI 诊断结果 好的 Prompt：解释 AI 对心脏病诊断的结果，包括所用模型、输入数据、特征提取过程及模型做出此诊断的理由	提供详细的模型和过程信息，使生成的解释更具透明性，增加用户对 AI 诊断结果的信任	问题：解释不透明，缺乏对模型和过程的说明 解决：要求详细描述模型、输入数据、特征提取过程和诊断理由

续表

具体领域	Prompt 优化示例	作用机制	常见问题及解决
金融决策	不好的 Prompt：解释 AI 做出的金融投资建议 好的 Prompt：解释 AI 做出的股票投资建议，包括所用数据源、分析方法、关键指标的选择及其背后的经济逻辑	通过详细说明数据源、分析方法和经济逻辑，使得 AI 决策过程透明化，增加用户的理解和信任	问题：建议解释不清晰，缺乏数据源和分析方法说明 解决：明确要求包括数据源、分析方法和关键经济逻辑的解释
教育评估	不好的 Prompt：解释 AI 对学生表现的评估结果 好的 Prompt：解释 AI 对学生数学成绩评估的结果，包括所用评估模型、数据来源、评估标准及影响成绩的主要因素	提供详细的评估模型、数据来源和评估标准信息，使得 AI 评估过程透明化，便于理解	问题：评估解释不详细，缺乏模型和标准说明 解决：提供更多背景信息，明确要求解释评估模型、数据来源和评估标准

　　提高答案透明度的策略在于详细描述需求和提供分步骤解释的示例。用户应在提示词中明确要求 AI 展示其逻辑链和推理过程，以确保答案的清晰度和全面性。通过分步骤解释的方式，用户可以更直观地了解 AI 生成答案的过程和依据，从而增强对 AI 系统的信任。例如，在医疗领域，详细的提示词和分步骤解释能够帮助医生和患者更全面地理解诊断和治疗建议，进而提高医疗决策的质量。

　　解决常见问题是确保生成式 AI 系统提供高质量答案的关键。在实际应用中，用户可能会遇到答案逻辑不清晰、解释不足、信息冗余和缺乏上下文理解等问题。通过优化提示词和提供详细的上下文信息，用户可以有效解决这些问题，确保生成的答案逻辑严谨、解释充分、信息简洁且相关。例如，通过指定回答的字数限制或分段回答，用户可以避免信息冗余，提高回答的效率和可读性。

　　综上所述，通过优化提示词、提高答案透明度的策略以及解决常见问题的方法，用户可以显著提升生成式 AI 系统的回答质量。这不仅能增强用户对 AI 系统的信任和依赖，还能确保生成内容的逻辑性、全面性和相关性，为不同领域的应用提供有力支持。

第十二章　内容多元：增强生成式 AI 的认知反馈以促使认知风格转变

本章探讨如何通过增强生成式 AI 的认知反馈，以促使认知风格的转变，提升知识工作者的长期绩效。本章共分为三节，分别是认知反馈在知识工作者与生成式 AI 互动中的重要性、交互式内容探索策略及其实践思路，以及多角度信息暴露策略及其实践思路。第一节阐述认知反馈在知识工作者与生成式 AI 互动中的重要性。生成式 AI 不仅是信息提供者，更是认知伙伴，通过及时、准确地反馈帮助知识工作者调整认知策略，提升学习和决策能力。认知反馈的有效性直接影响知识工作者对生成式 AI 的信任和依赖程度，从而在实际工作中更好地利用AI 技术。第二节介绍交互式内容探索策略及其实践思路。通过增强互动性，生成式 AI 能够提供更加个性化和深入的内容探索体验，帮助知识工作者更全面地理解和掌握相关知识。这一策略不仅能提高学习效果，还能激发知识工作者的探索欲望和创新能力。第三节讨论多角度信息暴露策略及其实践思路。通过提供多角度、多视角的信息，生成式 AI 可以帮助知识工作者克服信息茧房效应，拓宽视野，提升信息处理和分析能力。这一策略对于培养知识工作者的批判性思维和综合决策能力具有重要意义。本章旨在通过系统性地探讨增强生成式 AI 认知反馈的策略，为知识工作者提供具体的实践指导，帮助他们在信息爆炸的时代背景下，更加有效地利用 AI 技术提升自身的长期绩效。

第一节　认知反馈在知识工作者与生成式 AI 互动中的重要性

在当今技术迅猛发展的背景下，生成式 AI 通过提供个性化、实时的认知反馈，极大地促进了知识工作者的学习、创新和协作能力的提升。本节从以下四个方面详细探讨生成式 AI 提供的认知反馈对知识工作者的影响：首先，分析生成式 AI 对学习能力的影响，探讨其如何通过个性化学习路径和动态资源推荐提高学习效果。其次，研究生成式 AI 在创新能力提升中的作用，说明其在创意设计和内容创作中的应用。再次，讨论生成式 AI 如何增强团队协作能力，通过优化沟通和项目管理提高协作效率。最后，提出提升生成式 AI 认知反馈性的方法，并分析在这一过程中面临的挑战，如用户难以掌握复杂的 AI 运行机理等。

一、生成式 AI 提供的认知反馈对学习能力的影响

生成式 AI 提供的认知反馈对知识工作者的学习能力有着显著的影响。认知反馈是指系统通过分析用户的行为和输入，生成个性化的建议和指导，帮助用户在特定领域中提高技能和知识水平。这种反馈机制能够帮助知识工作者在学习过程中及时发现自身的不足，并根据系统提供的建议进行调整和改进。认知反馈是生成式 AI 的重要功能之一。它通过对用户的输入和行为进行分析，生成个性化的建议和指导，帮助用户在学习过程中不断提高。认知反馈的核心在于其个性化和实时性，能够根据用户的具体情况提供定制化的学习方案。例如，在学习新知识时，生成式 AI 可以根据用户的学习进度和理解程度，提供相应的补充材料和练习题，帮助用户巩固所学内容。这种个性化的反馈机制能够显著提高学习的效率和效果（杨俊等，2024）。

生成式 AI 提供的认知反馈具有多方面的优势。首先，它能够提供个性化的学习方案，帮助用户根据自身的学习需求和进度，制订合适的学习计划。其次，生成式 AI 的认知反馈是实时的，能够在用户学习的过程中及时提供指导和建议，帮助用户纠正错误，提高学习效果。最后，生成式 AI 的认知反馈还具有高度的互动性，能够通过与用户的互动，不断地调整和优化学习方案，确保用户在学习过程中得到最佳的支持和帮助。

以教育领域为例，通过提供个性化的认知反馈，生成式 AI 能够帮助学生在学习过程中更好地理解和掌握知识。例如，智能辅导系统可以根据学生的学习情况，提供个性化的辅导和建议，帮助学生解决学习中的疑难问题。这种个性化的辅导不仅能提高学生的学习效率，还能增强学生的学习兴趣和积极性。此外，生成式 AI 还可以用于在线课程的教学中。通过分析学生的学习行为和反馈，生成式 AI 能够提供实时的学习建议和指导，帮助学生更好地掌握课程内容。例如，在在线编程课程中，生成式 AI 可以根据学生的代码和解决方案，提供即时的反馈和建议，帮助学生纠正错误，优化代码。这种即时的认知反馈能够显著提高学生的学习效果和编程能力（罗恒等，2024）。

二、生成式 AI 提供的认知反馈对创新能力的影响

生成式 AI 提供的认知反馈不仅在提升学习能力方面具有重要作用，还对知识工作者的创新能力有着显著的促进作用。创新能力是指个体在工作和学习过程中能够提出新颖的观点和解决方案的能力。生成式 AI 通过提供个性化的认知反馈，能够激发用户的创意思维，帮助其在创新过程中取得更好的成果。创新能力是现代社会和工作场所中至关重要的素质之一。在快速变化的技术和市场环境中，知识工作者需要不断创新，提出新的想法和解决方案，以应对各种挑战和机遇。生成式 AI 通过提供个性化的认知反馈，能够帮助用户在创新过程中不断优化和改进，提高创新效率和效果。

生成式 AI 提供的认知反馈具有独特的创新机制。首先，它能够通过分析大量数据，发现潜在的创新机会和趋势，帮助用户在创新过程中找到新的方向和灵感。其次，生成式 AI 的认知反馈是个性化和实时的，能够根据用户的需求和反馈，提供针对性的创新建议和指导。这种个性化的反馈机制能够帮助用户在创新过程中不断优化和改进，提高创新效率和效果。最后，生成式 AI 的认知反馈还具有高度的互动性，能够通过与用户的互动，激发用户的创意思维，帮助其提出更多新颖的观点和解决方案。

生成式 AI 在创新过程中的应用广泛。例如，在产品设计和开发过程中，生成式 AI 可以通过分析市场需求和用户反馈，提供创新的设计方案和建议。设计师可以利用生成式 AI 提供的反馈，不断优化和改进设计，满足用户需求，提高产品的市场竞争力。此外，生成式 AI 还可以用于创意写作和内容创作中，通过提供灵感和建议，帮助创作者提出新颖的观点和创意，提高作品的质量和吸引力（冯永刚等，2024）。

三、生成式 AI 提供的认知反馈对协作能力的影响

生成式 AI 提供的认知反馈对知识工作者的协作能力也有着重要的影响。协作能力是指个体在团队中有效沟通、合作和协调的能力。生成式 AI 通过提供个性化的认知反馈，能够帮助团队成员在协作过程中提高沟通效率和协作效果，增强团队凝聚力，提高工作效率。在现代工作环境中，协作能力是知识工作者必须具备的重要素质之一。团队协作不仅能提高工作效率，还能通过集思广益，提出更优质的解决方案。生成式 AI 通过提供个性化的认知反馈，能够帮助团队成员在协作过程中不断改进和优化，提高协作效率和效果（王春英等，2024）。

生成式 AI 提供的认知反馈具有独特的协作机制。首先，它能够通过分析团队成员的沟通和协作行为，发现潜在的沟通障碍和协作问题，帮助团队及时调整

和改进。其次，生成式 AI 的认知反馈是个性化和实时的，能够根据团队成员的需求和反馈，提供针对性的协作建议和指导。这种个性化的反馈机制能够帮助团队在协作过程中不断优化和改进，提高协作效率和效果。最后，生成式 AI 的认知反馈还具有高度的互动性，能够通过与团队成员的互动，增强团队的凝聚力和合作精神，帮助其更好地完成任务和项目。

生成式 AI 在团队协作中的应用广泛。例如，在项目管理和团队合作中，生成式 AI 可以通过分析团队成员的沟通和协作行为，提供个性化的建议和指导，帮助团队成员更好地沟通和合作。项目经理可以利用生成式 AI 提供的反馈，优化项目计划和任务分配，提高团队的工作效率和项目成功率。此外，生成式 AI 还可以用于在线协作平台，通过提供实时的协作建议和指导，帮助团队成员在远程协作中保持高效沟通和协作。

四、提升生成式 AI 认知反馈性的方法与挑战

生成式 AI 的认知反馈性对知识工作者的学习能力、创新能力和协作能力有着显著的促进作用。然而，要进一步提升生成式 AI 的认知反馈性，使其在更多场景下发挥更大的作用，还需要不断探索和优化相关的方法，同时也要面对诸多挑战。以下将详细探讨提升生成式 AI 认知反馈性的方法与挑战：

首先，个性化学习路径设计是提升生成式 AI 认知反馈性的关键方法之一。通过分析用户的学习行为和反馈，生成式 AI 可以为每个用户设计个性化的学习路径，提供针对性的学习资源和建议。具体方法包括行为数据分析和实时反馈调整。行为数据分析是指通过收集和分析用户在学习过程中的行为数据，如学习时间、答题情况、学习进度等，生成式 AI 可以了解用户的学习习惯和偏好，进而为其设计个性化的学习路径。而实时反馈调整则是指根据用户的学习反馈，生成式 AI 可以实时调整学习路径，提供适时的学习建议和资源，帮助用户在学习过程中不断优化和改进。

其次，多模态数据融合是提升生成式 AI 认知反馈性的另一个重要方法。通过融合不同类型的数据，如文本、图像、音频、视频等，生成式 AI 可以提供更加全面和丰富的认知反馈。生成式 AI 可以对不同模态的数据进行预处理和整合，保证数据的一致性和可用性。通过统一的数据格式和处理标准，生成式 AI 可以更高效地分析和利用多模态数据。利用先进的深度学习算法，生成式 AI 可以从多模态数据中提取有价值的信息，提供更加全面和精准的认知反馈。例如，在医学影像分析中，生成式 AI 可以同时利用文本病历和图像数据，为医生提供综合性的诊断建议。

尽管提升生成式 AI 认知反馈性的方法多种多样，但在实际应用中仍面临着

诸多挑战。其主要体现在生成式 AI 的运行机理复杂方面，对于普通用户来说，理解和掌握这些机理是一个巨大的挑战。首先，生成式 AI 涉及复杂的算法和模型，对于缺乏相关技术背景的用户来说，理解这些技术细节非常困难。这不仅限制了用户对生成式 AI 的信任，还影响了其对认知反馈的理解和利用。其次，生成式 AI 系统通常需要用户进行复杂的操作和设置，这对于技术水平较低的用户来说，是一个巨大的挑战。复杂的操作流程和烦琐的设置要求，可能导致用户在使用过程中遇到困难，影响其使用体验和认知反馈效果。最后，生成式 AI 的决策过程和反馈机制缺乏直观性，使用户难以理解其反馈的依据和逻辑。这不仅影响了用户对生成式 AI 的信任，还可能导致用户对认知反馈的依赖性降低，影响其学习和工作效果（Clement 等，2023）。

五、总结

生成式 AI 提供的认知反馈在提升知识工作者的学习能力方面发挥了重要作用。如表 12-1 所示。

表 12-1　生成式 AI 的内容可解释性在提升知识工作者的能力方面的作用

能力类型	生成式 AI 提供的认知反馈	认知反馈效果
学习能力	个性化学习路径设计、实时反馈调整和动态学习资源推荐	帮助用户更高效地掌握知识，提高学习效果
创新能力	多模态数据融合和创新机制，提供个性化的设计建议和反馈	帮助用户在创意设计和内容创作过程中提出新颖的观点和解决方案
协作能力	提供个性化的协作建议和反馈，优化团队沟通和项目管理	帮助团队成员在协作过程中提高沟通效率和协作效果

通过个性化学习路径设计、实时反馈调整和动态学习资源推荐，生成式 AI 能够帮助用户更高效地掌握知识，提高学习效果。在创新能力的提升方面，生成式 AI 同样展示了其强大的潜力。生成式 AI 通过多模态数据融合和创新机制，帮助用户在创意设计和内容创作过程中提出新颖的观点和解决方案。同时，生成式 AI 对协作能力的提升也具有重要意义。通过提供个性化的协作建议和反馈，生成式 AI 能够帮助团队成员在协作过程中提高沟通效率和协作效果。

然而，在提升生成式 AI 认知反馈性的过程中也面临着诸多挑战，包括用户难以掌握复杂的 AI 运行机理、数据隐私与安全问题以及技术与伦理的平衡。这些挑战需要通过技术优化、法律规范和伦理教育等多方面的努力来克服。未来，通过不断地探索和优化，生成式 AI 在提供认知反馈、提升知识工作者长期绩效方面将发挥更大的作用，为各行业的发展和创新提供强大的支持。

第二节　交互式内容探索策略及其实践思路

在提升生成式 AI 认知反馈效果的应用中，交互式内容探索策略能够显著提升用户的参与度和认知效果。本节探讨如何通过优化提示词引导 AI 生成交互式内容，并提高交互探索的效果。首先展示如何在提示词中明确要求 AI 提供多个探索方向和详细步骤，以鼓励用户进行互动探索。其次介绍如何详细描述需求和提供分步骤的示例，确保生成内容的逻辑性和清晰度。最后讨论在实际应用中可能遇到的常见问题及其解决方案，如互动内容单一和探索路径不明的问题。通过这些策略和方法，用户可以最大化生成式 AI 的潜力，实现高效的交互式内容探索。

一、交互式内容探索的重要性

交互式内容探索在提升用户参与度和认知效果方面具有重要作用。通过互动学习，用户不仅可以更加主动地参与到学习过程中，还能通过实际操作和即时反馈进一步加深对学习内容的理解和记忆。交互式学习不仅限于课堂教学，它在各种教育技术平台和应用程序中得到了广泛应用。研究表明，互动学习可以显著提高学生的学习效果。例如，基于游戏化的学习方法，通过将游戏元素融入学习过程，可以有效提高学生的学习动机和参与度。这种方法不仅可以帮助学生更好地掌握学习内容，还能提升他们的创造力和问题解决能力。此外，交互式内容探索还可以通过实时反馈和个性化指导，帮助学生根据自己的学习进度和需求调整学习策略，从而实现个性化学习（喻国明等，2024）。

在培训和企业教育领域，交互式学习同样发挥着重要作用。通过模拟现实情景和互动练习，员工可以更好地理解和应用所学知识，提高工作效率和技能水平。例如，在销售培训中，通过角色扮演和互动情景模拟，销售人员可以更好地掌握销售技巧和客户沟通策略，从而提高销售业绩。

在娱乐领域，交互式内容探索同样受到了广泛欢迎。通过互动游戏和虚拟现实技术，用户可以沉浸在一个充满互动和探索的虚拟世界中，从而获得更加丰富和有趣的体验。例如，许多教育游戏通过将学习内容融入游戏情节，激发学生的学习兴趣和动机，从而提高学习效果。此外，虚拟现实技术还可以为用户提供身临其境的体验，让他们在虚拟环境中进行互动和探索，从而增强学习效果和用户体验。

二、优化 Prompt 以引导互动探索

优化提示词（Prompt）以引导 AI 生成交互式内容，是提升用户参与度和探索效果的关键。在交互式内容探索中，用户需要精心设计提示词，以确保 AI 能够生成多样化、互动性强的内容，从而鼓励用户进行深入探索。

在教育领域，教师可以设计提示词，引导学生通过互动方式学习复杂的科学概念。例如，提示词可以这样设计："请提供多个探索方向，帮助学生理解光合作用的过程。"这种提示词能够引导 AI 生成多个关于光合作用的探索方向，如光合作用的基本原理、影响光合作用效率的因素以及光合作用在不同植物中的差异。通过提供多个探索方向，学生可以根据自己的兴趣选择不同的内容进行深入学习，从而提升学习效果。

在职业培训中，企业可以利用优化的提示词，引导员工通过互动练习掌握新的技能。例如，提示词可以是："请引导用户进行下一步操作，帮助他们完成销售技巧的培训。"这种提示词能够引导 AI 生成分步骤的销售技巧培训内容，包括与客户建立关系、产品介绍技巧、处理客户异议的方法等。通过分步骤的互动练习，员工可以逐步掌握销售技巧，提高实际工作中的应用能力。

三、提高交互探索效果的策略

提高交互探索效果的策略在于详细描述需求和提供分步骤解释的示例。通过这种方式，用户可以更清楚地了解 AI 生成答案的过程和依据，从而增强对 AI 系统的信任和依赖。

为了确保 AI 能够生成高质量的交互内容，用户在提示词中需要详细描述所需的交互内容和探索路径。例如，当用户希望 AI 生成一个互动式学习模块时，可以使用提示词："请详细描述该互动学习模块的各个步骤，包括引导问题、探索活动和总结反思。"这种详细描述的提示词可以帮助 AI 生成结构清晰、内容丰富的互动学习模块，从而提高学习效果。为了进一步提升交互探索效果，用户可以在提示词中要求 AI 提供分步骤解释的示例。例如，在医疗培训中，医生可能希望 AI 生成一个关于急救处理的互动学习模块。此时，可以使用提示词："请分步骤解释如何处理心脏骤停的急救过程，包括初步评估、心肺复苏、药物使用和后续护理。"这种提示词能够引导 AI 生成详细的急救处理步骤，使医生能够逐步掌握心脏骤停的急救技能。

实践中的应用示例具体包括：在法律咨询中，律师可以使用提示词"请详细解释该案例的法律依据，包括适用的法律条款和相关案例分析"来引导 AI 提供全面的法律解释。这种方式不仅能够提高法律咨询的质量，还能增强客户对律师

服务的信任。在教育辅导中，教师可以使用提示词"请分步骤解释如何解答这个物理问题，包括每一步的逻辑推导和公式应用"来帮助学生理解复杂的物理问题。这种分步骤提示能够引导 AI 生成清晰的解题步骤，提升学生的学习效果。在金融分析中，分析师可以使用提示词"请详细解释最近股市波动的原因，包括市场趋势分析、公司财务报告和外部经济因素的影响"来引导 AI 提供全面的金融分析。这种详细描述的提示词能够帮助 AI 生成结构清晰的答案，使用户能够更全面地了解市场动态。

通过详细描述需求和提供分步骤解释的示例，用户可以显著提高 AI 生成答案的透明度，使其内容更具逻辑性和可靠性，从而增强用户对 AI 系统的信任和依赖。

四、常见问题及解决方案

在实际应用中，生成式 AI 在提供交互内容和探索路径时可能会遇到一些常见问题。这些问题不仅会影响用户体验，还可能限制 AI 系统的有效性和实用性。以下是这些常见问题的详细讨论及其解决方案。

生成式 AI 在生成互动内容时，可能会出现内容单一的问题。这通常表现为 AI 提供的互动内容缺乏多样性，无法满足用户的不同需求和兴趣。这种问题不仅会降低用户的参与度，还可能使学习或培训效果不佳。解决这一问题的关键在于优化提示词，使其能够引导 AI 生成多样化的互动内容。用户在设计提示词时，可以明确要求 AI 提供多个探索方向和不同类型的互动内容。例如，在教育领域，教师可以使用提示词："请提供关于太阳系的多个探索方向，包括行星介绍、小行星带研究和太阳活动分析。"这种提示词能够引导 AI 生成丰富多样的互动内容，满足不同学生的学习兴趣。此外，用户还可以通过提示词强调内容的多样性和创新性。例如，在职业培训中，企业可以使用提示词："请生成多个关于客户服务技巧的互动练习，包括角色扮演、案例分析和情景模拟。"这种提示词能够帮助 AI 生成多样化的培训内容，提高员工的参与度和学习效果。

另一个常见的问题是探索路径不明，即用户在与 AI 互动时，无法清晰地了解下一步操作或探索方向。这种问题会导致用户在互动过程中迷失方向，降低互动的有效性和用户体验。为了解决这一问题，用户在设计提示词时，应明确指出需要 AI 提供清晰的探索路径和步骤。例如，在科学探究学习中，教师可以使用提示词："请详细说明进行化学实验的步骤，包括实验准备、操作步骤和结果分析。"这种提示词能够引导 AI 提供结构清晰、步骤明确的互动内容，帮助学生顺利完成实验。此外，用户还可以在提示词中要求 AI 提供可视化的探索路径。例如，在医疗培训中，医生可以使用提示词："请提供关于心脏手术的详细步骤，并用图表展示每一步的操作过程。"这种提示词能够帮助 AI 生成可视化的互动内容，使用户能够更直观地理解和操作。

信息过载也是在生成式 AI 交互内容中常见的问题。由于 AI 可能会生成大量信息，用户在短时间内无法有效处理和理解，从而影响学习效果和用户体验。为了解决这一问题，用户在设计提示词时，应强调信息的简洁性和重点突出。例如，在客户服务培训中，企业可以使用提示词："请简要说明处理客户投诉的关键步骤，并突出每一步的注意事项。"这种提示词能够帮助 AI 生成简洁明了的互动内容，避免信息过载。此外，用户还可以在提示词中指定信息的层级结构和重点信息。例如，在教育辅导中，教师可以使用提示词："请分层次解释二次函数的概念，首先介绍基本定义，然后逐步讲解其图形特征和应用。"这种提示词能够帮助 AI 按层次生成内容，使学生能够逐步理解和掌握复杂概念。

生成式 AI 在提供互动内容时，可能会因为缺乏对问题上下文的理解而生成不相关或不准确的回答。这种问题会导致互动效果不佳，无法满足用户的实际需求。为了解决这一问题，用户在设计提示词时，应提供尽可能多的上下文信息，并明确指出问题的背景和具体需求。例如，在法律咨询中，律师可以使用提示词："请在以下背景下回答问题，并详细解释相关法律条款：客户因合同纠纷提出诉讼，要求赔偿。"这种提示词能够帮助 AI 更好地理解问题的上下文，从而生成更相关和准确的答案。

通过以上方法，用户可以有效解决生成式 AI 在提供交互内容和探索路径时遇到的常见问题，确保生成内容的多样性、清晰性和相关性，从而提升用户体验和互动效果。

五、总结

在优化提示词以引导互动探索方面，用户需要设计具体和详细的提示词，以确保 AI 生成多样化和互动性强的内容。例如，教师可以使用提示词引导学生通过多个探索方向学习复杂的科学概念，而企业则可以通过分步骤的提示词帮助员工掌握新的技能。这些策略不仅能提高用户的参与度，还能增强学习和培训的效果。如表 12-2 所示。

表 12-2　增强生成式 AI 认知反馈的交互式内容探索策略及其实践思路

具体领域	Prompt 优化示例	作用机制	常见问题及解决
教育教学	不好的 Prompt：提供关于 AI 在教育中的作用的反馈 好的 Prompt：请详细探讨 AI 在个性化学习中的应用，包括优点、挑战和具体案例，结合最近 3 年的研究文献	通过要求详细探讨和引用最新研究，促使生成内容更具深度和参考价值，帮助用户获得全面认知	问题：反馈内容浅显，缺乏深度 解决：提供更具体的探讨要求和时间范围，引用相关文献

续表

具体领域	Prompt 优化示例	作用机制	常见问题及解决
医疗健康	不好的 Prompt：反馈 AI 在健康管理中的应用 好的 Prompt：请讨论 AI 在慢性病管理中的应用，详细说明所用技术、成功案例及其对患者生活质量的影响	要求详细说明技术和案例，使得反馈内容更具实际应用性和参考价值，帮助用户理解 AI 在医疗中的具体作用	问题：反馈内容不具体，缺乏实际应用案例 解决：要求具体说明技术、案例和影响
营销策略	不好的 Prompt：评价 AI 在市场分析中的表现 好的 Prompt：请评价 AI 在市场情报分析中的表现，包括使用的算法、数据处理方法、成功应用的实际案例和相关效果分析	通过详细要求反馈内容，使得生成的评价更具体，增加内容的可信度和实用性	问题：评价内容笼统，缺乏具体细节 解决：明确要求包括算法、数据处理方法和实际应用案例
金融分析	不好的 Prompt：讨论 AI 在金融预测中的作用 好的 Prompt：请详细讨论 AI 在股票市场预测中的应用，涵盖所用模型、数据来源、预测准确性及其实际应用中的挑战和解决方案	提供详细的模型、数据和应用挑战信息，使得讨论内容更有深度和实用性，便于用户了解 AI 在金融预测中的具体表现	问题：讨论内容过于宽泛，缺乏细节 解决：要求详细说明模型、数据来源、预测准确性及实际应用中的挑战

提高交互探索效果的策略在于详细描述需求和提供分步骤的示例。用户应在提示词中明确指出需要 AI 提供清晰的探索路径和步骤，并要求 AI 提供可视化的展示。这种详细描述和分步骤解释的方法，可以帮助用户更好地理解和操作生成内容，确保互动的有效性和逻辑性。

在实际应用中生成式 AI 可能会遇到一些常见问题，如互动内容单一、探索路径不明、信息过载和缺乏上下文理解等。通过优化提示词和提供丰富的上下文信息，用户可以有效解决这些问题，确保生成内容的多样性、清晰性和相关性，从而提升用户体验和互动效果。通过这些策略和方法，生成式 AI 的交互式内容探索可以在教育、职业培训和法律咨询等多个领域发挥重要作用，为用户提供高质量的服务和体验。

第三节　多角度信息暴露策略及其实践思路

在生成式 AI 的应用中，多角度信息暴露策略能够显著提升用户的认知深度和全面性。本节探讨如何通过优化提示词，引导 AI 提供多角度的信息和不同视角的分析，并提高信息暴露效果。首先展示如何在提示词中明确要求 AI 提供多角度的信息，从而帮助用户获得更全面的见解。其次介绍提高信息暴露效果的策略，指导用户详细描述需求，并提供多视角信息的示例，以确保生成内容的逻辑性和可靠性。最后讨论在实际应用中可能遇到的常见问题及其解决方案，如信息来源单一和分析深度不足的问题，以帮助用户更好地利用生成式 AI 实现多角度信息暴露。

一、多角度信息暴露的重要性

多角度信息暴露策略在提升用户认知深度和全面性方面具有重要意义。在当今信息爆炸的时代，单一视角的信息往往不能全面反映事实，这就需要通过多角度信息暴露来帮助用户形成全面、深入的认知。通过展示不同的观点和数据来源，用户可以更好地理解复杂问题，从而做出更为明智的决策。

首先，多角度信息暴露能够有效减少信息偏见。传统的信息获取方式往往受到个人或机构偏见的影响，导致信息呈现单一视角。通过引入多角度信息，用户能够看到问题的不同方面，避免受到单一信息源的误导。例如，在新闻报道中，通过多角度的信息呈现，读者可以了解事件的不同方面，从而形成更为客观的判断（喻国明等，2023）。

其次，多角度信息暴露有助于提升批判性思维能力。通过对比不同视角的信息，用户需要进行分析、评价和综合，从而提升其批判性思维能力。例如，在学术研究中，研究者需要参考不同的文献和数据，以形成全面的研究结论。这种多角度的信息处理过程有助于培养用户的批判性思维能力，提高其学术水平。

最后，多角度信息暴露还能够促进知识的跨学科融合。现代社会的问题往往涉及多个学科，通过引入不同学科的视角，用户可以形成更加全面的认识。例如，在商业分析中，除了财务数据，还需要参考市场趋势、消费者行为和政策变化等多方面的信息，从而形成综合性的商业决策。

在新闻领域，多角度信息暴露已经成为提升报道质量的重要手段。传统新闻报道往往侧重于单一视角，而现代新闻机构通过引入多角度的信息来源，能够为读者提供更加全面的报道。例如，《纽约时报》《华盛顿邮报》等知名媒体，通过引用不同专家的观点、各国政府的声明和独立调查的数据，展示事件的多个方面，从而帮助读者形成更加客观的认识（洪杰文等，2023）。

在学术研究中，多角度信息暴露同样具有重要作用。研究者在进行文献综述时，需要参考不同研究的结果和观点，以形成全面的研究基础。例如，在人工智能研究领域，研究者需要参考不同学科（如计算机科学、伦理学、社会学等）的文献，以全面了解人工智能的影响和应用。这种多角度的信息整合有助于提升研究的深度和广度。

在商业分析中，多角度信息暴露有助于企业做出更为明智的决策。现代商业环境复杂多变，单一的信息来源往往不足以支撑全面的决策。例如，企业在进行市场分析时，需要参考竞争对手的动态、消费者行为的数据和宏观经济指标等多方面的信息，从而形成全面的市场判断。这种多角度的信息整合有助于企业在激烈的市场竞争中占据优势（喻国明和刘彧晗，2023）。

综上所述，多角度信息暴露策略在提升用户认知深度和全面性方面具有重要意义。通过展示不同视角的信息，用户能够形成更加全面、深入的认知，从而做出更为明智的决策。在新闻、学术研究和商业分析等领域，多角度信息暴露已经成为提升信息质量和用户认知水平的重要手段。未来，随着信息技术的发展，多角度信息暴露策略将会在更多领域得到应用，进一步提升信息的透明度和可信度。

二、优化 Prompt 以要求多角度信息

在生成式 AI 的应用中，优化提示词（Prompt）以要求 AI 提供多角度的信息，可以显著提升用户的认知深度和全面性。通过设计具体和详细的提示词，用户可以引导 AI 从多个视角进行分析，从而获得更丰富和全面的信息。

具体而言，在学术研究中，研究者可以使用详细的提示词，引导 AI 提供多角度的信息。例如，在研究气候变化的影响时，提示词可以这样设计："请从环境、经济和社会三个角度分析气候变化的影响，并提供相关数据和研究。"这种提示词能够引导 AI 从不同的学科视角提供综合性的分析，帮助研究者更全面地理解气候变化的复杂性。

在商业分析中，企业可以使用提示词，引导 AI 从多个方面提供市场分析。例如，在进行市场调研时，提示词可以是："请提供关于目标市场的消费者行为、竞争对手分析和市场趋势的多角度信息。"这种提示词能够帮助企业获得全面的市场洞察，从而做出更明智的商业决策。

在新闻报道中，记者可以使用提示词，引导 AI 提供事件的多角度报道。例如，在报道国际冲突时，提示词可以是："请从政治、经济和人道主义三个角度报道该国际冲突，并引用相关专家的观点。"这种提示词能够帮助记者提供更加全面和客观的新闻报道。

为了设计有效的提示词，用户可以采用以下技巧：第一，具体明确：提示词应具体明确，避免模糊和笼统的要求。例如，与其使用"请提供信息"，不如使用"请从经济、环境和社会三个角度提供关于气候变化的详细信息"。第二，多角度要求：提示词应明确要求 AI 从多个角度进行分析。例如，"请从政治、经济和文化三个方面分析该问题"。第三，引用权威来源：提示词可以要求 AI 引用权威的文献和数据来源，以增强信息的可信度。例如，"请引用最新的学术研究和政府工作报告，提供多角度的分析"。

通过这些技巧，用户可以设计出更有效的提示词，确保 AI 生成的信息丰富、全面且可信。

三、提高信息暴露效果的策略

提高信息暴露效果的策略在于详细描述需求和提供多视角信息的示例。通过这种方式，用户可以更清楚地了解 AI 生成答案的过程和依据，从而增强对 AI 系统的信任和依赖。

为了确保 AI 能够生成高质量的多角度信息，用户在提示词中需要详细描述所需的信息类型和分析深度。例如，在进行国际关系研究时，用户可以使用提示词："请详细描述该国与邻国的政治、经济和文化关系，包括历史背景、当前动态和未来趋势的分析。"这种详细描述的提示词可以帮助 AI 生成结构清晰、内容丰富的多角度信息。例如，在医疗研究中，医生可以使用提示词："请提供关于心血管疾病的多角度信息，包括病因、预防措施、治疗方法和最新研究成果。"这种提示词能够引导 AI 提供全面的医学信息，帮助医生更好地了解疾病的各个方面，从而制定更有效的治疗方案。

为了进一步提升信息暴露效果，用户可以在提示词中要求 AI 提供多视角信息的示例。例如，在教育研究中，教育工作者可以使用提示词："请从学生、教师和家长三个视角分析在线教育的优缺点，并提供相关研究支持。"这种提示词能够引导 AI 提供详细的多视角分析，帮助教育工作者全面了解在线教育的影响。在法律研究中，律师可以使用提示词："请从法律、道德和社会三个角度分析该案件的影响，并引用相关法律条文和案例。"这种提示词能够帮助律师获得全面的法律分析，从而为案件提供更有力的支持。通过详细描述需求和提供多视角信息的示例，用户可以显著提高 AI 生成答案的透明度和可信度，使其内容更具逻辑性和可靠性，从而增强用户对 AI 系统的信任和依赖。

四、常见问题及解决方案

在实际应用中，生成式 AI 在提供多角度信息暴露时，可能会遇到一些常见的问题。这些问题不仅影响生成内容的质量，还可能导致用户对信息的信任度降低。以下是这些常见问题及其解决方案的详细讨论。

生成式 AI 在生成多角度信息时，可能会出现信息来源单一的问题。这通常表现为 AI 仅依赖于某一特定类型或少数几个信息源，导致生成内容缺乏多样性和全面性。例如，在分析某一国际事件时，如果 AI 仅引用某一国家的媒体报道，可能会导致信息偏向，无法全面反映事件的真实情况。为了解决这一问题，用户在设计提示词时应明确要求 AI 引用多种类型和多样化的信息来源。例如，提示词可以这样设计："请引用来自不同国家的媒体报道、学术研究和政府工作报告，提供关于该事件的多角度信息。"这种提示词能够引导 AI 从多个渠道获取信息，确保生成内容的多样性和全面性。此外，用户还可以在提示词中强调信息来源的权威性和可信度。例如，在进行科学研究时，提示词可以是："请引用最近 5 年内发表在顶级学术期刊上的研究论文，并提供详细的文献出处。"这种提示词能够帮助 AI 筛选出高质量的信息来源，提升生成内容的可靠性和说服力。

生成式 AI 在提供多角度信息时，可能会出现分析深度不足的问题。这通常表现为 AI 提供的信息虽然涉及多个角度，但缺乏深入的分析和详细的解释，导致内容浅显，无法满足用户的实际需求。为了解决这一问题，用户在设计提示词时应详细描述所需的分析深度和具体要求。例如，在进行经济分析时，提示词可以是："请详细分析某一政策对经济增长的影响，包括短期和长期的影响，以及对不同经济部门的具体影响。"这种提示词能够引导 AI 提供深入的分析和具体的解释，确保生成内容的深度和实用性。此外，用户还可以在提示词中要求 AI 提供详细的逻辑推理和数据支持。例如，在进行医疗研究时，提示词可以是："请详细分析某一治疗方法的效果，包括临床试验数据、患者反馈和长期健康影响。"这种提示词能够帮助 AI 提供详尽的分析和数据支持，提升生成内容的可信度和科学性。

信息冗余是一个常见问题，即 AI 在生成多角度信息时，可能会提供大量无关或重复的信息，导致用户难以找到关键点。这种问题通常发生在提示词未能有效筛选和组织信息的情况下。为了解决这一问题，用户在设计提示词时，应强调信息的简洁性和重点突出。例如，在客户服务培训中，企业可以使用提示词："请简要说明处理客户投诉的关键步骤，并突出每一步的注意事项。"这种提示词能够帮助 AI 生成简洁明了的互动内容，避免信息冗余。此外，用户还可以在提示词中指定信息的层级结构和重点信息。例如，在教育辅导中，教师可以使用提示词："请分层次解释二次函数的概念，首先介绍基本定义，然后逐步讲解其图形特征和应用。"这种提示词能够帮助 AI 按层次生成内容，使学生能够逐步理解和掌握复杂概念。

生成式 AI 在提供多角度信息时，有时会因为缺乏对问题上下文的理解而生成不相关或不准确的回答。这种问题会导致信息的偏差和误导，无法满足用户的实际需求。为了解决这一问题，用户在设计提示词时，应提供尽可能多的上下文信息，并明确指出问题的背景和具体需求。例如，在法律咨询中，律师可以使用提示词："请在以下背景下回答问题，并详细解释相关法律条款：客户因合同纠纷提出诉讼,要求赔偿。"这种提示词能够帮助 AI 更好地理解问题的上下文,从而生成更相关和准确的答案。通过以上方法,用户可以有效解决生成式 AI 在提供多角度信息时遇到的常见问题,确保生成内容的多样性、深度和相关性,从而提升用户体验和信息质量。在未来的应用中,随着技术的不断进步,生成式 AI 在多角度信息暴露方面将会发挥更加重要的作用,为用户提供更加全面和可靠的信息支持。

五、总结

在优化提示词以要求多角度信息方面,用户需要设计具体和详细的提示词,以确保 AI 能够从多个角度进行分析。例如,研究者可以要求 AI 从环境、经济和社会三个方面分析气候变化的影响,企业可以要求 AI 提供多方面的市场分析,记者可以要求 AI 引用不同国家的媒体报道。这些策略不仅能确保信息的全面性,还能提升内容的可靠性和说服力。如表 12-3 所示。

表 12-3 增强生成式 AI 认知反馈的多角度信息暴露策略及其实践思路

具体领域	Prompt 优化示例	作用机制	常见问题及解决
教育教学	不好的 Prompt:解释 AI 在教育中的作用 好的 Prompt:请从学生学习效率、教师教学方法、教育资源分配三个角度,详细讨论 AI 在教育中的作用,并结合具体实例说明	通过要求从多个角度探讨,使得生成内容更全面,有助于用户全面了解 AI 在教育中的多方面影响	问题:解释单一,缺乏多角度分析 解决:提供具体角度要求,确保生成内容涵盖多个方面
医疗健康	不好的 Prompt:反馈 AI 在健康管理中的应用 好的 Prompt:请从疾病预防、个性化治疗和患者随访三个方面,详细探讨 AI 在健康管理中的应用,结合实际案例说明	提供多角度探讨要求,使得反馈内容更具深度和实际应用性,帮助用户理解 AI 在医疗中的多方面作用	问题:反馈内容不全面,缺乏实际应用案例 解决:明确要求多个探讨角度和实际案例
营销策略	不好的 Prompt:评价 AI 在市场分析中的表现 好的 Prompt:请从市场趋势预测、消费者行为分析和营销策略优化三个方面,评价 AI 在市场分析中的表现,结合成功应用的实际案例	通过多角度评价,使得生成的内容更具体,增加内容的可信度和实用性	问题:评价内容笼统,缺乏多角度分析 解决:提供具体角度要求,确保评价内容涵盖多个方面
金融分析	不好的 Prompt:讨论 AI 在金融预测中的作用 好的 Prompt:请从风险管理、投资决策和市场预测三个角度,详细讨论 AI 在金融预测中的作用,涵盖所用模型、数据来源和实际应用案例	提供多角度讨论要求,使得生成的讨论内容更具深度和实用性,便于用户了解 AI 在金融预测中的具体表现	问题:讨论内容过于宽泛,缺乏多角度分析 解决:明确要求多个探讨角度,确保讨论内容涵盖多个方面

提高信息暴露效果的策略在于详细描述需求和提供多视角信息的示例。用户应在提示词中详细描述所需的信息类型和分析深度，并提供具体的示例，如要求 AI 详细分析某一政策的经济影响，包括短期和长期的影响，或从学生、教师和家长三个视角分析在线教育的优缺点。这种详细描述和多视角信息的示例，能够帮助 AI 生成内容更具逻辑性和深度，提升用户对生成内容的信任。

　　在实际应用中，生成式 AI 可能会遇到信息来源单一、分析深度不足、信息冗余和缺乏上下文理解等问题。通过优化提示词，提供丰富的上下文信息，并明确要求多样化和权威的信息来源，用户可以有效解决这些问题，确保生成内容的多样性、深度和相关性。这些策略不仅能提升生成式 AI 的应用效果，还能为用户提供高质量的信息支持，从而增强其在各个领域的应用价值。

参考文献

［1］安子栋，敬卿，郝志超，等．基于生成式 AI 技术的图书馆文献资源管理创新策略［J］．图书馆工作与研究，2023（S1）：9-16.

［2］柏杨，李晓．生成式人工智能辅助公共意见传播的空间叙事——伦理约束与路径建构［J］．华侨大学学报（哲学社会科学版），2024（1）：133-147.

［3］曹树金，曹茹烨．从 ChatGPT 看生成式 AI 对情报学研究与实践的影响［J］．现代情报，2023，43（4）：3-10.

［4］曹树金．生成式 AI 在情报领域的应用及效果［J］．情报资料工作，2023，44（5）：5.

［5］陈刚．生成式人工智能驱动下的传播变革与发展研究：以 ChatGPT 为例［J］．学术界，2024（1）：62-69.

［6］陈华明，梁文慧．生成式人工智能赋能文创产业：逻辑、困境与出路［J］．西南民族大学学报（人文社会科学版），2024，45：149-157.

［7］陈龙．"后新闻"生产模式：生成式 AI 对新闻传播业的再格式化［J］．传媒观察，2023（3）：18-24.

［8］陈锐，江奕辉．生成式 AI 的治理研究：以 ChatGPT 为例［J］．科学学研究，2024，42（1）：21-30.

［9］陈永伟．超越 ChatGPT：生成式 AI 的机遇、风险与挑战［J］．山东大学学报（哲学社会科学版），2023（3）：127-143.

［10］程萧潇，吴栎骞．生成式人工智能在内容分析中的应用及测量效度评估［J］．全球传媒学刊，2024（11）：51-78.

［11］储节旺，杜秀秀．生成式人工智能赋能科研知识生产研究述评［J］．大学图书馆学报，2024（42）：108-117.

［12］丛立先，李泳霖．生成式 AI 的作品认定与版权归属——以 ChatGPT 的作品应用场景为例［J］．山东大学学报（哲学社会科学版），2023（4）：171-181.

［13］丛立先，起海霞．生成式 AI 对出版业的影响及其应对——ChatGPT 应

用场景的视角［J］.新疆师范大学学报（哲学社会科学版），2023，44（6）：113-122.

［14］丁国峰，寿晓明.生成式人工智能算法的法律风险及其规范化防控［J］.云南大学学报（社会科学版），2024（23）：107-119.

［15］董新凯.生成式人工智能治理的经济法逻辑［J］.山东师范大学学报（社会科学版），2024（69）：95-109.

［16］董艳，陈辉.生成式人工智能赋能跨学科创新思维培养：内在机理与模式构建［J］.现代教育技术，2024（34）：5-15.

［17］董子铭，林倩，李晓阳，等."智慧阅读"能否带来"阅读智慧"？——生成式人工智能时代大学生阅读能力提升的调查与思考［J］.出版发行研究，2024（1）：25-32.

［18］方海光，舒丽丽，王显闯，等.生成式人工智能时代教育数字化转型的可能与可为——基于对 Sora 的思考［J］.国家教育行政学院学报，2024（1）：69-75.

［19］冯永刚，张琳.生成式人工智能时代道德教育的空间向度［J］.中国电化教育，2024（1）：45-52.

［20］高永杰，吕欣.生成式 AI 技术进化与图像艺术生产范式革新［J］.现代传播（中国传媒大学学报），2023，45（9）：159-168.

［21］高玉霞，任东升.生成式 AI 时代翻译制度建设的挑战与对策［J］.外语电化教学，2023（4）：9-15+114.

［22］龚芙蓉.ChatGPT 类生成式 AI 对高校图书馆数字素养教育的影响探析［J］.图书情报知识，2023，40（5）：97-106+156.

［23］郭春镇.生成式 AI 的融贯性法律治理——以生成式预训练模型（GPT）为例［J］.现代法学，2023，45（3）：88-107.

［24］洪杰文，常静宜.用户关切视角下的"生成式 AI"伦理框架建构［J］.新闻与写作，2023（12）：44-55.

［25］洪涛.生成式 AI 嵌入社会治理的价值、风险及法治应对——以 ChatGPT 为例［J］.法治论坛，2023（3）：3-20.

［26］黄蓓蓓，宋子昀，钱小龙.生成式人工智能融入高等教育生态系统的风险表征、预警及化解［J］.现代教育技术，2024（34）：16-26.

［27］黄时进."助"与"替"：生成式 AI 对学术研究的双重效应［J］.上海师范大学学报（哲学社会科学版），2024，53（2）：65-74.

［28］姜华，王春秀，杨暑东.生成式 AI 在教育领域的应用潜能、风险挑战及应对策略［J］.现代教育管理，2023（7）：66-74.

［29］蒋万胜，杨倩．论生成式人工智能对新质生产力形成的促生作用
［J］.陕西师范大学学报（哲学社会科学版），2024（53）：15-25.

［30］蒋雪颖，刘欣，许静．人机协同视角下生成式 AI 新闻的前沿应用与规制进路［J］.新闻爱好者，2023（11）：38-43.

［31］李天兵，罗江华，张玉蓉．生成式人工智能赋能传媒教育创新发展路径研究［J］.传媒，2024（1）：73-75.

［32］刘三女牙，郝晓晗．生成式人工智能助力教育创新的挑战与进路
［J］.清华大学教育研究，2024（45）：1-12.

［33］刘晓春．生成式人工智能数据训练中的"非作品性使用"及其合法性证成［J］.法学论坛，2024（39）：67-78.

［34］刘彧晗，喻国明．理解生成式 AI：融通机器智能与人类智能的算法媒介［J］.新闻大学，2024（6）：50-61+120.

［35］罗恒，廖小芳，茹琦琦，等．生成式人工智能支持的教师评语研究：基于初中数学课堂的实践探索［J］.电化教育研究，2024（45）：58-66.

［36］马晔风，陈楠，崔雪彬．生成式人工智能技术如何影响专业型工作？——来自软件工程行业的早期证据［J］.劳动经济研究，2024（12）：
3-34.

［37］荣耀军．传承与创新：生成式人工智能视域下的优秀传统文化活化研究［J］.当代电视，2024（1）：27-33.

［38］邵怡蕾．生成式人工智能体的世界图景［J］.哲学分析，2024（15）：
166-179.

［39］沈芳君．生成式人工智能的风险与治理——兼论如何打破"科林格里奇困境"［J］.浙江大学学报（人文社会科学版），2024（54）：73-91.

［40］孙成昊，谭燕楠．生成式人工智能对美国选举宣传的介入：路径、场景与风险［J］.世界经济与政治论坛，2024（1）：1-22.

［41］孙诚钰，王永贵．生成式人工智能应用引发的意识形态安全风险及其应对［J］.南京社会科学，2024（1）：71-80.

［42］单俊豪，刘永贵．生成式人工智能赋能学习设计研究［J］.电化教育研究，2024（45）：73-80.

［43］童慧，杨彦军．基于"技术道德化"理论的生成式人工智能教育应用潜能与风险研究［J］.电化教育研究，2024（45）：12-18.

［44］童建军，万成．生成式人工智能赋能青年价值引领的价值审思［J］.思想理论教育，2024（1）：88-93.

［45］宛平，顾小清．生成式人工智能支持的人机协同评价：实践模式与解

释案例［J］.现代远距离教育，2024（1）：33-41.

［46］王春英，姚亚妮，滕白莹.生成式人工智能嵌入敏捷政府建设：影响、风险与应对［J］.北京行政学院学报，2024（1）：73-83.

［47］王龑，顾小清，胡碧皓.基于元宇宙和生成式人工智能的教师实训成效研究［J］.开放教育研究，2024（30）：74-86.

［48］王欢妮，刘海明.多元主体与伦理启蒙：生成式人工智能新闻教育的模式建构［J］.西南民族大学学报（人文社会科学版），2024（45）：158-164.

［49］王静静，叶鹰.生成式AI及其GPT类技术应用对信息管理与传播的变革探析［J］.中国图书馆学报，2023，49（6）：41-50.

［50］王帅杰，汤倩雯，杨启光.生成式人工智能在教育应用中的国际观察：挑战、应对与镜鉴［J］.电化教育研究，2024（45）：106-112+120.

［51］王雯，李永智.国际生成式人工智能教育应用与省思［J］.开放教育研究，2024（30）：37-44.

［52］王晓丽，严驰.生成式AI大模型的风险问题与规制进路：以GPT-4为例［J］.北京航空航天大学学报（社会科学版），2024（1）：1-11.

［53］王正青，田霄.生成式人工智能赋能高校招生模式创新：价值逻辑、实现路径与潜在风险［J］.现代远距离教育，2024（1）：13-22.

［54］吴坚豪，周婉婷，曹超.生成式人工智能技术赋能口语教学的实证研究［J］.中国电化教育，2024（1）：105-111.

［55］吴宗宪，张进帅.生成式人工智能：风险、挑战与刑事规制——以ChatGPT为例［J］.中国特色社会主义研究，2024（61）：72+92.

［56］谢凡.角色重塑与能力重构：生成式人工智能对编辑工作的挑战与应对［J］.编辑学刊，2024（1）：115-120.

［57］徐天博，严康.新闻"边界域"：生成式人工智能对媒介场域的再造［J］.传媒观察，2024（1）：58-65.

［58］严驰.生成式AI大模型的全球治理方案：何以可能与何以可为［J］.科技与法律（中英文），2024（1）：91-99.

［59］杨俊，谭丰隆，陈婧.从ChatGPT到"LibGPT"：生成式人工智能驱动的新一代图书馆［J］.图书情报工作，2024（68）：3-12.

［60］杨俊蕾.ChatGPT：生成式AI对弈"苏格拉底之问"［J］.上海师范大学学报（哲学社会科学版），2023，52（2）：14-21.

［61］姚志伟.人工智能生成物著作权侵权的认定及其防范——以全球首例生成式AI服务侵权判决为中心［J］.地方立法研究，2024，9（3）：1-17.

［62］喻国明，李钒.内容范式的革命：生成式AI浪潮下内容生产的生态级

演进 [J]．新闻界，2023（7）：23-30.

[63] 喻国明，李钒．生成式 AI 浪潮下平台型媒体的规则重构、价值逻辑与生态剧变 [J]．苏州大学学报（哲学社会科学版），2024，45（1）：167-175.

[64] 喻国明，刘彧晗．理解生成式 AI：对一个互联网发展史上标志性节点的审视 [J]．传媒观察，2023（9）：36-44.

[65] 喻国明，苏芳，蒋宇楼．解析生成式 AI 下的"涌现"现象——"新常人"传播格局下的知识生产逻辑 [J]．新闻界，2023（10）：4-11+63.

[66] 喻国明，苏健威，黄哲浩．生成式 AI 时代媒介的自然交互范式及其实践进路——基于语用学视角的分析 [J]．编辑之友，2024（3）：58-65.

[67] 喻国明，苏健威，张恩雨．论生成式 AI 时代的用户需求与表达范式——从分众匹配到层级递进的要素融合网络 [J]．新闻与传播评论，2024，77（1）：5-14.

[68] 喻国明，滕文强，叶靖怡．过程性思维：构建技术发展与技术伦理之间的良性互动——负责任创新视角下生成式 AI 传播生态治理的思考 [J]．传媒观察，2023（12）：37-44.

[69] 喻国明，滕文强．生成式 AI 对短视频的生态赋能与价值迭代 [J]．学术探索，2023（7）：43-48.

[70] 喻国明，曾嘉怡，黄沁雅．提示工程师：生成式 AI 浪潮下传播生态变局的关键加速器 [J]．出版广角，2023（11）：26-31.

[71] 张娟．生成式 AI 嵌入数字政府建设的审思与展望——基于强人工智能视域 [J]．财经问题研究，2024b（7）：36-47.

[72] 张娟．新一代生成式人工智能助力国家创新体系深度优化的价值辩证与制度建构 [J]．科技进步与对策，2024a（41）：23-32.

[73] 张鹏，方彪．生成式人工智能赋能下的 AIGC 虚拟数字人：图书馆用户服务的机遇与挑战 [J]．图书馆，2024（1）：46-52+81.

[74] 张鹏，汪旸，尚俊杰．生成式人工智能与教育变革：价值、困难与策略 [J]．现代教育技术，2024（34）：14-24.

[75] 张玉洁．生成式人工智能创作物的归责机制研究——以"职务作品"为路径 [J]．东岳论丛，2024（45）：183-190.

[76] 章诚豪，张勇．生成式 AI 的源头治理：数据深度运用的风险隐忧与刑事规制 [J]．湖北社会科学，2023（11）：127-135.

[77] 赵浜，曹树金．国内外生成式 AI 大模型执行情报领域典型任务的测试分析 [J]．情报资料工作，2023，44（5）：6-17.

[78] 郑永红，王辰飞，张务伟．生成式人工智能教育应用及其规制 [J]．

中国电化教育，2024（1）：114-119.

［79］周涛，李松洮，邓胜利. 用户信息搜寻转移意向研究：从搜索引擎到生成式 AI［J］. 图书情报工作，2024，68（3）：49-58.

［80］周涛，吴晓颖，邓胜利. 用户知识问答转移行为研究：从问答社区到生成式 AI［J］. 情报杂志，2024，43（2）：200-207.

［81］朱荣荣. 生成式人工智能应用中间接识别个人信息的法律保护［J］. 科技与法律（中英文），2024（1）：104-114.

［82］左敏，裴江南. 生成式 AI 情景下在线知识社区人机协作知识社会建构机理探析［J］. 情报资料工作，2024（1）：1-15.

［83］ABBAS M, JAM F A, KHAN T I, 2024. Is it harmful or helpful？Examining the causes and consequences of generative AI usage among university students［J/OL］. International Journal of Educational Technology in Higher Education, 21（1）：10［2024-07-11］. https：//educationaltechnologyjournal. springeropen. com/articles/10. 1186/s41239-024-00444-7.

［84］AIT BAHA T, EL HAJJI M, ES-SAADY Y, et al., 2024. The impact of educational chatbot on student learning experience［J/OL］. Education and Information Technologies, 29（8）：10153-10176［2024-07-15］. https：//link. springer. com/10. 1007/s10639-023-12166-w.

［85］AL NAQBI H, BAHROUN Z, AHMED V, 2024. Enhancing Work Productivity through Generative Artificial Intelligence：A Comprehensive Literature Review［J/OL］. Sustainability, 16（3）：1166［2024-07-15］. https：//www. mdpi. com/2071-1050/16/3/1166.

［86］ALAWIDA M, MEJRI S, MEHMOOD A, et al., 2023. A Comprehensive Study of ChatGPT：Advancements, Limitations, and Ethical Considerations in Natural Language Processing and Cybersecurity［J/OL］. Information, 14（8）：462［2024-07-11］. https：//www. mdpi. com/2078-2489/14/8/462.

［87］ALBERTS I L, MERCOLLI L, PYKA T, et al., 2023. Large language models（LLM）and ChatGPT：what will the impact on nuclear medicine be？［J/OL］. European Journal of Nuclear Medicine and Molecular Imaging, 50（6）：1549-1552［2024-07-05］. https：//link. springer. com/10. 1007/s00259-023-06172-w.

［88］ARGOTE L, LEE S, PARK J, 2021. Organizational Learning Processes and Outcomes：Major Findings and Future Research Directions［J/OL］. Management Science, 67（9）：5399-5429.

［89］ARSLAN A, COOPER C, KHAN Z, et al., 2022. Artificial intelligence and human workers interaction at team level: a conceptual assessment of the challenges and potential HRM strategies [J/OL]. International Journal of Manpower, 43 (1): 75-88.

[90] AUDRIN C, AUDRIN B, 2022. Key factors in digital literacy in learning and education: a systematic literature review using text mining [J/OL]. Education and Information Technologies, 27 (6): 7395 - 7419 [2024 - 07 - 17]. https://link. springer. com/10. 1007/s10639-021-10832-5.

[91] BANSAL G, CHAMOLA V, HUSSAIN A, et al., 2024. Transforming Conversations with AI—A Comprehensive Study of ChatGPT [J/OL]. Cognitive Computation: 1 - 24 [2024 - 07 - 12]. https://link. springer. com/10. 1007/s12559 - 023-10236-2.

[92] BEER P, MULDER R H, 2020. The Effects of Technological Developments on Work and Their Implications for Continuous Vocational Education and Training: A Systematic Review [J/OL]. Frontiers in Psychology, 11.

[93] BENGESI S, EL-SAYED H, SARKER M K, et al., 2023. Advancements in Generative AI: A Comprehensive Review of GANs, GPT, Autoencoders, Diffusion Model, and Transformers [J/OL]. ArXiv [2024 - 07 - 12]. http://arxiv. org/abs/2311. 10242.

[94] BILGRAM V, LAARMANN F, 2023. Accelerating Innovation With Generative AI: AI-Augmented Digital Prototyping and Innovation Methods [J/OL]. IEEE Engineering Management Review, 51 (2): 18-25.

[95] BIONDI G, CAGNONI S, CAPOBIANCO R, et al., 2023. Editorial: Ethical design of artificial intelligence-based systems for decision making [J/OL]. Frontiers in Artificial Intelligence, 6.

[96] BONTRIDDER N, POULLET Y, 2021. The role of artificial intelligence in disinformation [J/OL]. Data & Policy, 3 (3): e32 [2024-07-15]. https://www. cambridge. org/core/product/identifier/S2632324921000201/type/journal_article.

[97] BUCHAN M C, BHAWRA J, KATAPALLY T R, 2024. Navigating the digital world: development of an evidence-based digital literacy program and assessment tool for youth [J/OL]. Smart Learning Environments, 11 (1): 8 [2024 - 07 - 17]. https://slejournal. springeropen. com/articles/10. 1186/s40561-024-00293-x.

[98] CAIN W, 2024. Prompting Change: Exploring Prompt Engineering in Large Language Model AI and Its Potential to Transform Education [J/OL]. TechTrends, 68 (1): 47-57.

［99］ CAPRARO V, LENTSCH A, ACEMOGLU D, et al. , 2024. The impact of generative artificial intelligence on socioeconomic inequalities and policy making ［J/OL］. PNAS Nexus, 3 (6) ［2024－07－15］. https：//academic. oup. com/pnasnexus/article/doi/10. 1093/pnasnexus/pgae191/7689236.

［100］ CHAN C K Y, HU W, 2023. Students' voices on generative AI：perceptions, benefits, and challenges in higher education ［J/OL］. International Journal of Educational Technology in Higher Education, 20 (1)：43 ［2024－07－12］. https：//educationaltechnologyjournal. springeropen. com/articles/10. 1186/s41239-023-00411-8.

［101］ CHAUDHRY M A, KAZIM E, 2022. Artificial Intelligence in Education (AIEd)：a high－level academic and industry note 2021 ［J/OL］. AI and Ethics, 2 (1)：157-165 ［2024－07－17］. https：//link. springer. com/10. 1007/s43681-021-00074-z.

［102］ CHAUNCEY S A, MCKENNA H P, 2023. An Exploration of the Potential of Large Language Models to Enable Cognitive Flexibility in AI－Augmented Learning Environments ［M/OL］. Springer, Cham：135 - 153 ［2024 - 07 - 11］. https：//link. springer. com/10. 1007/978-3-031-47448-4_11.

［103］ CHEN O, PAAS F, SWELLER J, 2023. A Cognitive Load Theory Approach to Defining and Measuring Task Complexity Through Element Interactivity ［J/OL］. Educational Psychology Review, 35 (2)：63 ［2024 - 07 - 11］. https：//link. springer. com/10. 1007/s10648-023-09782-w.

［104］ CHEN Z, 2023a. Ethics and discrimination in artificial intelligence－enabled recruitment practices ［J/OL］. Humanities and Social Sciences Communications, 10 (1)：567 ［2024－07－11］. https：//www. nature. com/articles/s41599-023-02079-x.

［105］ CHEN Z, 2023b. Collaboration among recruiters and artificial intelligence：removing human prejudices in employment ［J/OL］. Cognition, Technology & Work, 25 (1)：135-149 ［2024－07－15］. https：//link. springer. com/10. 1007/s10111-022-00716-0.

［106］ CHEN Z, YADOLLAHPOUR A, 2024. A new era in cognitive neuroscience：the tidal wave of artificial intelligence (AI) ［J/OL］. BMC Neuroscience, 25 (1)：23 ［2024 - 07 - 11］. https：//bmcneurosci. biomedcentral. com/articles/10. 1186/s12868-024-00869-w.

［107］ CHENG A, 2023. Influence of Field Independent － Dependent Cognitive Styles and Exam－oriented Education on Second Language Syntactic Priming ［J/OL］. Lecture Notes in Education Psychology and Public Media, 6 (1)：1-6 ［2024－07－

15］. https：//lnep. ewapublishing. org/article. html？ pk ＝ 9afde1d102d94d488202ef9 2ebcc27fd.

［108］CLEMENT T，KEMMERZELL N，ABDELAAL M，et al.，2023. XAIR： A Systematic Metareview of Explainable AI（XAI）Aligned to the Software Development Process［J/OL］. Machine Learning and Knowledge Extraction，5（1）：78－108 ［2024-07-23］. https：//www. mdpi. com/2504-4990/5/1/6.

［109］CROMPTON H，BURKE D，2023. Artificial intelligence in higher educa- tion：the state of the field［J/OL］. International Journal of Educational Technology in Higher Education，20（1）：22［2024-07-11］. https：//educationaltechnologyjour- nal. springeropen. com/articles/10. 1186/s41239-023-00392-8.

［110］CUSUMANO M A，2023. Generative AI as a New Innovation Platform［J/ OL］. Communications of the ACM，66（10）：18-21.

［111］DAHRI N A，YAHAYA N，AL-RAHMI W M，et al.，2024. Investigating AI-based academic support acceptance and its impact on students' performance in Mal- aysian and Pakistani higher education institutions［J/OL］. Education and Information Technologies：1-50［2024-07-15］. https：//link. springer. com/10. 1007/s10639- 024-12599-x.

［112］DARBAN M，2024. Navigating virtual teams in generative AI-led learn- ing：The moderation of team perceived virtuality［J/OL］. Education and Information Technologies.

［113］DENG Y，ZHANG W，PAN S J，et al.，2023. Bidirectional Generative Framework for Cross-domain Aspect-based Sentiment Analysis［C/OL］//Proceed- ings of the 61st Annual Meeting of the Association for Computational Linguistics（Vol- ume 1：Long Papers）. Stroudsburg，PA，USA：Association for Computational Lin- guistics：12272-12285.

［114］DERANTY J P，CORBIN T，2024. Artificial intelligence and work：a critical review of recent research from the social sciences［J/OL］. AI & SOCIETY， 39（2）：675-691［2024-07-17］. https：//link. springer. com/10. 1007/s00146- 022-01496-x.

［115］DING Z，JI Y，GAN Y，et al.，2024. Current status and trends of tech- nology，methods，and applications of Human－Computer Intelligent Interaction （HCII）：A bibliometric research［J/OL］. Multimedia Tools and Applications：1- 34［2024-07-17］. https：//link. springer. com/10. 1007/s11042-023-18096-6.

［116］DLUGATCH R，GEORGIEVA A，KERASIDOU A，2024. AI-driven decision support systems and epistemic reliance：a qualitative study on obstetricians' and midwives' perspectives on integrating AI-driven CTG into clinical decision making［J/OL］. BMC Medical Ethics, 25（1）：6.

［117］EAPEN T T, FINKENSTADT D J, FOLK J, et al., 2023. How Generative AI Can Augment Human Creativity［J/OL］. Harvard Business Review［2024-03-14］. https：//hbr. org/2023/07/how-generative-ai-can-augment-human-creativity.

［118］ESCALANTE J, PACK A, BARRETT A, 2023. AI-generated feedback on writing：insights into efficacy and ENL student preference［J/OL］. International Journal of Educational Technology in Higher Education, 20（1）：57.

［119］FARIAS-GAYTAN S, AGUADED I, RAMIREZ-MONTOYA M S, 2023. Digital transformation and digital literacy in the context of complexity within higher education institutions：a systematic literature review［J/OL］. Humanities and Social Sciences Communications, 10（1）：386［2024-07-17］. https：//www. nature. com/articles/s41599-023-01875-9.

［120］FARMAKI C, SAKKALIS V, LOESCHE F, et al., 2019. Assessing Field Dependence-Independence Cognitive Abilities Through EEG-Based Bistable Perception Processing［J/OL］. Frontiers in Human Neuroscience, 13：471765［2024-07-15］. https：//www. frontiersin. org/article/10. 3389/fnhum. 2019. 00345/full.

［121］FARRELLY T, BAKER N, 2023. Generative Artificial Intelligence：Implications and Considerations for Higher Education Practice［J/OL］. Education Sciences, 13（11）：1109［2024-07-15］. https：//www. mdpi. com/2227-7102/13/11/1109.

［122］FERRARA E, 2023. Fairness and Bias in Artificial Intelligence：A Brief Survey of Sources, Impacts, and Mitigation Strategies［J/OL］. Sci, 6（1）：3［2024-07-11］. https：//www. mdpi. com/2413-4155/6/1/3.

［123］FEUERRIEGEL S, HARTMANN J, JANIESCH C, et al., 2024. Generative AI［J/OL］. Business & Information Systems Engineering, 66（1）：111-126.

［124］GANDHI T K, CLASSEN D, SINSKY C A, et al., 2023. How can artificial intelligence decrease cognitive and work burden for front line practitioners?［J/OL］. JAMIA Open, 6（3）［2024-07-11］. https：//academic. oup. com/jamiaopen/article/doi/10. 1093/jamiaopen/ooad079/7255314.

［125］GERLICH M, 2023. Perceptions and Acceptance of Artificial Intelligence：A Multi-Dimensional Study［J/OL］. Social Sciences, 12（9）：502［2024-07-

15］. https：//www. mdpi. com/2076-0760/12/9/502.

［126］GIANCOLA M, D'AMICO S, PALMIERO M, 2023. Working Memory and Divergent Thinking：The Moderating Role of Field-Dependent-Independent Cognitive Style in Adolescence［J/OL］. Behavioral Sciences, 13（5）：397［2024-07-15］. https：//www. mdpi. com/2076-328X/13/5/397.

［127］GLASER N, 2023. Exploring the Potential of ChatGPT as an Educational Technology：An Emerging Technology Report［J/OL］. Technology, Knowledge and Learning, 28（4）：1945-1952.

［128］GOERTZEL B, 2023. Generative AI vs. AGI：The Cognitive Strengths and Weaknesses of Modern LLMs［J/OL］. ArXiv. http：//arxiv. org/abs/2309. 10371.

［129］GOTTSCHALK F, WEISE C, 2023. Digital equity and inclusion in education：An overview of practice and policy in OECD countries OECD Education Working Paper No. 299［R/OL］.（2023）［2024-07-17］. https：//one. oecd. org/document/EDU/WKP（2023）14/en/pdf.

［130］GOZALO-BRIZUELA R, GARRIDO-MERCHÁN E C, 2023. A survey of Generative AI Applications［J/OL］. ArXiv［2024-07-11］. http：//arxiv. org/abs/2306. 02781.

［131］GRADON K T, 2024. Generative artificial intelligence and medical disinformation［J/OL］. BMJ, 384：q579［2024-07-15］. https：//www. bmj. com/lookup/doi/10. 1136/bmj. q579.

［132］GRASSINI S, 2023. Shaping the Future of Education：Exploring the Potential and Consequences of AI and ChatGPT in Educational Settings［J/OL］. Education Sciences, 13（7）：692［2024-07-11］. https：//www. mdpi. com/2227-7102/13/7/692.

［133］HAQUE Md A, LI S, 2024. Exploring ChatGPT and its impact on society［J/OL］. AI and Ethics：1-13［2024-07-11］. https：//link. springer. com/10. 1007/s43681-024-00435-4.

［134］HEIDARI A, JAFARI NAVIMIPOUR N, DAG H, et al. , 2024. Deepfake detection using deep learning methods：A systematic and comprehensive review［J/OL］. WIREs Data Mining and Knowledge Discovery, 14（2）.

［135］HEIDT A, 2024. "Without these tools, I'd be lost"：how generative AI aids in accessibility［J/OL］. Nature, 628（8007）：462-463［2024-07-11］. https：//www. nature. com/articles/d41586-024-01003-w.

［136］HERNANDEZ SIBO I P, GOMEZ CELIS D A, LIOU S, 2024. Exploring the Landscape of Cognitive Load in Creative Thinking：a Systematic Literature Review ［J/OL］. Educational Psychology Review, 36（1）：24［2024-07-11］. https：// link. springer. com/10. 1007/s10648-024-09866-1.

［137］HOHL K, DOLCOS S, 2024. Measuring cognitive flexibility：A brief review of neuropsychological, self-report, and neuroscientific approaches［J/OL］. Frontiers in Human Neuroscience, 18：1331960［2024-07-11］. https：// www. frontiersin. org/articles/10. 3389/fnhum. 2024. 1331960/full.

［138］HOSSEINZADEH M, AZHIR E, AHMED O H, et al., 2023. Data cleansing mechanisms and approaches for big data analytics：a systematic study［J/OL］. Journal of Ambient Intelligence and Humanized Computing, 14（1）：99-111.

［139］HSU Y C, CHING Y H, 2023. Generative Artificial Intelligence in Education, Part One：the Dynamic Frontier［J/OL］. TechTrends, 67（4）：603-607.

［140］IKU-SILAN A, HWANG G J, CHEN C H, 2023. Decision-guided chatbots and cognitive styles in interdisciplinary learning［J/OL］. Computers & Education, 201：104812［2024-07-15］. https：//linkinghub. elsevier. com/retrieve/ pii/S0360131523000891.

［141］ILIEVA G, YANKOVA T, KLISAROVA-BELCHEVA S, et al., 2023. Effects of Generative Chatbots in Higher Education［J/OL］. Information, 14（9）：492［2024-07-12］. https：//www. mdpi. com/2078-2489/14/9/492.

［142］IRONSI C S, 2023. Investigating the use of virtual reality to improve speaking skills：insights from students and teachers［J/OL］. Smart Learning Environments, 10（1）：53.

［143］KAMALOV F, SANTANDREU CALONGE D, GURRIB I, 2023. New Era of Artificial Intelligence in Education：Towards a Sustainable Multifaceted Revolution［J/OL］. Sustainability, 15（16）：12451.

［144］KHALIFA N E, LOEY M, MIRJALILI S, 2022. A comprehensive survey of recent trends in deep learning for digital images augmentation［J/OL］. Artificial Intelligence Review, 55（3）：2351-2377.

［145］KHURANA D, KOLI A, KHATTER K, et al., 2023. Natural language processing：state of the art, current trends and challenges［J/OL］. Multimedia Tools and Applications, 82（3）：3713-3744.

［146］KLEIMOLA R, LEPPISAARI I, 2022. Learning analytics to develop future competences in higher education：a case study［J/OL］. International Journal of Educational Technology in Higher Education, 19（1）：17.

［147］KONG H，JIANG X，ZHOU X，et al.，2024. Influence of artificial intelligence（AI）perception on career resilience and informal learning［J/OL］. Tourism Review，79（1）：219-233［2024-07-15］. https：//www. emerald. com/insight/content/doi/10. 1108/TR-10-2022-0521/full/html.

［148］KORTELING Johan E（Hans），PARADIES G L，SASSEN-VAN MEER J P，2023. Cognitive bias and how to improve sustainable decision making［J/OL］. Frontiers in Psychology，14：1129835［2024-07-15］. https：//www. frontiersin. org/articles/10. 3389/fpsyg. 2023. 1129835/full.

［149］KORZYNSKI P，MAZUREK G，ALTMANN A，et al.，2023. Generative artificial intelligence as a new context for management theories：analysis of ChatGPT［J/OL］. Central European Management Journal，31（1）：3-13［2024-07-15］. https：//www. emerald. com/insight/content/doi/10. 1108/CEMJ-02-2023-0091/full/html.

［150］KREITERLING C，2023. Digital innovation and entrepreneurship：a review of challenges in competitive markets［J/OL］. Journal of Innovation and Entrepreneurship，12（1）：49［2024-07-17］. https：//innovation-entrepreneurship. springeropen. com/articles/10. 1186/s13731-023-00320-0.

［151］KRUGMANN J O，HARTMANN J，2024. Sentiment Analysis in the Age of Generative AI［J/OL］. Customer Needs and Solutions，11（1）：3.

［152］KUHAIL M A，ALTURKI N，ALRAMLAWI S，et al.，2023. Interacting with educational chatbots：A systematic review［J/OL］. Education and Information Technologies，28（1）：973-1018.

［153］LABADZE L，GRIGOLIA M，MACHAIDZE L，2023. Role of AI chatbots in education：systematic literature review［J/OL］. International Journal of Educational Technology in Higher Education，20（1）：56［2024-07-11］. https：//educationaltechnologyjournal. springeropen. com/articles/10. 1186/s41239-023-00426-1.

［154］LEE H，SHIN M，YANG J，et al.，2024. Virtual Influencers vs. Human Influencers in the Context of Influencer Marketing：The Moderating Role of Machine Heuristic on Perceived Authenticity of Influencers［J/OL］. International Journal of Human-Computer Interaction：1-18.

［155］LEE M，2023. Recent Advances in Generative Adversarial Networks for Gene Expression Data：A Comprehensive Review［J/OL］. Mathematics，11（14）：3055.

［156］LEIKAS J，JOHRI A，LATVANEN M，et al.，2022. Governing Ethical AI Transformation：A Case Study of AuroraAI［J/OL］. Frontiers in Artificial Intelligence, 5.

［157］LI F, RUIJS N, LU Y, 2022. Ethics & AI: A Systematic Review on Ethical Concerns and Related Strategies for Designing with AI in Healthcare ［J/OL］. AI, 4 (1): 28-53. https: //www. mdpi. com/2673-2688/4/1/3.

［158］LI V O K, LAM J C K, CUI J, 2021. AI for Social Good: AI and Big Data Approaches for Environmental Decision-Making ［J/OL］. Environmental Science & Policy, 125: 241-246.

［159］LIANG J, WANG L, LUO J, et al. , 2023. The relationship between student interaction with generative artificial intelligence and learning achievement: serial mediating roles of self-efficacy and cognitive engagement ［J/OL］. Frontiers in Psychology, 14: 1285392 ［2024-07-11］. https: //www. frontiersin. org/articles/ 10. 3389/fpsyg. 2023. 1285392/full.

［160］LINARDATOS P, PAPASTEFANOPOULOS V, KOTSIANTIS S, 2020. Explainable AI: A Review of Machine Learning Interpretability Methods ［J/OL］. Entropy, 23 (1): 18 ［2024-07-23］. https: //www. mdpi. com/1099-4300/23/ 1/18.

［161］LOUWEN C, REIDLINGER D, MILNE N, 2023. Profiling health professionals' personality traits, behaviour styles and emotional intelligence: a systematic review ［J/OL］. BMC Medical Education, 23 (1): 120.

［162］MACEDO H dos S, SANTOS I T F dos, DA SILVA E L O, 2023. The Power of Attention: Bridging Cognitive Load, Multimedia Learning, and AI ［J/OL］. ArXiv ［2024-07-11］. http: //arxiv. org/abs/2311. 06586.

［163］MAKRIDAKIS S, PETROPOULOS F, KANG Y, 2023. Large Language Models: Their Success and Impact ［J/OL］. Forecasting, 5 (3): 536-549.

［164］MALHOTRA R, SINGH P, 2023. Recent advances in deep learning models: a systematic literature review ［J/OL］. Multimedia Tools and Applications, 82 (29): 44977-45060.

［165］MCKINSEY & COMPANY, 2023. The state of AI in 2023: Generative AI's breakout year ［EB/OL］. ［2024-07-12］. https: //www. mckinsey. com/capabilities/ quantumblack/our-insights/the-state-of-ai-in-2023-generative-AIs-breakout-year.

［166］MEYROWITSCH D W, JENSEN A K, SØRENSEN J B, et al. , 2023. AI chatbots and (mis)information in public health: impact on vulnerable communities ［J/ OL］. Frontiers in Public Health, 11.

［167］MICHEL-VILLARREAL R, VILALTA-PERDOMO E, SALINAS-NA-

VARRO D E, et al., 2023. Challenges and Opportunities of Generative AI for Higher Education as Explained by ChatGPT［J/OL］. Education Sciences, 13（9）: 856 ［2024-07-12］. https: //www. mdpi. com/2227-7102/13/9/856.

［168］ MONTEITH S, GLENN T, GEDDES J R, et al., 2024. Artificial intelligence and increasing misinformation［J/OL］. The British Journal of Psychiatry, 224（2）: 33-35 ［2024-07-15］. https: //www. cambridge. org/core/product/identifier/S0007125023001368/type/journal_article.

［169］ NYHOLM S, 2024. Artificial Intelligence and Human Enhancement: Can AI Technologies Make Us More（Artificially）Intelligent?［J/OL］. Cambridge Quarterly of Healthcare Ethics, 33（1）: 76-88 ［2024-07-11］. https: //www. cambridge. org/core/product/identifier/S0963180123000464/type/journal_article.

［170］ OBRENOVIC B, GU X, WANG G, et al., 2024. Generative AI and human-robot interaction: implications and future agenda for business, society and ethics［J/OL］. AI & SOCIETY: 1-14 ［2024-07-12］. https: //link. springer. com/10. 1007/s00146-024-01889-0.

［171］ PASSI S, VORVOREANU M, 2022. Overreliance on AI: Literature review ［R/OL］.（2022）［2024-02-16］. https: //www. microsoft. com/en-us/research/uploads/prod/2022/06/Aether-Overreliance-on-AI-Review-Final-6. 21. 22. pdf.

［172］ PERUCHINI M, DA SILVA G M, TEIXEIRA J M, 2024. Between artificial intelligence and customer experience: a literature review on the intersection［J/OL］. Discover Artificial Intelligence, 4（1）: 4.

［173］ PFLANZER M, TRAYLOR Z, LYONS J B, et al., 2023. Ethics in human-AI teaming: principles and perspectives［J/OL］. AI and Ethics, 3（3）: 917-935.

［174］ PREIKSAITIS C, ROSE C, 2023. Opportunities, Challenges, and Future Directions of Generative Artificial Intelligence in Medical Education: Scoping Review［J/OL］. JMIR Medical Education, 9（1）: e48785 ［2024-07-15］. https: //mededu. jmir. org/2023/1/e48785.

［175］ RAFNER J, BEATY R E, KAUFMAN J C, et al., 2023. Creativity in the age of generative AI［J/OL］. Nature Human Behaviour, 7（11）: 1836-1838 ［2024-07-12］. https: //www. nature. com/articles/s41562-023-01751-1.

［176］ RIEDL R, 2022. Is trust in artificial intelligence systems related to user personality? Review of empirical evidence and future research directions［J/OL］. Electronic Markets, 32（4）: 2021-2051 ［2024-07-15］. https: //link. springer. com/

10. 1007/s12525-022-00594-4.

［177］ROY D, DUTTA M, 2022. A systematic review and research perspective on recommender systems［J/OL］. Journal of Big Data, 9（1）: 59.

［178］RYAN M, 2023. The social and ethical impacts of artificial intelligence in agriculture: mapping the agricultural AI literature［J/OL］. AI & SOCIETY, 38（6）: 2473-2485.

［179］SAHARI Y, AL-KADI A M T, ALI J K M, 2023. A Cross Sectional Study of ChatGPT in Translation: Magnitude of Use, Attitudes, and Uncertainties［J/OL］. Journal of Psycholinguistic Research, 52（6）: 2937-2954.

［180］SATYAM, GEETHA P, 2023. Comprehensive Overview of the Opportunities and Challenges in AI［C/OL］//2023 International Conference on Sustainable Computing and Smart Systems（ICSCSS）. IEEE: 420-423.

［181］SAWICKI J, GANZHA M, PAPRZYCKI M, 2023. The State of the Art of Natural Language Processing—A Systematic Automated Review of NLP Literature Using NLP Techniques［J/OL］. Data Intelligence, 5（3）: 707-749.

［182］SCHMID Y, DOWLING M, 2022. New work: New motivation? A comprehensive literature review on the impact of workplace technologies［J/OL］. Management Review Quarterly, 72（1）: 59-86［2024-07-06］. https://link. springer. com/10. 1007/s11301-020-00204-7.

［183］SGHIR N, ADADI A, LAHMER M, 2023. Recent advances in Predictive Learning Analytics: A decade systematic review（2012-2022）［J/OL］. Education and Information Technologies, 28（7）: 8299-8333.

［184］SHIN D, 2024. Misinformation and Generative AI: How Users Construe Their Sense of Diagnostic Misinformation［M/OL］//Artificial Misinformation. Cham: Springer Nature Switzerland: 227-258［2024-07-15］. https://link. springer. com/10. 1007/978-3-031-52569-8_9.

［185］SINDERMANN C, YANG H, ELHAI J D, et al. , 2022. Acceptance and Fear of Artificial Intelligence: associations with personality in a German and a Chinese sample［J/OL］. Discover Psychology, 2（1）: 8［2024-07-15］. https://link. springer. com/10. 1007/s44202-022-00020-y.

［186］SON J, KIM B, 2023. Translation Performance from the User's Perspective of Large Language Models and Neural Machine Translation Systems［J/OL］. Information, 14（10）: 574.

［187］STEIN J P, MESSINGSCHLAGER T, GNAMBS T, et al. , 2024. Attitudes towards AI：measurement and associations with personality［J/OL］. Scientific Reports，14（1）：2909［2024-07-15］. https：//www. nature. com/articles/s41598-024-53335-2.

［188］STOKEL-WALKER C，VAN NOORDEN R，2023. What ChatGPT and generative AI mean for science［J/OL］. Nature，614（7947）：214-216.

［189］TALAEI KHOEI T，OULD SLIMANE H，KAABOUCH N，2023. Deep learning：systematic review，models，challenges，and research directions［J/OL］. Neural Computing and Applications，35（31）：23103-23124［2024-07-17］. https：//link. springer. com/10. 1007/s00521-023-08957-4.

［190］TEGEGNE M D，TILAHUN B，MAMUYE A，et al. ，2023. Digital literacy level and associated factors among health professionals in a referral and teaching hospital：An implication for future digital health systems implementation［J/OL］. Frontiers in Public Health，11：1130894［2024-07-17］. https：//www. frontiersin. org/articles/10. 3389/fpubh. 2023. 1130894/full.

［191］TINMAZ H，FANEA-IVANOVICI M，BABER H，2023. A snapshot of digital literacy［J/OL］. Library Hi Tech News，40（1）：20-23［2024-07-17］. https：//www. emerald. com/insight/content/doi/10. 1108/LHTN-12-2021-0095/full/html.

［192］TYLER C，AKERLOF K L，ALLEGRA A，et al. ，2023. AI tools as science policy advisers？The potential and the pitfalls［J/OL］. Nature，622（7981）：27-30.

［193］WALLINHEIMO A S，EVANS S L，DAVITTI E，2023. Training in new forms of human-AI interaction improves complex working memory and switching skills of language professionals［J/OL］. Frontiers in Artificial Intelligence，6：1253940［2024-07-11］. https：//www. frontiersin. org/articles/10. 3389/frai. 2023. 1253940/full.

［194］WALTER Y，2024. Embracing the future of Artificial Intelligence in the classroom：the relevance of AI literacy，prompt engineering，and critical thinking in modern education［J/OL］. International Journal of Educational Technology in Higher Education，21（1）：15［2024-07-15］. https：//educationaltechnologyjournal. springeropen. com/articles/10. 1186/s41239-024-00448-3.

［195］WANG C，2024. Exploring Students' Generative AI-Assisted Writing Processes：Perceptions and Experiences from Native and Nonnative English Speakers［J/OL］. Technology，Knowledge and Learning：1-22［2024-07-12］. https：//link. springer. com/10. 1007/s10758-024-09744-3.

［196］ WANG J, LEE L K, WU N I, 2023. A Systematic Review of Recommendation System Based on Deep Learning Methods ［M/OL］. 122 - 133. https：// link. springer. com/10. 1007/978 - 3 - 031 - 22018 - 0_ 12.

［197］ WANG T, 2023. Navigating Generative AI (ChatGPT) in Higher Education：Opportunities and Challenges ［M/OL］. 215 - 225. https：//link. springer. com/ 10. 1007/978 - 981 - 99 - 5961 - 7_28.

［198］ WEBER M, ENGERT M, SCHAFFER N, et al., 2023. Organizational Capabilities for AI Implementation—Coping with Inscrutability and Data Dependency in AI ［J/OL］. Information Systems Frontiers, 25 (4)：1549 - 1569 ［2024 - 07 - 11］. https：//link. springer. com/10. 1007/s10796 - 022 - 10297 - y.

［199］ WEI Z, 2023. Navigating Digital Learning Landscapes：Unveiling the Interplay Between Learning Behaviors, Digital Literacy, and Educational Outcomes ［J/ OL］. Journal of the Knowledge Economy：1 - 31 ［2024 - 07 - 17］. https：// link. springer. com/10. 1007/s13132 - 023 - 01522 - 3.

［200］ WILLIAMSON S M, PRYBUTOK V, 2024. Balancing Privacy and Progress：A Review of Privacy Challenges, Systemic Oversight, and Patient Perceptions in AI - Driven Healthcare ［J/OL］. Applied Sciences, 14 (2)：675.

［201］ XIA Q, WENG X, OUYANG F, et al., 2024. A scoping review on how generative artificial intelligence transforms assessment in higher education ［J/OL］. International Journal of Educational Technology in Higher Education, 21 (1)：40 ［2024 - 07 - 12］. https：//educationaltechnologyjournal. springeropen. com/articles/ 10. 1186/s41239 - 024 - 00468 - z.

［202］ YANG L, ZHANG Z, SONG Y, et al., 2022. Diffusion Models：A Comprehensive Survey of Methods and Applications ［J/OL］. ArXiv. http：//arxiv. org/abs/2209. 00796.

［203］ YANG W, WEI Y, WEI H, et al., 2023. Survey on Explainable AI：From Approaches, Limitations and Applications Aspects ［J/OL］. Human - Centric Intelligent Systems, 3 (3)：161 - 188 ［2024 - 07 - 12］. https：//link. springer. com/ 10. 1007/s44230 - 023 - 00038 - y.

［204］ YU X, XU S, ASHTON M, 2023. Antecedents and outcomes of artificial intelligence adoption and application in the workplace：the socio - technical system theory perspective ［J/OL］. Information Technology & People, 36 (1)：454 - 474 ［2024 - 07 - 15］. https：//www. emerald. com/insight/content/doi/10. 1108/ITP - 04 - 2021 - 0254/full/html.

［205］YUSUF A, PERVIN N, ROMÁN-GONZÁLEZ M, 2024. Generative AI and the future of higher education：a threat to academic integrity or reformation? Evidence from multicultural perspectives［J/OL］. International Journal of Educational Technology in Higher Education, 21（1）：21［2024-07-11］. https：//education-altechnologyjournal. springeropen. com/articles/10. 1186/s41239-024-00453-6.

［206］ZHAI X, NYAABA M, MA W, 2024. Can Generative AI and ChatGPT Outperform Humans on Cognitive-Demanding Problem-Solving Tasks in Science?［J/OL］. Science & Education：1-22［2024-07-12］. https：//link. springer. com/10. 1007/s11191-024-00496-1.

［207］ZHANG S, ZHAO X, ZHOU T, et al. , 2024. Do you have AI dependency? The roles of academic self-efficacy, academic stress, and performance expectations on problematic AI usage behavior［J/OL］. International Journal of Educational Technology in Higher Education, 21（1）：34［2024-07-11］. https：//education-altechnologyjournal. springeropen. com/articles/10. 1186/s41239-024-00467-0.

［208］ZHAO W, ALWIDIAN S, MAHMOUD Q H, 2022. Adversarial Training Methods for Deep Learning：A Systematic Review［J/OL］. Algorithms, 15（8）：283.

［209］ZHOU M, ABHISHEK V, DERDENGER T, et al. , 2024. Bias in Generative AI［J/OL］. ArXiv：1-21［2024-07-11］. http：//arxiv. org/abs/2403. 02726.

［210］ZOWGHI D, BANO M, 2024. AI for all：Diversity and Inclusion in AI［J/OL］. AI and Ethics：1-4［2024-07-11］. https：//link. springer. com/10. 1007/s43681-024-00485-8.

［211］ZÜHLSDORFF K, DALLEY J W, ROBBINS T W, et al. , 2023. Cognitive flexibility：neurobehavioral correlates of changing one's mind［J/OL］. Cerebral Cortex, 33（9）：5436-5446［2024-07-11］. https：//academic. oup. com/cercor/article/33/9/5436/6823760.